21世纪应用日语规划教材

# 实用日语

总 主 编　彭广陆
副总主编　何　琳　马小兵
审　　订　[日]守屋三千代

## 高级（上册）

主　编　王铁群　[日]宫崎泉
副主编　李丽桃

北京大学出版社
PEKING UNIVERSITY PRESS

**图书在版编目(CIP)数据**

实用日语：高级.上册/彭广陆总主编；王铁群，(日)宫崎泉主编. —北京：北京大学出版社，2012.10

(21世纪应用日语规划教材)

ISBN 978-7-301-21331-5

Ⅰ.①实… Ⅱ.①彭…②王…③宫… Ⅲ.①日语—高等学校—教材 Ⅳ.①H36

中国版本图书馆CIP数据核字(2012)第233499号

**书　　名：实用日语：高级(上册)**

著作责任者：彭广陆　总主编　王铁群　[日]宫崎泉　主编

责 任 编 辑：兰　婷

标 准 书 号：ISBN 978-7-301-21331-5/H・3150

出 版 发 行：北京大学出版社

地　　址：北京市海淀区成府路205号　100871

网　　址：http://www.pup.cn

电　　话：邮购部62752015　发行部62750672　编辑部62767347　出版部62754962

电 子 信 箱：lanting371@163.com

印　刷　者：三河市博文印刷厂

经　销　者：新华书店

787毫米×1092毫米　16开本　16.75印张　290千字

2012年10月第1版　2012年10月第1次印刷

定　　价：38.00元

---

# 编委会成员

# 目　次

# 第１課

## 川柳を作る楽しみ

**トピック**　川柳

**形　式**　エッセー

**学習目標**

- 日本の文学の一形式である川柳に親しむ。
- 川柳を通して、日本の社会事情や文化を理解する。

**読む前に**

- 川柳とはなんでしょうか。調べてください。
- インターネットからおもしろい川柳を探してください。

**文法項目**

① それほど～ない＜程度不高＞

② Ｖばかりだ＜消极趋势＞

③ Ｎをもとに（して）＜根据；题材；基础＞

④ Ｎに至るまで＜终点；极端的事例＞

⑤ ～を機に（して）＜时机＞

⑥ Ｖかける＜动作未完成＞

⑦ ～にもかかわらず＜转折＞

⑧ ちっとも～ない＜全部否定＞

張さんは日本文学の学習の一環として、川柳に興味をもち、関連雑誌記事を読んでみることにしました。

## 川柳の楽しみ

米田隆（よねだたかし）

もともと子どもが好きだった私は、大学の教育学部に進学し、卒業してすぐ小学校の教員になった。教職に就いて38年、いくつもの学校を回って無事に教員生活を終えた。教員時代は仕事中心の生活であったが、ある年に校内放送の係となった時、上手な話し方の習得を目指して演劇に取り組んだ。演劇のおもしろさがだんだん分かるようになり、一時期かなり熱中して充実した時間を過ごした。しかし振り返ってみると、教員時代に仕事以外で興味を持って時間を割いたものはそれほどない。退職が近づいたころは、辞めたら家庭菜園でもやって、気ままな生活を送ろうと思っていた。ところが、いざ退職してみると、毎日なんとなく時間が流れていくばかりである。さて、何かしなくてはと思い始めたころ、新聞の広告欄に載っていた「ＮＨＫ川柳講座」の募集案内が目に止まった。私はさっそく入門コースの受講を申し込んだ。

実は、以前から「サラリーマン川柳」に興味を持っていて、毎年２月に発表される入選候補作を読んで、鋭く世相を斬るきらりと光る言葉に感心していた。少しは川柳に関する下地があったわけで、このころの私は、これが川柳だと思っていた。そこで、ＮＨＫの講座に送る作品は、「サラリーマン川柳」で得た知識をもとにして作り、添削指導を受けることにした。添削１、２回目の講師は、「川柳歴がないわりには上手です。将来が楽しみです。」とヨイショしてくれた。そうと分かっていても、人間だれしも褒められるのはうれしいものである。講師の褒め言葉に自信を持った私は、前の２回よりもっと高い評価をくれるだろうと思って、３回目の添削に次の句を送った。

（課題「咲く」）　サクラ咲く電報まるで請求書

（自由吟）　ぜひ頼む妻の口にも消費税

しかし、３回目の添削をしてくれた講師は、この二句に、「ねらいはおもしろいのですが、あまりに皮肉をねらいすぎてしまって、川柳として品のないものになっています。これでは手を入れることが難しいですね。今後も川柳を続けるつもりなら発想の転換が必要です。」という寸評を付けて送り返してくれた。この評は、独りよがりでいい気になっていた私の頭をガツンとたたいた。とは言え、入門コースの人間を対象にした講座の添削にしては、実に手厳しい批評だったと思う。いま思えば、この厳しい言葉は、私にとってはたいへんありがたいものであった。私の目を覚ましてくれ、その後今に至るまで川柳を詠み続ける道筋を作ってくれたからだ。

これを機に、私は川柳をもっと勉強しようと思い、川柳の総合雑誌の購読をすることにした。また、有名な吟社の誌友にもなり、その雑誌に載っている句を中心にして、できるだけ多くの川柳を読み、サラリーマン川柳にはなかった、深みのある多くの句に接することができた。その結果、私の川柳に対する発想は大きく転換することになった。

川柳のおもしろさが少し分かりかけてきたころ、ＮＨＫの講座をとおして知り合ったペンネームぶんぶんさんから、「吊り上げて吊り下げられて湯につかり」という句を添えたお手紙をいただいた。ぶんぶんさんは重度の身体の障害を抱えていて、この句は施設での自らの入浴の場面を詠んだものである。彼は重い障害に押しつぶされることなく、むしろ当事者である自分を第三者的な目で見て、毎日を悠々と過ごしている。絵の好きな彼は、電動車椅子に乗ってスケッチに出かけたり、月末は自らショートステイを利用したりするなどして、日常生活での家族の負担を少しでも軽減しようとする心遣いも忘れなかった。若いころ病気で１年近く入院経験のある私は、不自由な生活をされているのにもかかわらず、嘆きや悲しみ、焦り、暗さなど微塵もない彼の生き様に敬服した。

平成13年（2001年）元日、ぶんぶんさんから文通18回目になる、「私も一から始めます」という言葉を添えた年賀状をいただいた。しかし、翌年の元日に19回目の便りは届かなかった。彼の健康状態を気にかけていたその年の３月の初め、奥様の名前で封書が届いた。もしやという悪い予感が的中した。手紙には、１月３日に脳出血によってぶんぶんさんが亡くなったことが綴られていた。

ぶんぶんさんとは手紙のやり取りを通しての短い付き合いだったが、手ぶらでもうれしい友が二人いると思っていた私にとって、彼はかけがえのない永遠の柳友である。私は彼の訃報に接し、万感の思いを込めて、スケッチに行くかぶんぶん黄泉の旅という句を詠み、冥福を祈って合掌した。

思えば、届く年賀状の数は、退職後年を重ねるごとに次第に少なくなってきた。人それぞれに事情があるので仕方がないとはいえ、付き合いの幅が狭まるのは寂しいことである。加えて、最近は裏面のみならず、宛名まで印刷された年賀状が増えてきた。これでは義理で年賀状を出していることを相手に知らせるようなものである。人の振り見て我が振り直せ、私は数年前から年賀状に近況を詠んだ句を一、二句添えるようにしている。例えば、ある年の年賀状には次の句を添えた。

平凡という幸せに出るあくび
退院のロッカーに置く鶴一羽
肉親の介護だんだん語気が荒れ

年賀状を読んだ友人からは「おまえが病気だったなんてちっとも知らなかった。その後病気はどうなんだ。もうすっかりいいのか。」「オレも経験したから分かるけど、介護する方が病気になっては本末転倒だぞ。奥さんが介護疲れしないように、おまえができるだけ支えてやれ。」などという電話があった。こうした言葉を耳にすると、年賀の挨拶に添えた句をわかってくれている人がいることが実感できてうれしい。これからも、頭の働くかぎり川柳を作り続けたいと思っている。

指五本川柳作るためにある

【注】川柳は、俳句と同様に「五・七・五」の十七音の「定型詩」であるが、口語が主体で、季語や切れ字の制限もない。

李　想：川柳は季語など難しい制限がないから、僕たちでも作れそうだね。

張子琳：李さんも日ごろ感じたことをサラリーマン川柳にしてみたら？

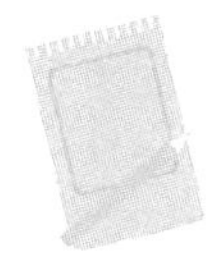

## 単　語

川柳（せんりゅう）①③【名】（日本文学形式之一）川柳

もともと ⓪【名・副】原来，本来；与原来一样

教職（きょうしょく）⓪【名】教育工作者

就く（つく）①②【自Ⅰ】从事，就职；置身于；出发，赴；沿着，跟随；袒护

終える（おえる）⓪【自他Ⅱ】做完，结束

習得（しゅうとく）⓪【名・他Ⅲ】掌握，习得，学会

演劇（えんげき）⓪【名】戏剧

だんだん（段々）⓪【名・副】渐渐；（事情）一桩桩，一件件

一時期（いちじき）③【名】（某一）时期

振り返る（ふりかえる）③【他Ⅰ】回顾，回头看

割く（さく）①【他Ⅰ】腾出，空出

それほど～ない　并不那么……

菜園（さいえん）⓪【名】菜园

気まま（きまま・気儘）⓪【名・形Ⅱ】任性，放纵

いざ ①【副・感嘆】一旦；（表催促）喂

なんとなく（何となく）④【副】不知为何，不由得

～ばかりだ　只是，光……

広告欄（こうこくらん）④【名】广告栏，广告版

広告（こうこく）⓪【名】广告

－欄（－らん）　……栏

載る（のる）⓪【自Ⅰ】登载，刊载；放置；车载容量

NHK（エヌエチケー）⑥【名】（「日本放送協会」的简称）日本NHK电（视）台

目に止まる（めにとまる）①－⓪ 看见，映入眼帘

入門（にゅうもん）⓪【名・自Ⅲ】入门，初级；入门投师；进入门内

受講（じゅこう）⓪【名・他Ⅲ】听课，受训

サラリーマン（salaried man）③【名】公司职员

入選（にゅうせん）⓪【名・自Ⅲ】入选

候補（こうほ）①【名】候补，候选人

世相を斬る（せそうをきる）⓪－① 抨击世态

斬る（きる）①【他Ⅰ】抨击，批评；劈，砍；裁掉，解雇

きらり（と）②③【副】光芒一闪；事情明朗

光る（ひかる）②【自Ⅰ】发光；（才能等）格外突出

感心（かんしん）⓪【名・自Ⅲ】佩服，钦佩

関する（かんする）③【自Ⅲ】有关

下地（したじ）⓪【名】基础，底子；资质，天性；汤底，汤汁

～をもとにして　以……为基础

添削（てんさく）⓪【名・他Ⅲ】修改，增删，斧正

ヨイショ ①【感嘆・自Ⅲ】搬运重物或起身时喊的号子；讨好，戴高帽子

だれしも（誰しも）①【名】无论是谁

褒め言葉（ほめことば）③【名】夸奖之辞

句（く）①【名】诗句；句子；短语

電報（でんぽう）⓪【名】电报

請求書(せいきゅうしょ)⓪⑤【名】账单
請求(せいきゅう)⓪【名・他Ⅲ】报帐，请求
自由吟(じゆうぎん)②【名】非命题作诗
消費税(しょうひぜい)③【名】消费税
一税(一ぜい) ……税
ねらい(狙い)⓪【名】目标，目的；瞄准
あまりに(余りに)⓪③【副】过于
皮肉(ひにく)⓪【名・形Ⅱ】讽刺，捉弄
品(ひん)⓪【名】品味，雅致
手を入れる(てをいれる)①一⓪ 加工，修改，润色
転換(てんかん)⓪【名・他Ⅲ】变换，转变
寸評(すんぴょう)⓪【名】短评
送り返す(おくりかえす)④【他Ⅰ】送回，退回
評(ひょう)⓪【名】评论，批评
独りよがり(ひとりよがり)④【名・形Ⅱ】自以为是
ガツン(と)②【副】狠狠地；咣地一声
手厳しい(てきびしい)④【形Ⅰ】厉害，严厉
目を覚ます(めをさます)①一② 睁开眼睛，醒来
覚ます(さます)②【他Ⅰ】醒悟，觉醒；醒来，弄醒；醒酒
～に至るまで(～にいたるまで) 直到
至る(いたる)②【自Ⅰ】至，到(时期，状态，程度等)
詠み続ける(よみつづける)⓪⑤【他Ⅱ】一直吟咏
詠む(よむ)①【他Ⅰ】吟咏；歌咏
道筋(みちすじ)⓪【名】道路，路线；事理，条理
～を機に(～をきに) 以……为契机
総合(そうごう)⓪【名・他Ⅲ】综合，融合
購読(こうどく)⓪【名・他Ⅲ】购阅，购买
吟社(ぎんしゃ)①【名】诗社
誌友(しゆう)⓪【名】诗友
ペンネーム(pen name)③【名】笔名
吊り上げる(つりあげる)④【他Ⅱ】吊起；抬高
吊り下げる(つりさげる)④【他Ⅱ】悬挂，吊
つかる(浸かる)⓪【自Ⅰ】浸，泡；沉浸，沉湎
重度(じゅうど)①【名】重度，疾病、身心障碍等的程度严重
押しつぶす(おしつぶす)④【他Ⅰ】压垮；压烂，挤碎
当事者(とうじしゃ)③【名】当事人
第三者(だいさんしゃ)①一①【名】局外人，旁人
悠々と(ゆうゆうと)⓪【副】悠悠，不紧不慢；绰绰有余；浩瀚
電動車椅子(でんどうくるまいす)⑦【名】电动轮椅
電動(でんどう)⓪【名】电动
車椅子(くるまいす)③【名】轮椅
スケッチ(sketch)②【名・他Ⅲ】写生，素描
月末(げつまつ)⓪【名】月末
ショートステイ(和制英语short stay)⑤【名】短期陪住。对卧病在床的老人暂时由福利部门派人陪住照料的一种制度。
軽減(けいげん)⓪【名・他Ⅲ】减轻，缓解
心遣い(こころづかい)④【名】操心，关怀，用心
不自由(ふじゆう)①②【名・形Ⅱ・自Ⅲ】不自由，不如意，不便
～にもかかわらず 尽管，即使
悲しみ(かなしみ)⓪③【名】悲哀，哀伤
微塵(みじん)⓪【名】微尘，尘埃；微量，一点儿
生き様(いきざま)⓪【名】生存方式
敬服(けいふく)⓪【名・自Ⅲ】敬佩，钦服
元日(がんじつ)⓪【名】元日，新年第一天
文通(ぶんつう)⓪【名・自Ⅲ】通信，书信往来
翌年(よくねん・よくとし)⓪【名】第二年
気にかける(きにかける)⓪一② 担心，挂念
封書(ふうしょ)⓪【名】书信，信函
もしや(もしや)①【副】或许，可能
予感(よかん)⓪【名・他Ⅲ】预感，预兆
的中(てきちゅう)⓪【名・自Ⅲ】命中，中的；

中奖

脳出血(のうしゅっけつ)③【名】脑出血，脑溢血

綴る(つづる)⓪②【他Ⅰ】写作，书写；缝合，拼接；装订

やり取り(やりとり)②【名】互通书信；对话，交谈，争论，争吵

付き合い(つきあい)⓪【名・自Ⅲ】交往，交际；陪同，应酬

手ぶら(てぶら)⓪【名】空手(去别人家做客)

永遠(えいえん)⓪【名】永远，永恒

柳友(りゅうゆう)⓪【名】喜爱川柳的友人

訃報(ふほう)⓪【名】讣告

万感(ばんかん)⓪【名】百感，各种感情

黄泉(よみ)①【名】黄泉

冥福(めいふく)⓪【名】冥福，死后的幸福

合掌(がっしょう)⓪【名・自Ⅲ】双手合掌；(建筑)人字架

年を重ねる(としをかさねる)②—⓪ 岁月更迭

重ねる(かさねる)⓪【他Ⅱ】积累，重复；搭，摞

仕方(しかた)⓪【名】作法，做事的方法；举止，作派

狭まる(せばまる)③【自Ⅰ】缩小，变窄

裏面(りめん)①【名】内面，背面；内情，幕后，阴暗面

宛名(あてな)⓪【名】收件人姓名地址

人の振り見て我が振り直せ(ひとのふりみてわがふりなおせ)以人为镜，反躬自省

振り(ふり)②【名】动作，样子；挥动，舞动

近況(きんきょう)⓪【名】近况

平凡(へいぼん)⓪【名・形Ⅱ】平凡，普通

あくび ⓪【名】(打)哈欠

肉親(にくしん)⓪【名】骨肉亲，血亲

語気(ごき)①【名】语气，语调

ちっとも③【名】全然(不)，毫(不)；只要稍微，哪怕一点儿

オレ(俺)⓪【名】(男性对同伴或晚辈称呼自己)我，俺

本末転倒(ほんまつてんとう)①—⓪【名・自Ⅲ】本末倒置

介護疲れ(かいごづかれ)④【名】因照顾他人而身心疲惫

耳にする(みみにする)② 听见，听闻

年賀(ねんが)①⓪【名】贺年，拜年；祝寿

俳句(はいく)⓪【名】(日本文学形式之一)俳句

定型詩(ていけいし)③【名】定型诗，格律诗

口語(こうご)⓪【名】口语；现代白话

主体(しゅたい)⓪【名】主体，主要部分

季語(きご)①【名】(俳句，连歌等中使用的)季语

切れ字(きれじ)⓪②【名】起断句作用的字词

## 文型の学習

### 1．それほど～ない<程度不高>

*しかし振り返ってみると、教員時代に仕事以外で興味を持って時間を割いたものはそれほどない。*

「それほど」与名词、动词、形容词的否定形式搭配使用，表示并没有达到很高的程度。相当于汉语的“并没有那么……”。

(1) 雪はそれほど降っていないが、風が強くて寒い。

(2) 今の仕事はそれほど好きではないわりに、長く続いている。

(3) 彼女はそれほど美人ではないかもしれないが、心は美しい。

(4) ネットでの評判を見て少し不安だったが、実際に店に行ったらそれほど悪くはなかった。

## 2. Vばかりだ<消极趋势>

*ところが、いざ退職をしてみると、毎日なんとなく時間が流れていくばかりである。*

「ばかりだ」接在表示变化的动词词典形的后面，意为事态一直朝不好的方向发展，并有加重趋势。相当于汉语的“光……”、“只是……”。

(1) 外国語は使わないと忘れるばかりだ。

(2) 景気のせいで収入が減るばかりで、生活が厳しい。

(3) 最近運動不足でどんどん太るばかりなので、ダイエットに挑戦している。

(4) 夏至（げし）が過ぎて、これから日照時間は短くなるばかりだ。

## 3. Nをもとに（して）<根据；题材；基础>

*NHKの講座に送る作品は、「サラリーマン川柳」で得た知識をもとにして作り、添削指導を受けることにした。*

「をもとに（して）」接在名词后面，表示以此事物为题材或基础进行创作、制作等。

(1) アンケート調査の結果をもとにして報告書を作成する。

(2) 市民の意見をもとに、必要に応じて方案の見直しを行う。

(3) この小説は、作者が父親から聞いた話をもとに書かれたものだそうだ。

(4) 漫画や小説の原作をもとに、映画やアニメ、ドラマが作られることは多い。

## 4. Nに至るまで<终点；极端的事例>

*私の目を覚ましてくれ、その後今に至るまで川柳を詠み続ける道筋を作ってくれたからだ。*

「に至るまで」接在时间名词的后面，表示终点，可与「まで」互换，有时间跨度较长的含义；此外，多以「$N_1$から$N_2$に至るまで」的形式出现，列举出两个极端的事例，强调该范围内的所有事项都包括在内，可与「まで」互换。相当于汉语的“从……到……”。

(1) これは第二次世界大戦に至るまでの秘話が書かれた本である。
(2) 挨拶の仕方から箸の使い方に至るまで口うるさく注意された。
(3) この映像はその作家の生い立ちから今日に至るまでを紹介するものだ。
(4) この若い女性は、頭の先から足の先に至るまで、ブランド品を身につけていた。

## 5. ～を機に（して）<时机>

✏これを機に、私は川柳をもっと勉強しようと思い、川柳の総合雑誌の購読をすることにした。

「を機に（して）」接在名词或动词体言化形式的后面，表示以此为契机，实现了某一动作或发生了某一变化。相当于汉语的"借……的机会"。

(1) 結婚を機に、初めての海外生活を始めた。
(2) 子供が生まれるのを機に職場を離れることにした。
(3) 彼女は大学卒業を機にアメリカ留学を決意した。
(4) インターンシップに参加するのを機に、スーツやバッグなど就職活動の必須アイテムを揃えた。

## 6. Vかける<动作未完成>

✏川柳のおもしろさが少し分かりかけてきたころ、……

「かける」接在动词第一连用形后面，构成复合动词，表示该动作刚刚开始，还处于进行的状态尚未完成。后面修饰名词时用「ＶかけのＮ」，也可以以「Ｖかけだ」的形式结句。相当于汉语的"刚刚开始……"、"……了一半"。

(1) 突然の停電で書きかけたブログが消えてしまった。
(2) なんだよ。言いかけたら言うんだよ。
(3) 飲みかけのワインはどう保存したらいいですか。
(4) この携帯は壊れかけだ。電池があっという間になくなるし、いきなり画面が真っ黒になるし。

## 7. ～にもかかわらず<转折>

✏若いころ病気で１年近く入院経験のある私は、不自由な生活をされているのにもかかわらず、嘆きや悲しみ、焦り、暗さなど微塵もない彼の生き様に敬服した。

「にもかかわらず」接在名词、“名词＋である”、“Ⅱ类形容词词干＋である”或动词、形容词简体形式的后面，表示转折意义，后项叙述根据前项内容难以推断出的内容。也可以如例（5）所示，作为连词在后一句的句首使用。为书面语。相当于汉语的“虽然……，但是……”。

(1) 日差しが強くて、短時間にもかかわらず、かなり日焼けをしてしまった。
(2) 一生懸命がんばったにもかかわらず、目標を達成させることができなかった。
(3) たいへんな作業にもかかわらず、参加者はみなとても楽しそうだった。
(4) こんなに暑いにもかかわらず、たくさんの方に来ていただき、ありがたく思います。
(5) ここの博物館は、幾度も前を通ったことがある。にもかかわらず、一度も入ったことがない。

## 8. ちっとも～ない<全部否定>

*おまえが病気だったなんてちっとも知らなかった。*

「ちっとも」与动词、形容词的否定形式搭配使用，表示全部否定。相当于汉语的“一点都不……”、“根本不……”。

(1) この文章は一体何を言いたいのか、ちっとも分からない。
(2) 料理はちっとも上手ではないけど、自己満足している。
(3) こんなに忙しいのに、娘がちっとも手伝ってくれない。
(4) ムシャクシャした気分で酒を飲んだので、ちっともおいしくなかった。

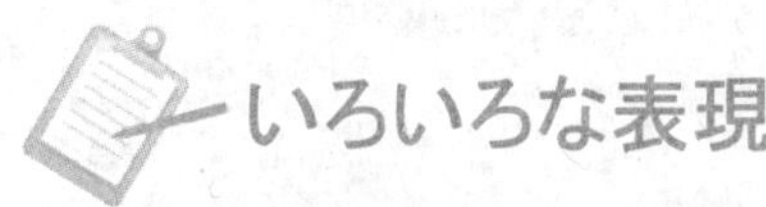

## いろいろな表現

### 有名な俳句

俳句は季節を表す季語と呼ばれる言葉を入れて、五・七・五の17文字で作る短い詩です。

古池（ふるいけ）や　蛙（かわず）飛（と）びこむ　水（みず）の音（おと）　　松尾芭蕉

古池にとつぜんかえるが飛びこんだ。その水音が一瞬あたりの静けさを破ったが、またすぐもとの静けさにもどった。ほんとうに静かだ。

季語：蛙（春）

菜(な)の花(はな)や　月(つき)は東(ひがし)に　日(ひ)は西(にし)に　　与謝蕪村

夕方近い、一面の菜の花畑。月が東の空に登り、振り返ると日は西の空に沈もうとしているよ。

季語：菜の花（春）

やれ打(う)つな　はえが手(て)をする　足(あし)をする　　小林一茶

それ、蝿を打ち殺してはいけない。よく見ると、手をすり合わせて命乞いをしているではないか。

季語：はえ（夏）

大(だい)の字(じ)に　寝(ね)て涼(すず)しさよ　寂(さび)しさよ　　小林一茶

わが家の座敷で大の字に寝そべると、折から涼しい風が吹いてきて、とても気持ちがよい。しかし、故郷では誰ひとり暖かく迎えてくれる人もなく、一人ぼっちとなった自分の寂しさがこみあげてくる。

季語：涼しさ（夏）

秋深(あきふか)き　隣(となり)は何(なに)を　する人(ひと)ぞ　　松尾芭蕉

秋が深まり、野山がどことなくさびしく感じられるようになると、人恋しくなり、隣人のことなどが気になってくる。

季語：秋深き（秋）

柿(かき)くへば　鐘(かね)が鳴(な)るなり　法隆寺(ほうりゅうじ)　　正岡子規

法隆寺の門前の茶店で休んだ。そこで柿を食べていると、寺から鐘の音がひびいてきた。あたりの静けさとあいまって、秋ののどかさが感じられる。

季語：柿（秋）

ともかくも　あなたまかせの　年(とし)の暮(くれ)　　小林一茶

あれこれ考えたところでどうにもならない。この年の暮れも、すべてを仏さまにお任せするよりほかにない。

季語：年の暮（冬）

雪(ゆき)とけて　村(むら)一ぱいの　子(こ)どもかな　　　　小林一茶

春になり、雪がとけて外に出られるようになると、家々から子どもたちがいっせいに飛び出してきて、ゆかいに遊び回る。

季語：雪とけて（春）

### 内容理解

(1) 退職前後で作者の考えはどう変わりましたか。

(2) 「私」が思っていた川柳は、どんなものですか。「このころの私はこれが川柳だと思っていた」の「これ」が指している内容を説明してください。

(3) 2ページ下から4行目の「そうと分かっていても」の「そう」について説明してください。

(4) 「ぜひ頼む妻の口にも消費税」の「ねらい」についてどう思いますか。

(5) 川柳講座の3回目の添削の「厳しい言葉は私にとってたいへんありがたいものであった」のはなぜですか。

(6) 3ページ12行目の「川柳の総合雑誌」に載っている句はどのようなものですか。

(7) 3ページ19行目の「お手紙をいただいた」の「手紙」の書き手は誰ですか。

(8) 「第三者的な目」と「第三者の目」の意味はどう違いますか。

(9) 3ページ下から2行目の「彼の生き様」とはどんなものですか。

(10) 「手ぶらでもうれしい友」とは誰のことですか。

(11) 「退院のロッカーに置く鶴一羽」の「鶴」はどんなものですか。

(12) 「指五本川柳作るためにある」の「指五本」についてどう理解すればよいですか。

## 文法練習

①を読んで文型の使い方を理解し、②③の（　　）内の言葉を正しい順番に並べ替えて、文を完成させなさい。

（1）それほど～ない

①各国の皇室にも利用されたといわれる桜ホテルですが、高級感はそれほどないようです。

②（が・それほど・経っていない・時間）
テニスのコーチになってまだ＿＿＿＿＿＿＿＿＿＿＿＿＿＿＿＿。

③（それほど・勉強が・ので・忙しくない）
今学期は＿＿＿＿＿＿＿＿＿＿＿＿＿＿、アルバイトをしようと思っている。

（2）Vばかりだ

①水害のせいか、野菜の値段が上がるばかりだ。

②（なる・生活は・苦しく・ばかりだ）
物価がどんどん上がり、＿＿＿＿＿＿＿＿＿＿＿＿＿＿＿＿。

③（弱まる・が・人間の免疫力・ばかりだ）
現代の食生活や社会環境では、＿＿＿＿＿＿＿＿＿＿＿＿＿＿＿。

（3）Nをもとに（して）

①握手は人間的な親近感をもとにした西洋人の挨拶の形である。

②（寄せて・もとに・ご意見を・いただいた）
これまでに＿＿＿＿＿＿＿＿＿＿＿＿＿＿＿＿サービスの改善をしております。

③（写真を・似顔絵を・もとに・描く）
＿＿＿＿＿＿＿＿＿＿＿＿＿＿＿＿＿＿＿＿＿ソフトを開発しています。

（4）Nに至るまで

①近年、小学生から大学生に至るまで学力が低下してきていると言われている。

②（現在・昔・から・に至るまで・はるか）
和紙は＿＿＿＿＿＿＿＿＿＿＿＿＿＿＿＿身近な存在として、日本人の生活の中で活躍している。

③（対人関係の・に至るまで・メンタルヘルスや・幅広く・悩み）
学習相談室では、成績に関する悩みから、将来の進路に関する相談、さらに＿＿＿＿＿＿＿＿＿＿＿＿＿＿＿＿＿＿＿＿相談を受け付けている。

（5）～を機に（して）

①阪神淡路大地震を機に法律が改正され、公共性のある古い建物は補強されています。

②（を・原子力発電所の事故・機に）
＿＿＿＿＿＿＿＿＿＿＿＿、原発の安全性が注目されるようになった。

③（を・が・結婚・女性・機に）
独身時代バリバリ働いていた＿＿＿＿＿＿＿＿＿＿＿＿仕事をやめるのは勇気がいる。

（6）Vかける

①女子社員は何かを言いかけたが、部長が来たので話をやめた。

②（本・を・読みかけた）
＿＿＿＿＿＿＿＿＿＿＿＿＿＿＿机に開いたままだ。

③（に・穴・落ちかけた）
石につまづいて、＿＿＿＿＿＿＿＿＿＿＿＿＿＿＿。

（7）～にもかかわらず

①日本人の生活様式がすっかり近代化されているにもかかわらず、弁当という昔からの食事の形態は、絶えることなく引き継がれてきた。

②（きわめて・商品の質は・低価格・高い・にもかかわらず）
100円という＿＿＿＿＿＿＿＿＿＿＿＿＿＿＿＿＿＿＿＿。

③（彼のことで・にもかかわらず・仕事中・頭がいっぱい）
＿＿＿＿＿＿＿＿＿＿＿＿＿＿＿＿＿＿＿＿＿＿＿＿＿だ。

（8）ちっとも～ない

①物価がどんどん上がっているのに、給料はちっとも上がらない。

②（新商品が・売れなくて・ちっとも）
＿＿＿＿＿＿＿＿＿＿＿＿＿＿＿＿＿＿＿商売にならない。

③（ということを・ちっとも・知らなかった・苦労した）
母が若いときに＿＿＿＿＿＿＿＿＿＿＿＿＿＿＿＿＿＿＿。

## 応用練習

### （1）川柳を作ってみよう。

**ポイント**

○川柳は、5、7、5の17音のリズムで詠む。

○普段使っている言葉で見たり、聞いたり、感じたこと、訴えたいこと、願っていることなどを言葉に託して自分の気持ちを詠む。

○表記は口語体を使う場合が多い。季語は必要ない。

**作業の流れ**

自分が経験した事を思い浮かべ場面を設定する

何が何して何となるという形にする

言葉を選び、5・7・5のリズムにのせる

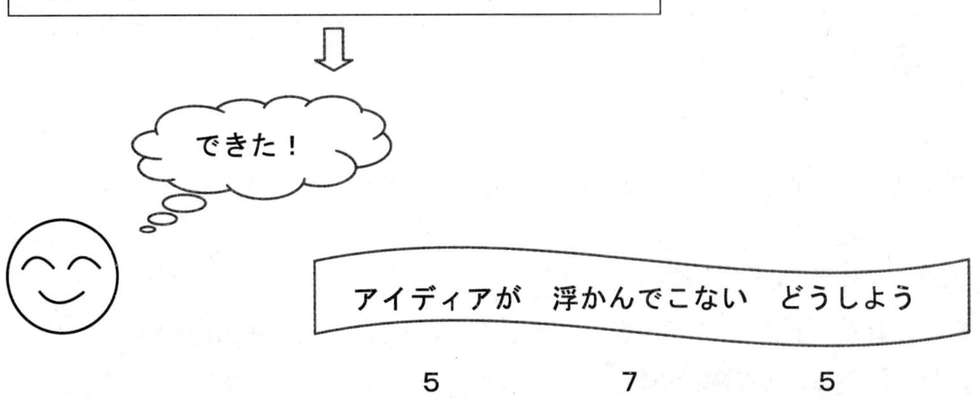


川柳を始める最初の段階ではあまり難しく考えないことです。日常の中に隠された現実や事実をしっかりと自分の眼で見て、感じて、気軽な言葉遊びとしてスタートしましょう。

（2）2ページ14行目～3ページ16行目の「実は、…その結果、私の川柳に対する発想は大きく転換することになった。」を内容段落としてあつかい、文の流れや接続のことばに注目しながら物事の経緯や話し手の心境変化を述べる場合の書き方を考えてみよう。

| | 内容項目 | | 関連語句 |
|---|---|---|---|
| 1 | 背景や当初の様子 | | 実は、以前から…ていて、…ていた。そこで、…ことにした。 |
| 2 | 変化の過程 | 行動１ | １、２回目は、…た。 |
| | | 受けた評価と話し手の心境１ | …と…てくれた。<br>うれしい。…うと思って、 |
| | | 行動２ | ３回目…た。 |
| | | 前と違う評価 | しかし、…私の頭をガツンとたたいた。 |
| | | 心境２ | …と思う。いま思えば、…ものであった。 |
| 3 | 結果 | 行動３ | これを機に、…うと思い、…ことにした。また、…た。 |
| | | 考え方 | その結果、…に対する発想は大きく転換することになった。 |

## 課題

物事に対する考え方が次第に変わってきた経験を書いてみよう。

## 間違い直し

次の文中の下線部を正しく直しなさい。

（1）当日は天気の良し悪しにもかかわらず、説明会を実施する予定です。

（2）７時から晩ご飯を作りかけようか。

（3）退院後、妹のけがは、順調に回復するばかりだ。

（4）８月８日から17日間に至るまで、オリンピックが開催される。

（5）朝から座るばかりで腰が痛くなった。

（6）プロジェクト実施のため、時間を分けて、関係者と打ち合わせをした。

（7）母国語の発想に基づいて書いた外国語の作文には、先生が手に入れにくいのだ。

（8）西安では一週間も滞在していたが、会議に追われて観光名所を回す時間はなかった。

1．＿＿＿の言葉の読み方として正しいものを、一つ選びなさい。

(1) 狂句は<u>川柳</u>点句のことをいう。
a．せんりゅう　b．ぜんりゅう　c．ぜんりょう　d．せんりゅ

(2) 先生は生徒の作品の<u>寸評</u>を書いている。
a．すんひょう　b．すんぴょう　c．ずんぴょう　d．すんびょう

(3) そんなものは<u>微塵</u>の価値もないと思う。
a．びじん　b．びしん　c．みじん　d．みしん

(4) 日本では、<u>元旦</u>に初詣などの行事が行われている。
a．げんじつ　b．かんちに　c．がんにち　d．がんじつ

(5) 人生は<u>自ら</u>の力で変えることのできる「運命」の部分と、変えることのできない「宿命」の部分で成り立っている。
a．いずから　b．みすから　c．みずから　d．みずがら

(6) <u>褒め言葉</u>が見つからない。
a．ほめごとば　b．ほめことは　c．ぼめごとば　d．ほめことば

(7) この会社に入って20年以上のキャリアを積んだ人だけが、部長の役職に<u>就く</u>ことができるのです。
a．じゅく　b．つく　c．しゅく　d．づく

(8) 子供たちはテレビゲームに<u>熱中</u>している。
a．ねっじゅう　b．ねつじゅう　c．ねっちゅう　d．ねつちゅう

(9) 日本では、<u>年賀状</u>は元旦にまとめて配達されることになっています。
a．ねんがじょ　b．ねんがじょう
c．ねんかじょう　d．としかじょう

(10) 手紙の<u>宛名</u>は大きくはっきりと書きましょう。
a．えんめい　b．あでな　c．あてな　d．えんみょう

2．＿＿＿に入れるのに最もよいものを一つ選びなさい。

(1) 政府部門はいま、交通渋滞の課題に＿＿＿。
a．やりとられている　b．とりくんでいる
c．うけとっている　d．つくりあげている

(2) ＿＿＿、今日還暦を迎えた。

a．めをさまして　　b．としをかさねて

c．としがあらたまって　　d．めにとまって

(3) 大学の卒業式を思い返すと、＿＿＿。

a．鼻を折る　　b．気にかける　　c．万感胸に迫る　　d．天狗になる

(4) ＿＿＿のない話するなよ。

a．品　　b．句　　c．評　　d．元

(5) ＿＿＿な一人暮らしを楽しんでいる。

a．無我　　b．気まま　　c．愛着　　d．我愛

(6) ドアに＿＿＿と頭をぶつけた。

a．ぴったり　　b．すっかり　　c．キラ　　d．ガツン

(7) 最近、＿＿＿やる気になれない。

a．なんでも　　b．だんだん　　c．なんとなく　　d．どんどん

(8) さっき市場でこんなデマを＿＿＿。

a．口にあげた　　b．手に入れた　　c．耳にした　　d．足に任せた

(9) 遠回しに相手を非難することば、つまり＿＿＿は公私共に使われる。

a．遠慮　　b．悪口　　c．皮肉　　d．噂

(10) ＿＿＿のないことを学び続けていくのは、辛いことだと思いますか。

a．趣味　　b．素質　　c．興味　　d．欲望

**3．＿＿＿の言葉に意味が最も近いものを一つ選びなさい。**

(1) 彼は外見のわりに<u>思いやり</u>がある。

a．思い出　　b．心遣い　　c．心細い　　d．思い気

(2) 先生と話をしていて、「この人は教養があるな」と<u>感心</u>しました。

a．敬服　　b．感動　　c．拝伏　　d．観賞

(3) うまく実行すれば、計画の<u>目標</u>が達成できる。

a．的中　　b．狙い　　c．成果　　d．進み

(4) 発表の原稿を先輩に<u>書き直して</u>もらいました。

a．リラストして　b．改稿して　　c．添削して　　d．推敲して

**4．次の言葉の使い方として最もよいものを、一つ選びなさい。**

(1) 請求書

a．勤め先の会社との請求書にサインする。

b．お金を受け取って、請求書を渡す。

c．注文していない商品の請求書が送られてきた。

d．保証人に推薦の請求書を書いてもらう。

(2) 文通

a．彼は事故に遭ったと文通されている。

b．将来、日本語の文通になりたいと思う。

c．彼は文通で、文学で何でも分かる。

d．帰国しても、外国の友人と文通する。

(3) 無事

a．移動させないのが一番無事な使い方だ。

b．子供たちは無事な場所で教育を受ける権利がある。

c．荷物は無事に到着した。

d．高い山はまだ残雪があるかもしれないので、初心者はやめておいたほうが無事だ。

(4) 実に

a．彼らの態度は実に恐ろしい。

b．お世話になって、実にありがとうございます。

c．彼は実に合格を望んでいる。

d．冗談を実に受けた。

(5) 付き合い

a．母に付き合いをして買い物に行った。

b．あの人は付き合いが広い。

c．人質はやっと付き合われた。

d．子供を少し付き合って見てみよう。

**5．次の文の＿＿＿に入れるのに最もよいものを一つ選びなさい。**

(1) あれだけ一生懸命頑張った＿＿＿、結局失敗に終わってしまった。

a．にかかわらず　　b．にもかからず

c．にかかわらないで　　d．にもかかわらず

(2) インターネットの普及によって、大都市から地方の村々＿＿＿まで、ほぼ同じような情報が手に入る。

a．が至る　　b．を至る　　c．に至る　　d．に至って

(3) 大学は東京であったが、就職＿＿＿地元へ戻ろうと考えている。

a．をもって　　b．を機に　　c．を通じて　　d．をはじめ

(4) 本当の話＿＿＿小説を書いた。

a．にもとをして　　b．がもとにして

c．をもとより　　d．をもとにして

(5) ここ数ヵ月は、薬の影響なのか、食欲がなく＿＿＿ばかりだ。

a．やせ　　b．やせて　　c．やせる　　d．やせた

(6) 10月15日から月末に＿＿＿映画祭が開催される。

a．に至るまで　　b．まで　　c．かけて　　d．わたって

(7) やり＿＿＿の仕事を終わらせたいのに集中できない。

a．かけ　　b．きれ　　c．きり　　d．ぬき

(8) 調査が進む＿＿＿、事故の原因が明らかになってきた。

a．だけに　　b．ばかりで　　c．一方で　　d．にしたがって

**6．次の文の＿★＿に入る最もよいものを一つ選びなさい。**

(1) 振り返ってみると、教員時代に仕事以外で興味を持って＿＿＿ ＿＿＿ ＿★＿ ＿＿＿。

a．それほど　　b．時間を　　c．ない　　d．割いたものは

(2) この評は、＿★＿ ＿＿＿ ＿＿＿ ＿＿＿をガツンとたたいた。

a．いい気に　　b．独りよがりで　　c．私の頭　　d．なっていた

(3) 以前から「サラリーマン川柳」に興味を持っていて、毎年２月に発表される入選候補作を読んで、＿＿＿ ＿★＿ ＿＿＿ ＿＿＿に感心していた。

a．光る言葉　　b．鋭く　　c．世相を斬る　　d．きらりと

(4) この時代劇は、歴史上、実際に起こった＿＿＿ ＿＿＿ ＿★＿ ＿＿＿作られたのである。

a．に　　b．を　　c．もと　　d．こと

(5) 生活習慣から考え方に至るまで、＿＿＿ ＿★＿ ＿＿＿ ＿＿＿生活は、見るもの、聞くもの、何でも新鮮で刺激的だ。

a．とは　　b．アメリカでの　　c．日本　　d．大分異なる

(6) 出生数の減少は、＿★＿ ＿＿＿ ＿＿＿ ＿＿＿においても同様に見られる傾向である。

a．のみならず　　b．中国　　c．欧米諸国　　d．ひとり

(7) 弱肉強食は自然界のバランスを＿★＿ ＿＿＿ ＿＿＿ ＿＿＿です。

a．の　　b．ため　　c．法則　　d．保つ

(8) 湿度の高い日本では１週間も風呂に＿＿＿ ＿★＿ ＿＿＿ ＿＿＿がするのでしょう。

a．ホームレス　　b．匂い　　c．みたいな　　d．入らなかったら

コラム

短歌・俳句・川柳

短歌は五七五七七の５句、三十一字でつづった韻文である。短歌は、三十一文字であることから「みそひともじ」と呼ばれたり、単に「歌（うた）」と言われたりすることもある。もともと日本には、奈良時代以前から５音と７音で構成する歌体があり、それが修練されたものの一つが短歌である。短歌の歴史は古く、奈良時代の日本最初の歌集『万葉集』には多くの短歌が載っている。平安時代中期に平仮名が完成すると、多くの優れた歌人が輩出して隆盛を極めた。鎌倉時代初期、『新古今和歌集』の選者の一人藤原定家は、飛鳥時代から鎌倉時代まで、100人の歌人の優れた短歌を一首ずつ選んで『小倉百人一首』を編纂した。

俳句は五七五の３句十七文字からなる世界最小の定型詩の一つで、季語を必要とする。俳句は、室町時代に流行した連歌から派生した俳諧連歌を起源とし、江戸時代初期の松尾芭蕉が精神性と芸術性を高めて、独立した文芸として完成させた。江戸中期に与謝蕪村が出て俳句は活気を呈したが、やがて衰退した。明治時代になり、正岡子規によって文学のジャンルの一つとして近代の俳句が確立された。また、正岡子規は近代短歌の確立にも尽力し、彼によって今日の俳句や短歌があると言っても過言ではない。

川柳は俳句と同様に俳諧連歌から生まれ、俳句と同じ音数律（五七五の３句17文字）を基本とする。口語が主体であり、俳句と異なり季語や切れ字の制限はない。江戸時代中期に出た川柳作家の柄井川柳の名から「川柳」と呼ばれるようになったと言われている。当時の川柳は人情の機微や心の動きを詠んだ句が中心で、作者も俳句とは違って一般庶民が多かった。この点で、今日の「サラリーマン川柳」からブームとなり、若者から老人まで幅広く投稿する公募川柳の作品に共通している。

# 第２課

## 清宮克幸新監督に聞く

**トピック**　ラグビー人生

**形　式**　インタビュー

**学習目標**

・インタビュー記事を読み、人物の思想や考えを理解する。
・プロフィールの書き方を学ぶ。

**読む前に**

・ラグビーはどんなスポーツですか。調べてください。
・自分のプロフィールを書いてみてください。

**文法項目**

① Ｖもする／Ｖもしない＜强调＞
② ～末（に）＜结果＞
③ ～て（で）しかるべきだ＜理所当然＞
④ に＜主体＞
⑤ ～ばかりか＜递进关系；相反的事项＞

上田さんは最近、ラグビー関連の記事を書くための資料を集めており、某チームの監督についてのインタビュー記事を読みました。



## 清宮克幸新監督に聞く

ラグビーのトップリーグは10月29日に開幕する。昨季14チーム中11位、入れ替え戦をかろうじて制して残留を決めたヤマハ発動機ジュビロにとっては巻き返しを図るシーズンとなる。その再建の指揮を執るのが清宮克幸新監督（44）だ。早大、サントリーの現役時代に主将を務めるなど活躍した清宮氏は、早大、サントリーの監督時代には数々の栄冠に導くなど“優勝請負人”とも呼ばれる。開幕まで約１カ月、今季に挑む姿勢やワールドカップに参戦中の日本代表への期待など、ラグビー人生を語る言葉は熱く、力強い。

### もっともっともっと　まだまだ　常に貪欲でありたい

目標は当然「日本一」。どうやって取るかです。日本一だと自分たちで言えるものをどれだけ多く作れるかにこだわってやっていこう、と選手たちには言っています。現段階でもいくつか出てきました。例えば練習。朝６時からレスリングや体幹トレーニングを行い、夕方はグラウンドに出ます。この２部練習を４月からずっと行っています。こういったものが自信の裏付けになります。

今季掲げるプレースタイルは「ハイプレッシャーラグビー」です。普通、場面によってはここはひいて次でいこうかと考えもしますが、ヤマハはすべての場面に全力投球です。もう一つチームスローガンにしているのが「ヤマハブルー」。「ブルー」はチームカラーにもつながりますが、キーになるスペースのことです。ここを制すればその後優位になる、獲得したいものに対して○○ブルーという言葉をつくっていったんです。例えば「タックルブルー」「ディフェンスブルー」です。

先日、チームを均等に分けての部内マッチを行いました。１軍のジャージーを味方同士で奪い合う、取り合うということが今までなかったためです。むき出しのパフォーマンスを見せてくれた選手もいました。試合に出るためにジャージーを取る。負けた人間はもっと頑張る。そういう流れをつくりたいですね。選手たちがいつも熱を発散できる場をつくろうと考えています。

★☆★

チームは昨季、トップリーグのどのライバルチームも経験したことのないメンタリティーと悪条件を味わいました。けが人もいてグラウンドにいる選手は24、5人。やりたい練習もできない。入れ替え戦に回るという危機もありました。そういうものを乗り越えた１年は大きな財産です。１試合、１試合に懸ける思いは間違いなく日本一です。これを生かさないわけにはいきません。

実は他チームのレギュラークラスの選手の移籍を考えた時期がありました。でも、ヤマハというチームがどういう熱を持っているかです。他チームからレギュラーが決まっている選手を呼んできたらどうなるか、考えた末やめました。新人と新しい環境を求めていた選手を補強しました。

★☆★

小学校高学年のころからチームスポーツに魅力を感じていました。少しませた子で、遊びでは本当の友達は得られないと。小学校で野球、中学でサッカー。でも何か物足りないんです。中学３年の時には180センチありました。周りの人が体や上半身の強さなどからラグビーを勧めてくれたんです。高校は迷わず学区内の強豪に進みました。すべてが新鮮で面白かったですね。怖いけどぶつかる快感、走ることとタックルはど素人でもできる。普段から体をぶつけ合うなど、練習はもちろん厳しかったですが、それだからこそ深い絆ができる。感覚的ですがラグビーにはそういう精神性があるんです。

指導者にはいろんな形があってしかるべきでしょう。人間には個性があるわけですから。ただ工夫をしない指導者、向上心を持たない指導者だけはいただけないですね。いろいろアイデアを出してチャレンジする。失敗することがあってもその中にドラマもある。それが人生じゃないですか。常に貪欲な思いを持っているのが指導者の条件でしょう。「もっと、もっと、もっと」「まだ、まだ」です。

★☆★

日本でラグビーは日本男児に一度は経験してもらいたいスポーツにますますなってきていると思います。体を張って守るべきは守るとか、知恵を出し戦術を駆使して結果を出すとか。できなかったことをどうすればできるようになるか。考える力、行動する力がラグビーのサイクルとしてあります。ラグビーが必然のスポーツといわれるのはそういうところから出ているんです。

W杯で戦っている代表は、注目の中で自分たちの持っているものを限界まで出し切って、そこからラグビーの良さを情報発信する責任があります。

一番の思い出は早稲田の監督最後の年、日本選手権２回戦でトップリーグのトヨタ自動車に勝った試合ですね。人々に夢と希望を伝えようという部のミッションがあったんです。俺たちにもできる、不可能を可能にする。そういうものを試合で体現して、見ている人たちを魅了したいと、ずっと思ってやっていました。そして起こしたミラクル。偶然ではなく、必然の努力の成果がたくさん見られる試合でした。それが今年ヤマハでできるようにとの思いがあります。入れ替え戦で２点差で負けそうになったチームが、たった１年で決勝を戦っている姿を想像するとワクワクしますよね。そうなったら全国にヤマハファンができます。



### P.S. 熱いスタート

日本一を一つ一つ作って真の日本一に、と清宮監督は言う。その一つに練習を挙げたが、もう一つ既にできているものがある。開幕前の注目度だ。昨季、薄氷の勝利で残留を決めたヤマハ発動機。そこに闘将がやってきた。

ヤマハ発は今季「スタジアム満杯プロジェクト」を立ち上げた。5000～6000人と横ばいだったホームの観客を１万人以上に増やそうという事業。過去の事業も拡大するとともに、ファンクラブの開設や応援スタイルの確立などスタジアムが一体となった雰囲気づくりを仕掛ける。

今季のヤマハ発の戦いは新たな挑戦の始まりだ。日本一のホームゲームを全国に発信したい。フィフティーンも燃える。生の迫力を堪能する絶好の機会かもしれない。10月29日の開幕戦の舞台はもちろんヤマハスタジアム。熱いスタートに期待だ。

### プロフィール

**きよみや・かつゆきさん**　大阪府生まれ。府立茨田（まった）高時代にラグビーを始める。全国大会に出場し、高校日本代表にも選ばれた。1986年、早大に入学。

１年からレギュラーになり、２年時には日本選手権優勝。４年時には主将として大学選手権を制覇した。卒業後サントリーに入社し、主将も務める。日本代表でもプレー。主なポジションはフランカー。2001年に現役引退後、早大の監督に就任。関東大学対抗戦５年連続全勝優勝、大学選手権３度制覇。06年の日本選手権ではトヨタ自動車を相手に、学生として18年ぶりに社会人を破るなど、早稲田ラグビー復活に手腕を振るった。そのシーズン後、サントリーへ監督として復帰し、07～08シーズントップリーグ優勝のほか、２度の日本選手権準優勝などの成績を刻む。10年にサントリー監督を辞任。11年３月、ヤマハ発動機ジュビロの指揮官に就任した。44歳。

memo

**ヤマハ発動機ジュビロ**　1982年同好会としてスタートし、84年部に。91年関西社会人リーグＣリーグに昇格、98年シーズンからは同Ａリーグに。全国社会人大会には94年に初出場。各地域リーグと全国社会人大会が発展解消して誕生したトップリーグにはリーグ初年の2003～04シーズンから参戦。過去３位、２位、７位、３位、７位、７位、９位。昨季は11位と４年連続で上位４チームによるプレーオフを逃したばかりか入れ替え戦に回ったが、意地を見せて残留を果たした。昨季からプロ契約を廃止し、日本人選手は社員としてプレーする。今季の選手は43人。ホームタウンは磐田市。愛称のジュビロはサッカーのジュビロ磐田と共有。ホームスタジアムもヤマハスタジアムを使用している。

2011.9.20『静岡新聞』掲載

上　田：ただテレビで顔を見るだけじゃなくて、その人のバックグラウンドや考え方を理解すると、魅力が倍増した感じがしない？このチーム自体は強いわけじゃないけど、私、この監督の考えにはすごく共感するわ。

李　想：そうだね。今までラグビーには全然縁がなかったけど、今度見に行ってみようかな。

## 単　語

清宮克幸(きよみやかつゆき)②−②【名】(人名)清宮克幸

監督(かんとく)⓪【名・他Ⅲ】主教练，领队；监督

ラグビー(rugby)①【名】橄榄球

インタビュー(interview)①③【名・他Ⅲ】采访，访问

プロフィール(profile)③【名】人物简介；侧影，轮廓

トップリーグ(和制英语top league)④【名】(橄榄球)全国联赛

開幕(かいまく)⓪【名・自Ⅲ】开幕，开始

昨季(さっき)①【名】上一赛季

入れ替え戦(いれかえせん)⓪【名】淘汰赛

入れ替え(いれかえ)⓪【名・他Ⅲ】更换，掉换

かろうじて(辛うじて)⓪②【副】好容易才，勉勉强强

制する(せいする)③【他Ⅲ】控制，支配；制定；节制

残留(ざんりゅう)⓪【名・自Ⅲ】留下，残留

ヤマハ発動機ジュビロ(YAMAHAはつどうきジュビロ)⓪−①(橄榄球队名)雅马哈发动机队

ヤマハ(YAMAHA)⓪【名】(日本公司名)雅马哈

発動機(はつどうき)③【名】发动机，引擎

巻き返し(まきかえし)⓪【名】反攻，东山再起；反卷，倒卷

再建(さいけん)⓪【名・他Ⅲ】重建，再建

指揮(しき)②①【名・他Ⅲ】指挥，指令

執る(とる)①【他Ⅰ】执行；采取；拿在手里

早大(そうだい)⓪【名】（早稲田大学的简称）早大

サントリー(Suntory)①【名】（日本公司名）三得利

栄冠(えいかん)⓪【名】桂冠；荣誉

導く(みちびく)③【他Ⅰ】引导，指引；引路，带路

請負人(うけおいにん)⓪【名】承包人，承揽人

請負(うけおい)⓪【名】包揽，承包；接受，承担

今季(こんき)①【名】本赛季；本季节

挑む(いどむ)②【自Ⅰ】挑战；挑起，惹起争斗

参戦中(さんせんちゅう)⓪【名】参赛中；参战中

参戦(さんせん)⓪【名・自Ⅲ】参赛；参战

日本代表(にほんだいひょう・にっぽんだいひょう)②−⓪・③−⓪【名】日本（参赛）代表

代表(だいひょう)⓪【名・他Ⅲ】代表

語る(かたる)⓪【他Ⅰ】讲述，说谈

力強い(ちからづよい)⑤【形Ⅰ】有信心，有仗势；强劲

貪欲(どんよく)⓪【名・形Ⅱ】贪欲

レスリング(wrestling)①【名】摔跤

体幹トレーニング(たいかんtraining)⑥【名】体能训练

トレーニング(training)②【名・他Ⅲ】训练，练习

グラウンド(ground)⓪【名】赛区，运动场

一部(一ぶ)部分；～部；份

裏付け(うらづけ)⓪【名・他Ⅲ】根据；证明，证实

掲げる(かかげる)⓪③【他Ⅱ】悬挂；提出

プレースタイル(play style)⑤【名】(比赛的)打法

スタイル(style)②【名】形式，方法

ハイプレッシャーラグビー(high pressure rugby)⑧【名】高度紧张的橄榄球比赛

場面(ばめん)⓪①【名】场面，情形
全力(ぜんりょく)⓪【名】全力，拼命
投球(とうきゅう)⓪【名・自Ⅲ】投球，投出的球
スローガン(slogan)②【名】口号，标语
ブルー(blue)②【名】蓝色；忧郁
カラー(color)①【名】色彩；特色，风格
キー(key)①【名】关键；钥匙
スペース(space)②⓪【名】空间，位置；空白
優位(ゆうい)①【名】优势，优越地位
獲得(かくとく)⓪【名・他Ⅲ】获得
タックル(tackle)①【名・他Ⅲ】抢截，铲球；扑挡
ディフェンス(defense)⓪①【名】防守，防御
均等(きんとう)⓪【名】均等，平均
部内マッチ(ぶないmatch)④【名】球队内部比赛
部内(ぶない)①【名】部门内，内部
ジャージー(jersey)①【名】运动装，队服
味方同士(みかたどうし)④【名】同伴，同一方的人
味方(みかた)⓪【名・自Ⅲ】同伴，支持者；援助，帮忙
同士(どうし)①【名】志同道合的人
奪い合う(うばいあう)④【他Ⅰ】互相争夺，抢夺
取り合う(とりあう)③【他Ⅰ】互相争夺；牵手；理睬，搭理
むき出し(むきだし)⓪【名】毫不掩饰，露骨；剥出，露出
熱を発散する(ねつをはっさんする)②-⓪ 挥洒汗水，发散能量
発散(はっさん)⓪【名・自他Ⅲ】发散，发泄
メンタリティー(mentality)③【名】心理状态，精神作用
悪条件(あくじょうけん)③【名】恶劣条件，不利因素
けが人(怪我人・けがにん)⓪【名】伤员，受伤的人
回る(まわる)⓪【自Ⅰ】转向，转变为；转动，绕圈儿；顺便去，中途去
危機(きき)①②【名】危机
懸ける(かける)②【他Ⅱ】托付，寄托；不惜，拼；挂记
間違いなく(まちがいなく)⑤【副】没错，一定
生かす(いかす)②【他Ⅰ】运用，发挥；使活下去
レギュラークラス(regular class)⑤【名】标准级别，正规级别
レギュラー(regular)①【名】正规，标准，正式；正式成员，正式选手
移籍(いせき)⓪【名・自他Ⅲ】转会；迁移户口
～末(～すえ) 最终，结果
末(すえ)⓪【名】结果，末尾；末梢；将来
補強(ほきょう)⓪【名・他Ⅲ】补充，加强
ませる ②【自Ⅱ】老成，早熟
上半身(じょうはんしん)③【名】上半身，上肢
学区(がっく)⓪①【名】学区
強豪(きょうごう)⓪【名】强手，势力强大
ぶつかる ⓪【自Ⅰ】碰撞；遇上；冲突
ど素人(どしろうと)③【名】纯粹的外行
どー(表示强调)很，非常
素人(しろうと)①②【名】外行，门外汉
ぶつけ合う(ぶつけあう)④【他Ⅰ】互相碰撞
絆(きずな)⓪【名】纽带，牵连，情丝；羁绊，缰绳
感覚的(かんかくてき)⓪【形Ⅱ】感觉上的，感性的
精神性(せいしんせい)⓪【名】精神性
精神(せいしん)①【名】精神，精力
指導者(しどうしゃ)②【名】指导者，领导者
～てしかるべきだ 理所当然的，应该具备的
個性(こせい)①【名】个性，特性
いただけない(頂けない)⓪【連語】不能接受；不能赞同；不合适，要不得
男児(だんじ)①【名】男子；男孩子
ますます(益々)②【副】益发，越来越
戦術(せんじゅつ)⓪【名】战术，比赛技能
駆使(くし)①②【名・他Ⅲ】运用；驱使，迫使

サイクル(cycle)①【名】循环，周期；自行车
必然(ひつぜん)⓪【名・副】必然，一定
W杯(ワールドカップ)⑤【名】世界杯
戦う(たたかう)⓪【自Ⅰ】交战，比赛；战斗，作战
限界(げんかい)⓪【名】极限，界限
出し切る(だしきる)③⓪【他Ⅰ】全部拿出，尽力
早稲田(わせだ)①【名】早稲田大学的简称；(日本地名)早稲田
選手権(せんしゅけん)③【名】冠军(赛)，锦标(赛)
トヨタ自動車(TOYOTAじどうしゃ)⑤【名】丰田汽车
ミッション(misson)①【名】使命，任务，指令
不可能(ふかのう)②【名】不可能，做不到
体現(たいげん)⓪【名・他Ⅲ】体现，表现
魅了(みりょう)⓪【名・他Ⅲ】使人入迷，夺人魂魄
ミラクル(miracle)①【名】奇迹
偶然(ぐうぜん)⓪【名・副】偶然，碰巧
決勝(けっしょう)⓪【名】决赛，决胜负
ワクワク①(副・自Ⅲ)心跳，兴奋紧张
全国(ぜんこく)①【名】全国
P. S. (ピーエス)③【名】又及，附言
真(しん)①【名】真正，真实
薄氷(はくひょう)⓪【名】薄冰；惊险，危险
闘将(とうしょう)⓪【名】战将，猛将，干将
ヤマハ発(ヤマハはつ)④【名】(橄榄球队名)雅马哈发动机的简称
スタジアム満杯プロジェクト(stadiumまんぱいproject)②—⓪—②【名】体育场馆爆满计划
スタジアム(stadium) ②【名】体育场
満杯(まんぱい)⓪【名】满满当当，座无虚席
横ばい(横這い・よこばい)⓪【名】横向波动，浮动不大；横向爬行
観客(かんきゃく)⓪【名】观众
ファンクラブ(fan club)③【名】粉丝俱乐部
ファン(fan)①【名】粉丝，爱好者，追随者
開設(かいせつ)⓪【名・他Ⅲ】开设，创办
応援スタイル(おうえんstyle)⑥【名】支持方式
応援(おうえん)⓪【名・他Ⅲ】帮助，援助；加油，助威
確立(かくりつ)⓪【名・自他Ⅲ】确立，确定
フィフティーン(fifteen)③【名】橄榄球队全体成员，15人
迫力(はくりょく)②【名】感染力，冲击力，扣人心弦
開幕戦(かいまくせん)⓪【名】揭幕战，首场比赛
スタート(start)②⓪【名・自Ⅲ】开始，起点
府立(ふりつ)①⓪【名】(大阪)府立
茨田高(まったこう)⓪【名】(学校名)茨田高中
出場(しゅつじょう)⓪【名・自Ⅲ】上场，出场
主将(しゅしょう)⓪【名】主将，领队，队长
大学選手権(だいがくせんしゅけん)⓪—③【名】大学联赛
制覇(せいは)①【名・他Ⅲ】称霸，获得冠军
務める(つとめる)③【他Ⅱ】担任，扮演
主(おも)①【形Ⅱ】主要，中心
ポジション(position)②【名】位置，职位
フランカー(flanker)②【名】侧卫，边卫
現役引退(げんえきいんたい)⓪—⓪【名・自Ⅲ】退出现役，退出一线
現役(げんえき)⓪【名】现役；一线；应届
引退(いんたい)⓪【名・自Ⅲ】引退，退出现役；辞职
就任(しゅうにん)⓪【名・自Ⅲ】就任，上任
対抗戦(たいこうせん)⓪【名】对抗赛
対抗(たいこう)⓪【名・自Ⅲ】对抗，比赛
全勝(ぜんしょう)⓪【名・自Ⅲ】全胜，全部获胜
破る(やぶる)②【他Ⅰ】打败，战胜；弄破，撕碎；打破；违背
復活(ふっかつ)⓪【名・自Ⅲ】复活，苏醒
手腕を振るう(しゅわんをふるう)⓪—⓪施展本领，发挥特长
手腕(しゅわん)⓪①【名】手腕，本领
復帰(ふっき)⓪【名・自Ⅲ】(地位、状态等)复归，恢复

準優勝(じゅんゆうしょう)③【名】亚军

成績を刻む(せいせきをきざむ)⓪–⓪创下佳绩

刻む(きざむ)⓪【他Ⅰ】雕刻，刻出；切碎；铭刻

辞任(じにん)⓪【名・他Ⅲ】辞任，辞职

指揮官(しきかん)②【名】指挥官，总指挥，教练

同好会(どうこうかい)③【名】同仁会，爱好者协会

関西社会人リーグ（かんさいしゃかいじんleague）⓪–⓪–①【名】关西地区成年人橄榄球联盟

リーグ(league)①【名】联盟，同盟

昇格(しょうかく)⓪【名・自Ⅲ】升格，升级，晋级

初出場(はつしゅつじょう)③【名・自Ⅲ】初登场，第一次上场比赛

初ー(はつー)第一次……

初年(しょねん)⓪【名】第一年，头一年

上位(じょうい)①【名】排名靠前，上位，高位

プレーオフ(play off)④【名】(比赛平局之后为决定冠军而举行的)最后决赛，加时比赛，淘汰赛

～ばかりか 不仅……，别说是……(就连)

意地を見せる(いじをみせる)②–② 展现顽强一面

意地(いじ)②【名】固执，倔强；心术，用心；贪婪

廃止(はいし)⓪【名・他Ⅲ】废止，终止

ホームタウン(hometown)④【名】主场，运动队根据地；故乡，出生地

磐田市(いわたし)③【名】(地名)磐田市

愛称(あいしょう)⓪【名】昵称，爱称

共有(きょうゆう)⓪【名・他Ⅲ】共有，共同享有

ホームスタジアム(home stadium)⑤【名】主赛场

## 文型の学習

### 1. Vもする／Vもしない<强调>

*普通、場面によってはここはひいて次でいこうかと考えもしますが、ヤマハはすべての場面に全力投球です。*

「もする／もしない」接在动词的第一连用形后面。「Vもする」用于强调该动作，相当于汉语的“确实（做）……”。「Vもしない」更为常用，强调理应进行该动作却没有进行，往往带有说话人吃惊、意外的感情色彩。相当于汉语的“连……都（不）……”。

(1) 次から次へと仕事を命じられれば忘れもする。

(2) 誰だって初対面でそんなことを言われたら怒りもするだろう。

(3) うちの猫は魚がきらいで、刺身をやっても見向きもしない。

(4) さわりもしないのに、ガラスのコップが割れてしまった。

(5) 母はうすうす分かっていたのだろう、父が会社をやめたと聞いて、驚きもしなかった。

## 2．～末（に）＜结果＞

✎他チームからレギュラーが決まっている選手を呼んできたらどうなるか、考えた末やめました。

「末（に）」接在“名词＋の”或动词「た」形的后面，表示经过了较长的时间或艰难的过程，最后产生了后项的结果。后修饰名词时用「～末のＮ」的形式。为书面语。相当于汉语的“……的结果”、“经过……，终于……”。

(1) 二人は深く愛し合った末に、ゴールインした。

(2) 一年にわたって説明した末、やっと地元の同意が得られた。

(3) ５時間にわたる激しい戦いの末に、Ａチームが勝利した。

(4) 苦労した末にやっと手に入れた幸せを大切にしたい。

## 3．～て（で）しかるべきだ＜理所当然＞

✎指導者にはいろんな形があってしかるべきでしょう。

「しかるべきだ」接在「Ｖて」形、「$A_{I}$て」形或「$A_{II}$で」形后面，表示做该动作或处于该状态是理所应当、理所当然的。为比较陈旧的表达方式，只用于正式的场合，日常会话中用「～は当然だ／当たり前だ」即可。相当于汉语的“应当……”。

(1) 努力したのだから自分は評価されてしかるべきだ。

(2) そういう人は厳しく叱ってしかるべきだ。

(3) これほどの食材を使った料理なら、高くてしかるべきだ。

(4) この計画の実施について、もっと慎重でしかるべきではないかとの意見があった。

## 4．に＜主体＞

✎俺たちにもできる、不可能を可能にする。

「に」前接指人名词（或者表示团体、组织的名词），后与「分かる」、动词的可能形式、表示评价的形容词等搭配使用，表示能力或者评价的主体。多用于表否定或者对比、类比的句子中，因此多以「には」「にも」「にしか」等形式出现。相当于汉语的“（某人）……能……”等。

(1) そんな問題、子供にも簡単に解けるだろう。

(2) あの人にできるのに、どうしてあなたにはできないの？
(3) これはプロにしか作れない素晴らしい作品だ。
(4) この発音は初心者には難しいと思われる。

### 5．～ばかりか<递进关系；相反的事项>

*✎昨季は11位と4年連続で上位4チームによるプレーオフを逃したばかりか入れ替え戦に回ったが、意地を見せて残留を果たした。*

「ばかりか」接在名词或动词、形容词的连体形后面。①如例（1）～（3）所示，表示递进关系，前项为程度较低的内容，后项为程度较高的内容，可与「ばかりで（は）なく」互换。相当于汉语的“不但……，而且……”；②如例（4）（5）所示，多以「～ないばかりか、（逆に／かえって／反対に）～」的形式出现，强调两个相反的事项，这时不可与「ばかりで（は）なく」互换。相当于汉语的“不仅（不）……，反而……”。

(1) 今回の日本語の試験では、文化知識ばかりか、古典の知識も必要とされた。
(2) この店の料理は、量が少ないばかりか、味もよくない。
(3) このタクシーのドライバーは運転が下手なばかりか、極度の方向音痴らしい。
(4) 薬を飲んだが、痛みが治まらないばかりか、かえってひどくなった。
(5) 必要以上にトレーニングをやりすぎると、効果が出ないばかりか、逆に体を痛めてしまう。

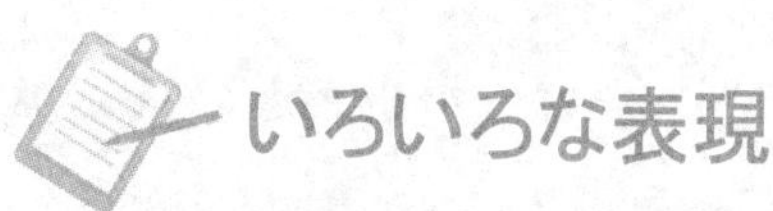

## いろいろな表現

### 自動詞と他動詞

自動詞「-る」→ 他動詞「-す」

①自動詞「-る」→他動詞「-す」

| | | | |
|---|---|---|---|
| 写る→写す | 移る→移す | 映る→映す | 帰る→帰す |
| 返る→返す | 転がる→転がす | 通る→通す | 直る→直す |
| 治る→治す | 残る→残す | 浸る→浸す | 回る→回す |
| 戻る→戻す | 渡る→渡す | | |

②自動詞「れる／える」→他動詞「-す」

現れる→現す　表れる→表す　隠れる→隠す　崩れる→崩す
壊れる→壊す　倒れる→倒す　潰れる→潰す　流れる→流す
外れる→外す　乱れる→乱す　汚れる→汚す　越える→越す

③自動詞「ｅる」→他動詞「ａす」

荒れる→荒らす　遅れる→遅らす　暮れる→暮らす　焦げる→焦がす
覚める→覚ます　冷める→冷ます　ずれる→ずらす　それる→そらす
絶える→絶やす　垂れる→垂らす　照れる→照らす　解ける→解かす
溶ける→溶かす　逃げる→逃がす　濡れる→濡らす　生える→生やす
剥げる→剥がす　冷える→冷やす　増える→増やす　震える→震わす
漏れる→漏らす　揺れる→揺らす　負ける→負かす　燃える→燃やす
欠ける→欠かす

④自動詞「ｉる」→他動詞「ａす／ｏす」

生きる→生かす　満ちる→満たす　伸びる→伸ばす　延びる→延ばす
懲りる→懲らす　起きる→起こす　落ちる→落とす　下りる→下ろす
降りる→降ろす　過ぎる→過ごす　滅びる→滅ぼす

⑤その他　自動詞「-る」→他動詞「-す」

消える→消す　出る→出す　鳴る→鳴らす　減る→減らす
散る→散らす　膨れる→膨らます

## 自動詞「ａる」→他動詞「ｅる」

上がる→上げる　揚がる→揚げる　温まる→温める　暖まる→暖める
当たる→当てる　集まる→集める　改まる→改める　炒まる→炒める
受かる→受ける　薄まる→薄める　埋まる→埋める　植わる→植える
納まる→納める　収まる→収める　終わる→終える　掛かる→掛ける
懸かる→懸ける　架かる→架ける　重なる→重ねる　固まる→固める
変わる→変える　代わる→代える　換わる→換える　替わる→替える
決まる→決める　加わる→加える　転がる→転げる　下がる→下げる
定まる→定める　閉まる→閉める　締まる→締める　静まる→静める
染まる→染める　備わる→備える　高まる→高める　助かる→助ける
貯まる→貯める　溜まる→溜める　伝わる→伝える　勤まる→勤める
詰まる→詰める　止まる→止める　泊まる→泊める　始まる→始める

| | | | |
|---|---|---|---|
| 嵌まる→嵌める | 広がる→広げる | ぶつかる→ぶつける | |
| 曲がる→曲げる | 交ざる→交ぜる | 混ざる→混ぜる | まとまる→まとめる |
| 丸まる→丸める | 儲かる→儲ける | 休まる→休める | 弱まる→弱める |

### 自動詞「う、く、つ、ぶ、む」→他動詞「eる」

| | | | |
|---|---|---|---|
| 向く→向ける | 空く→空ける | 痛む→痛める | 傷む→傷める |
| 浮かぶ→浮かべる | 傾く→傾ける | 叶う→叶える | 込む→込める |
| 沈む→沈める | 進む→進める | 添う→添える | 育つ→育てる |
| 揃う→揃える | 建つ→建てる | 立つ→立てる | 違う→違える |
| 縮む→縮める | 続く→続ける | 届く→届ける | 整う→整える |
| 並ぶ→並べる | 開く→開ける | 止む→止める | |

### 例外（自動詞→他動詞）

| | | | |
|---|---|---|---|
| 折れる→折る | 産まれる→産む | 生まれる→生む | 切れる→切る |
| 砕ける→砕く | 解ける→解く | 溶ける→溶く | 採れる→採る |
| ねじれる→ねじる | ほどける→ほどく | 焼ける→焼く | 破れる→破る |
| 取れる→取る | 抜ける→抜く | 弾ける→弾く | もめる→もむ |
| 破ける→破く | 割れる→割る | | |

### 内容理解

(1) 10月29日に開幕するラグビーのトップリーグはヤマハ発動機ジュビロにとってどんな試合ですか。

(2)「優勝請負人」とは、どういう意味ですか。清宮克幸監督はなぜそう言われているのですか。

(3) ヤマハチームは今どのように練習していますか。

(4) 24ページ６行目に「そういう流れをつくりたいですね」とあるが、どのような流れですか。

(5) 24ページ13行目に「これを生かさないわけにはいきません」とあるが、「これ」の指すものはどれですか。

(6) 昨季、ヤマハはどのような状況でしたか。

(7) ヤマハはどのように選手を補強しましたか。

(8) 指導者の条件は何だと言っていますか。

(9) 「スタジアム満杯プロジェクト」とはどんなプロジェクトですか。

(10) 清宮克幸監督のプロフィールを完成しなさい。



| | 大阪府生まれ |
|---|---|
| 高校時代 | ラグビーを始める |
| 1986年 | |
| 大学2年時 | |
| 大学4年時 | |
| 1990年 | |
| 2001年 | |
| 2006年 | |
| 2007年 | |
| 2008年 | |
| 2010年 | |
| 2011年 | |

## 文法練習

①を読んで文型の使い方を理解し、②③の（　）内の言葉を正しい順番に並べ替えて、文を完成させなさい。

(1) Vもする／Vもしない

①だまされて彼女は怒りもしたが、みんなが自分のためを思ってしたことだということも理解していた。

②（が・驚き・優勝して・もしました）

________________________、自分の中での自信に繋がりました。

③（のに・頼み・お見合い話・もしない）

近所のおばさんが、________________________を持ってきた。

（2）～末（に）

①さんざん迷った末に、やっぱりその仕事は引き受けないことにした。

②（話し合った・冷静に・お互い・末）

______________________、別れを選んだ。

③（根気強く・末・交渉した）

______________________、半額で購入できた。

（3）～て（で）しかるべきだ

①努力したから自分は評価されてしかるべきだと思うのはどうかと思います。

②（を・配慮して・学習者のこと・しかるべきだ）

われわれはもっと__________________________。

③（方々に・くれた・感謝して・支援して・しかるべき）

_____________________________________です。

（4）に

①スマートフォンは、機械音痴の私には複雑すぎて使いこなせないんです。

②（は・には・僕・あの仕事・無理だ）

_______________________________。

③（には・が・わたし・彼の行動・理解できない）

_______________________________。

（5）～ばかりか

①過去の失敗を繰り返さなかったばかりか、過去の失敗から学び、一歩成長した。

②（に・ばかりか・肥満・つながる）

運動不足だと、_________________、糖尿病や高血圧なども引き起こす。

③（住民に・迅速に・ばかりか・届かなかった）

避難指示等は_______________、その内容もきめ細かさに欠けていた。

## 応用練習

**友だちまたは自分の結婚式の日本語版プロフィールを作ってみましょう。**

新郎新婦のことをゲストに紹介をする「プロフィール」は、結婚式を楽しませる大切なアイテムです。二人らしいプロフィールを作ってみましょう。

| プロフィールの主な項目 | | | |
|---|---|---|---|
| 基本項目 | 名前（ふりがな）、生年月日（年齢）、血液型、星座、出身地、最終学歴、職業、勤務先、趣味、特技、長所、短所、マイブーム、好きな言葉、好物、尊敬する人など | 質問など | ● 自分の長所（短所）はどこですか。<br>● 相手の好きなところはどこですか。<br>● 相手へお願いしたい（望む）ことは？<br>● はじめて会った時の第一印象は？<br>● 結婚したらどんな家庭を築きたいですか。<br>● 相手に直してほしいところはどこですか。<br>● 子どもは何人ほしいですか。<br>● 二人でよくすることは？<br>● 思い出に残っているデート（場所）は？<br>● 二人の出会いエピソード<br>● ご両親への感謝のことば<br>● お客様へのメッセージ<br>など |

**プロフィールのアイディア**

- それぞれの年表を入れる。
- 二人が出会ってから結婚までの年表を入れる。
- 生まれてから現在までの写真＆コメント集を作る。
- 二人が出会ってから結婚までの写真やビデオとその思い出を入れる。

生い立ちをストーリー風にする。

など

## 文の構造

次の文の構成を考えて、次の質問に答えなさい。

(1) 昨季14チーム中11位、入れ替え戦をかろうじて制して残留を決めたヤマハ発動機ジュビロにとっては巻き返しを図るシーズンとなる。

这句话的主语是什么？主语的修饰成分是什么？

(2) 開幕まで約１カ月、今季に挑む姿勢やワールドカップに参戦中の日本代表への期待など、ラグビー人生を語る言葉は熱く、力強い。

划线部分在句子中是什么成分？

(3) チームは昨季、トップリーグのどのライバルチームも経験したことのないメンタリティーと悪条件を味わいました。

这个句子中主语、谓语、宾语分别是什么？

(4) そういうものを乗り越えた１年は大きな財産です。

这个句子中主语的修饰成分是什么？

(5) 怖いけどぶつかる快感、走ることとタックルはど素人でもできる。

这个句子的主语是什么？

(6) 入れ替え戦で２点差で負けそうになったチームが、たった１年で決勝を戦っている姿を想像するとワクワクしますよね。

划线部分的修饰成分是什么？

(7) 過去の事業も拡大するとともに、ファンクラブの開設や応援スタイルの確立などスタジアムが一体となった雰囲気づくりを仕掛ける。

划线部分连接的是哪两个动词？

(8) 日本一だと自分たちで言えるものをどれだけ多く作れるかにこだわってやっていこう、と選手たちには言っています。

「言える」和「言っています」的内容分别是什么？

1．次の下線部の言葉の読み方を書きなさい。

(1) 私たちは固い友情の絆で結ばれている。

(2) プロスポーツ選手が現役でいられる期間はそれほど長くない。

(3) 素人なのにプロ並みの腕前だ。
(4) 発明は、偶然に起きることがよくある。
(5) 指導者は向上心が大事です。
(6) このチャンスを絶対に逃したくない。
(7) 自分で掲げた目標なら努力できる。
(8) 彼は今、新薬の研究開発に挑んでいる。
(9) 村井先生は心臓の専門医を30年間務めてきた。
(10) 本センターはさまざまなサービスを提供し、利用者の便宜を図っている。



**2．_____に入れるのに最もよいものを一つ選びなさい。**

(1) _____意識をむき出しにして激しい稽古をこなした。
　a．アイデア　b．ライバル　c．シーズン　d．サイクル
(2) 学習_____が違うことによる成績差はそれほど大きくない。
　a．クラス　b．カラー　c．スタイル　d．スペース
(3) ブドウ糖は右脳の_____に欠かせない栄養素である。
　a．スローガン　b．スタジアム　c．グラウンド　d．トレーニング
(4) 何があっても私はあなたの_____だ。
　a．味方　b．同士　c．手腕　d．姿勢
(5)「今日はどんなことが起こるんだろう」と毎日_____しています。
　a．にこにこ　b．きらきら　c．ワクワク　d．ちょろちょろ
(6) 森の中は真っ暗で、_____月の光で木の輪郭だけが分かる程度だ。
　a．はたして　b．かろうじて　c．いかにして　d．あいまって
(7) あの城壁には町の歴史が_____いる。
　a．掘られて　b．刻まれて　c．浸されて　d．浮かばれて
(8) 団員一人ひとりが頑張った結果が優勝へ_____くれた。
　a．連れて　b．導いて　c．沿って　d．届けて
(9) この物質による人体への影響については、今のところ科学的な_____がない。
　a．取り合い　b．入れ替え　c．裏付け　d．むきだし
(10) 多様な人たちがさまざまな意見を_____こそ、新しい価値を作り出すことができる。
　a．奪い合って　b．ぶつけ合って
　c．味わい合って　d．戦い合って

**3．＿＿＿の言葉に意味が最も近いものを一つ選びなさい。**

（1）あの記者は現地で<u>体を張って</u>取材した。

　a．命懸けで　b．心がけで　c．勇気を出して　d．元気を出して

（2）兄は意見の相違が生じると<u>競争心に燃え</u>最後まで主張する。

　a．意気込んで　b．はしゃいで　c．とびついて　d．いやして

（3）１回戦で優勝候補の長崎チームを<u>破った</u>。

　a．崩した　b．壊した　c．負かした　d．動かした

（4）兄は去年ゲームソフトの会社を<u>立ち上げた</u>。

　a．打ち上げた　b．こみあげた　c．創出した　d．設立した

（5）インターネット利用の普及などが活字離れ<u>につながった</u>という。

　a．に関わった　b．に連ねた　c．を誘った　d．を招いた

**4．次の言葉の使い方として最もよいものを、一つ選びなさい。**

（1）迫力

　a．観客は京劇の迫力に圧倒された。

　b．疲れているせいか、朝起きる迫力もない。

　c．迫力がたまっているため、心も体も疲れ切っている。

　d．娘にはなるべく迫力をかけないように応援したいです。

（2）堪能

　a．一人では何もできないのを堪能した。

　b．北海道で豊かな自然の恵みを堪能した。

　c．大学病院の強みは、最新設備を堪能していること。

　d．会議に出ると、堪能してしまい、伝えたいことをしっかりと言えなくなる。

（3）限界

　a．限界にこだわらないで、内容を重視すべきだ。

　b．あのチョコレートは期間限界で販売しているようだ。

　c．体力や健康面で、働き続けることへの限界を感じている。

　d．自分の思考に限界を加えず広い視野で考え行動したい。

（4）乗り越える

　a．息子は去年小学校に乗り越えた。

　b．鮭は毎年産卵のためこの川を乗り越えている。

　c．取引先が他社に乗り越えようとしているようだ。

　d．妻は幸せを分かち合いながら、共に苦難苦労を乗り越えて行けるパートナーだ。

（5）生かす

ａ．彼女は25歳の時長女を生かした。

ｂ．山から摘んできた花を瓶に生かした。

ｃ．あそこは草が１本も生かさない土地だった。

ｄ．吉田さんは独自の感性を生かして、斬新な作品を発表した。



**5．次の文の＿＿＿に入れるのに最もよいものを一つ選びなさい。**

（1）努力は不可能を可能＿＿＿することができる。

ａ．は　　ｂ．に　　ｃ．で　　ｄ．を

（2）食べたいという気持ち＿＿＿勝つのは難しい。

ａ．を　　ｂ．に　　ｃ．で　　ｄ．も

（3）これまでメディアに一切語ってこなかった監督がついに沈黙＿＿＿破った。

ａ．に　　ｂ．と　　ｃ．を　　ｄ．で

（4）子どもの時から京劇＿＿＿魅力を感じていました。

ａ．で　　ｂ．に　　ｃ．を　　ｄ．は

（5）自分の限界＿＿＿力を出し切って仕事している。

ａ．に　　ｂ．で　　ｃ．から　　ｄ．まで

（6）離婚という結論は、それぞれが長く＿＿＿末に出したものです。

ａ．考える　　ｂ．考えて　　ｃ．考えた　　ｄ．考え

（7）お客様のプライバシーは尊重され、且つ＿＿＿しかるべきである。

ａ．守られる　　ｂ．守られ　　ｃ．守られて　　ｄ．守られた

（8）省エネに努める暮らしは、地球にやさしい＿＿＿、家計費の節約にもつながります。

ａ．ばかりか　　ｂ．ばかりで　　ｃ．ばかりに　　ｄ．ばかりを

**6．次の文の＿★＿に入る最もよいものを一つ選びなさい。**

（1）ラグビー人生を＿＿＿　＿★＿　＿＿＿　＿＿＿、力強い。

ａ．熱く　　ｂ．言葉　　ｃ．は　　ｄ．語る

（2）選手たちがいつも＿＿＿　＿＿＿　＿★＿　＿＿＿をつくろうと考えています。

ａ．場　　ｂ．熱　　ｃ．を　　ｄ．発散できる

（3）１試合、＿＿＿　＿＿＿　＿＿＿　＿★＿は間違いなく日本一です。

ａ．に　　ｂ．思い　　ｃ．懸ける　　ｄ．１試合

(4) 新人と新しい環境を＿＿＿ ＿＿＿ ＿＿＿ ＿★＿。

a．選手　b．を　c．求めていた　d．補強した

(5) ＿＿＿ ＿＿＿ ＿＿＿ ＿★＿その中にドラマもある。

a．が　b．こと　c．あっても　d．失敗する

(6) W杯で戦っている代表は、ラグビーの＿＿＿ ＿★＿ ＿＿＿ ＿＿＿があります。

a．責任　b．を　c．良さ　d．情報発信する

(7) 保険の営業で＿＿＿ ＿★＿ ＿＿＿ ＿＿＿、効果的営業ノウハウを活用することです。

a．には　b．を　c．結果　d．出す

(8) 日本一だと言えるものをどれだけ＿＿＿ ＿＿＿ ＿★＿ ＿＿＿こだわってやっていこう。

a．に　b．か　c．作れる　d．多く

コラム

## 日本で人気のあるスポーツ

日本のスポーツは、学校の課外活動（部活動）が大きな役割を担ってきた。小学校にはスポーツ少年団があり、中学校と高校では教育活動の一環として課外活動（部活動）でスポーツを行っていて、中でも野球とサッカーが人気を二分する。この二競技とも頂点にプロリーグがあり、一部の選手はプロになるが、多くの競技者は学校卒業後、余暇を楽しむため、あるいは健康のために競技を続ける。

このうち野球は、明治時代にアメリカからもたらされ、太平洋戦争前からプロの組織があった。現在のプロ野球は、セントラルリーグ６チーム、パシフィックリーグ６チーム、北海道から九州まで大都市にチームがあり、年間150試合近く行われ、人気のあるチームは300万人近くの観客を集める。この他、企業チームの社会人野球、大学の地域ごとのリーグ戦、高校野球の全国大会などがある。

サッカーが注目されたきっかけは、メキシコオリンピックでの銅メダル獲得であると言ってもよい。その後20年近くは企業チームによるリーグ戦が行われたが、1993年から始まった日本プロサッカーリーグ（略称Ｊリーグ）がサッカー人気に火を付けた。特に、都市ごとの完全フランチャイズ制が熱狂的ファンを生み、ワールドカップへの出場が後押しをした。女子も高校生の全国大会やプロリーグがあり、2011年のワールドカップ優勝が大きな力になって競技人口を増やしている。

野球とサッカーは競技人口、観客数ともに多いが、競技者は少ないが人気のあるのが大相撲である。大相撲は日本の国技とも呼ばれ、長い歴史と伝統を持つ。年６場所（奇数月）あり、東京・名古屋・大阪・福岡で開催される。近年はモンゴルのほかヨーロッパなどからの外国人力士も増え、国際化している。

# 第3課

## その朝

**トピック**　家族愛

**形　式**　小説

**学習目標**

- 小説を読み、人々の感情の動きをつかむことができる。
- 日本語の感情表現について学ぶ。

**読む前に**

- 喜怒哀楽の感情を表す時、それぞれどんな言葉を使って表現しますか。書いてください。
- 「顔が赤らむ」「頬をゆがめる」のような、身体部位詞で感覚、感情を表す慣用句を挙げてください。

**文法項目**

① Ｖてみせる＜演示；决心＞
② ～ことだ＜感叹＞
③ ついでに／Ｎのついでに／Ｖついでに＜同时＞
④ めったに～ない＜频率低＞
⑤ ～ば（なら）よかった＜后悔＞
⑥ －くさい＜气味；特征＞
⑦ Ｖてしまう＜完成＞
⑧ ～見える＜外观＞
⑨ ろくなＮ～ない／ろくにＶない＜未满足＞

張さんはあるとき、ラジオで小説の朗読を聴き、その細かな心理描写に心を引かれました。

# その朝

うつみりゅういちろう
内海隆一郎

とっくに読みおえた新聞をひろげたまま、田辺さんは眉根を寄せていた。奥さんと娘の華やいだ声が近づいてくる。

「浩子、忘れ物はないわね」

「ええ、大丈夫よ。お母さんこそ、白足袋や襦袢は持ったんでしょうね」

念入りに化粧した奥さんが、娘の浩子を従えて居間に入ってきた。

「それじゃ、あなた、お先にまいりますから。……戸締まり、お願いしますね」

奥さんは忙しそうに言い、返事も待たずに二人そろって玄関へ向かった。いったん背中を向けた浩子が、ちょっとだけ振り返って笑いかけてきた。

「お父さん、ちゃんとコートを着てこなきゃダメよ。夕方になると冷えるから」

田辺さんは黙ってうなずいてみせた。

表から短いクラクションが聞こえた。息子の運転するクルマが待っている。

玄関のドアの閉まる音を聞いてから、田辺さんは新聞を畳み、冷めたお茶を不味そうに飲み干した。

テレビがモーニングショーをやっている。タレントの結婚披露宴に出席した女優や歌手が、つぎつぎと画面にあらわれては、リポーターのインタビューに応じて、賑やかにしゃべっている。

田辺さんは、かすかに頬をゆがめ、リモコンで電源を切って、

「まったく騒々しいことだ」

と、ひとりごとを言いながら立ち上がった。

洗面所へ行って、顔をあたることにした。鏡に映っている仏頂面に気づいて、思わず苦笑してから、力なくつぶやいた。

「……花嫁の父か」

時間をかけて髭を剃り、ついでに爪を整えたり鼻毛を切ったりしてから、奥の部屋へ向かった。壁に真新しいワイシャツと銀色のネクタイが掛かっている。田辺さんはおもむろに着替えはじめた。

結婚式の一時間前にはホテルの貸衣装部へ行き、モーニングを着ることになっている。そのあとは花嫁姿の浩子をかこみ、家族そろっての写真撮影となる。

慣れないカフスに手こずりながら、田辺さんは今朝がたのことを思いだしていた。

いつもより早めに起きだして、居間のソファで新聞を読みはじめていたら、ふいに浩子の声がしたのだ。

「お父さん、おはよう」

あらたまった顔つきで、ドアのそばに立っている。おう、と返事をすると、

「いろいろ、ありがとうございました」

浩子が緊張した口調で言った。

田辺さんは新聞をめくりながら、

「ああ。……まあ、しっかりな」

と、短く応えて、すぐに紙面へ目を戻した。浩子は、しばらくたたずんでいたが、やがて黙ったまま出ていった。

田辺さんは胸のざわめきを怺（こら）えていた。あらたまった別れの挨拶をしに来るだろう、と数日前から思ってはいた。しかし、その瞬間が訪れると、気のきいた言葉をかけてやるどころか、まともに娘の顔を見ることもできなかった。

そのことが数時間たった今でも、胸のなかにわだかまっている。

玄関のドアを閉めながら、田辺さんは当惑をおぼえた。この二十数年間、めったに自分の手で戸締りなどしたことがなかった。外出するときは、いつも奥さんか娘に送りだされてきた。

「パパ、いってらっしゃい」

幼いころの娘の声が、ふいに耳によみがえり、辛いせつなさが寄せてきた。

——こんなことなら、一緒にクルマに乗っていけばよかったかな。

鍵を掛けながら、そう思った。

昨夜、家族が式場へ行く手筈（てはず）を話しているとき、田辺さんが告げた。

「おれは、あとから電車で行くよ」

花嫁は化粧や着付けに時間がかかるから挙式の二時間前にはホテルに着いていなければならない。だが、父親までそんなに早く行くことはない。控え室でウロウロして待っているのは嫌だ。

「おやじもクルマに乗ってけば？家族そろって行くほうがいいんじゃないの」

と、大学生の息子が言った。

「花嫁の父親が一人で電車に乗って行くなんて、なんとなく雰囲気が暗いぜ」

「ばか、よけいなこと言うな」

「なんだ、そうか。……おやじ、照れくさいんだろう？」

奥さんも浩子も笑ったが、無理には誘わなかった。いったん主張したら曲げないことを承知しているからだろう。

式場のホテルまでは、クルマで四、五十分はかかるはずだ。——そのあいだ何を話したらいいのだろう。披露宴のことか、あるいは新婚旅行についてか。まさか娘の幼いころの思い出話というわけにもいくまい。けっきょく居心地のわるい思いを押し隠して、黙り込んでしまうにきまっている。それなら通勤で乗り慣れた電車で行ったほうがいい。いつものように何も考えず、ぼんやり窓の外を眺めているうちに目的地へ着いてしまえる。

鍵の掛かったのを確認して、田辺さんは表通りへ出た。礼装用の靴の爪先が、いやにかがやいて見える。

駅への道を歩きながら、また辛い思いにとらわれてしまった。

つい数週間前まで、出勤するときは、たいがい浩子と一緒だった。短大を出て就職してから約五年のあいだ、毎朝、駅まで肩をならべて歩いた。しかしもう、そんなことは二度とない。

田辺さんは急に足を速めた。挙式までの時間はたっぷりあるが、さっさと電車に乗り込んだほうがいい。ほかの乗客のあいだで揺られていれば、せつない気持ちに襲われることもないだろう。

駅の階段を駆け上がり、定期券を出そうとして、はたと気づいた。行き先が、いつもとちがう。式場のホテルは、会社とは反対方向にある。

キップを買うため、コートのポケットを探った。小銭入れを摑(つか)んだ指先に、何やら硬い紙の感触があった。昨日、会社から帰宅したときは、紙など入っていなかったはずだ。

取りだしてみると、四つに畳んだ便箋である。とりあえず自動券売機に硬貨を入れ、キップをつまんで改札口へ向かった。胸に、ときめくものがあった。

休日なのに、ホームは混んでいた。すいている場所を探して、そっと便箋を開いてみた。予想どおり、見おぼえのある細かな文字がならんでいた。同じ大きさにそろった几帳面な字は浩子のものである。

〔お父さんへ。今朝は、ごめんなさい。急に胸いっぱいになって、ちゃんとしたご挨拶ができませんでした〕

田辺さんは口元をほころばせながら読んでいた。胸いっぱいにしている娘へ、ろくな言葉をかけてやらなかったのが、いまさらながらに悔やまれた。

〔この二十五年間、たいへんお世話になりました。お父さんとお母さんの娘として生まれてきて、ほんとによかったと思います。——なんて書きながら、じつは顔が赤らんでいます。わたしもお父さんゆずりの照れ性だから、あらたまって胸の内を告げようとすると、どうしても恥ずかしくって。でも彼は、そんなわたしを大好きだと言ってくれて、今日の結婚式になったわけです。お父さん、すべてにわたって、ほんとうにありがとうございました。しあわせになります〕

読み返すたび、せつない気持ちになったが、さっきまでのように辛くはなかった。

やがて電車がホームに入ってきた。いつのまにか後ろに列ができていて、ドアが開くと同時に背中を押された。

田辺さんは手紙をコートのポケットへ戻しながら満員電車に乗り込んだ。窮屈な車内に立ちながら、頬のゆるんでいるのが自分でも分かった。

——お父さんゆずりの照れ性か。

文面を思い浮かべるたびに、笑いが勝手に込み上げてくる。

すぐ目の前に、若い女性の険しい顔があった。あるいは痴漢と間違われたのかもしれない。急いで頬を引き締めようとして、田辺さんは顔を赤らめた。

内海隆一郎『街のなかの円景』株式会社エージー，pp99-108，1996年

張子琳：平易な表現を用いながら、人の繊細な気持ちをうまく描いていると思うわ。

上　田：そうね。実は何気ない日常にも感動の場面はあふれているものよね。



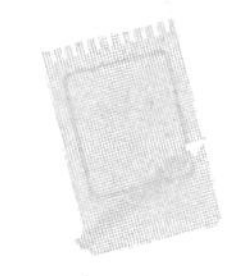

## 単　語

とっくに ③⓪【副】很早，早就，已经

読みおえる(読み終える・よみおえる)⓪【他Ⅱ】读完

—おえる(—終える)⓪【他Ⅱ】（做）完……

ひろげる(広げる)⓪【他Ⅱ】摊开，摆开；打开，展开；扩大，扩张

田辺(たなべ)①【名】(人名)田边

眉根を寄せる(まゆねをよせる)⓪—⓪ 蹙眉，皱眉

眉根(まゆね)⓪【名】眉头，眉根

寄せる(よせる)⓪【他Ⅱ】靠近，挪近；寄予，寄托；收集，召集；寄居，投靠

華やぐ(はなやぐ)③【自Ⅰ】(声音)高亮；变得亮丽

浩子(ひろこ)①【名】(人名)浩子

白足袋(しろたび)⓪【名】白色日本式短布袜

襦袢(ジュバン・ジバン・葡萄牙语gibão)⓪【名】和服衬衣；上半身穿的贴身单衣

念入り(ねんいり)⓪④【名・形Ⅱ】细致，周密

従える(したがえる)⓪④【他Ⅱ】带领，率领；征服，使服从

居間(いま)②【名】起居室

戸締り(とじまり)②【名・自Ⅲ】关窗锁门

そろう(揃う)②【自Ⅰ】齐整，协调；聚齐，齐备；一致，相同

いったん(一旦)⓪【副】暂时，暂且；一旦，一次

笑いかける(わらいかける)⑤【自Ⅱ】朝……笑

黙る(だまる)②【自Ⅰ】默不作声，沉默，缄默

～てみせる 做某事给他人看

表(おもて)③【名】外面，屋外；表面；前面，正面；公开；正式

クラクション(klaxon)②【名】喇叭声；警笛声

不味い(まずい)②【形Ⅰ】不好吃，味道不好

モーニングショー(morning show)⑤【名】早间节目

タレント(talent)⓪①【名】演员，艺人

つぎつぎ(と)②【副】依次，陆续，接连不断

リポーター(reporter)②⓪【名】(也写作「レポーター」）采访记者；报告人；联系人

かすか(微か・幽か)①【形Ⅱ】微微，细弱，隐约

頬(ほお)①【名】脸颊，腮帮子

ゆがめる(歪める) ⓪③【他Ⅱ】歪扭，使变形；歪曲

リモコン(和制英语remote control的缩略说法)⓪【名】遥控器

まったく(全く)⓪【副】真，实在；全然，完全

騒々しい(そうぞうしい)⑤【形Ⅰ】吵闹，嘈杂；动荡，纷扰

～ことだ 真是，简直是

ひとりごと(独り言)⓪⑤【名】自言自语

立ち上がる(たちあがる)⓪④【自Ⅰ】站起来，起身；振作，重振；向上升起；着手，发动

洗面所(せんめんじょ)⓪⑤【名】盥洗室；厕所，洗手间

顔をあたる(かおをあたる)⓪—⓪刮脸，刮胡子

あたる ⓪【他Ⅰ】剃，刮

映る(うつる)②【自Ⅰ】映，映现；映照；相称，谐调；映入眼帘，留下印象

仏頂面(ぶっちょうづら)⓪【名】板着脸，冷面孔，哭丧着脸

思わず(おもわず)②【副】无意识地，不知不觉，不假思索

苦笑(くしょう)⓪【名・自Ⅲ】苦笑

力ない(ちからない)④【形Ⅰ】无力；无计可施

つぶやく(呟く)③【自Ⅰ】小声说话，小声嘟囔

花嫁(はなよめ)②【名】新娘

髭(ひげ)⓪【名】胡子，胡须；(动物的)触须

剃る(そる)①【他Ⅰ】剃，刮

ついでに ⓪【副】顺便

爪(つめ)⓪【名】指甲，趾甲；(弹琴用)指套，拨子；钩子

鼻毛(はなげ)⓪【名】鼻毛

真新しい(まあたらしい)⑤【形Ⅰ】崭新，簇新，全新

ワイシャツ(和制英语white shirts)⓪【名】衬衫，西服衬衫

銀色(ぎんいろ)⓪【名】银色

おもむろに(徐に)⓪【副】徐徐，缓慢；沉着，慢悠悠

着替える(きがえる)③【他Ⅱ】更衣，换衣服

貸衣装部(かしいしょうぶ)⑤【名】出租服装部门

モーニング(morning)①【名】晨礼服；早晨

花嫁姿(はなよめすがた)⑤【名】新娘装扮

撮影(さつえい)⓪【名・他Ⅲ】摄影，拍摄，拍照

カフス(cuffs)①【名】(「カフスボタン」的简称)袖扣

今朝がた(けさがた)⓪②【名】今天早晨，今天清晨

ふいに(不意に)③⓪【副】突然，出乎意料

顔つき(かおつき)⓪【名】面容，表情；相貌

口調(くちょう)⓪【名】语气，语调，腔调

めくる(捲る)⓪【他Ⅰ】翻，揭，掀；撕扯，掀掉

紙面(しめん)①【名】版面，报纸；纸表面

戻す(もどす)②【他Ⅰ】使返回，使倒退；恢复；返还，归还

たたずむ(佇む)③【自Ⅰ】伫立，在原地站立片刻

やがて⓪【副】不久，马上；大约，几乎，将近；终归，终究

ざわめき⓪【名】嘈杂声，吵嚷声

怺える(こらえる)③【他Ⅱ】忍受，忍耐；抑制，忍住；宽恕，饶恕

数日(すうじつ)⓪【名】数日，数天

気が利く(きがきく)⓪—⓪ 有眼力见儿，周到，机灵

まとも(真面)⓪【名・形Ⅱ】正经，认真

わだかまる(蟠る)④⓪【自Ⅰ】别扭，隔阂；蜷曲，盘绕

当惑(とうわく)⓪【名・自Ⅲ】为难，不知所措

めったに(滅多に)①【副】(后接否定)几乎(不)……，很少

幼い(おさない)③【形Ⅰ】年幼；幼稚，不成熟

よみがえる(蘇る・甦る)③④【自Ⅰ】苏醒，复苏；恢复

せつない(切ない)③【形Ⅰ】苦恼，憋闷，不开心

～ばよかった 要是……就好了

昨夜(さくや)②【名】昨夜，昨晚

式場(しきじょう)⓪【名】举行仪式的会场

手筈(てはず)①【名】步骤，程序

着付け(きつけ)⓪【名】穿衣，着装

挙式(きょしき)⓪【名】举行仪式，尤指举行结婚仪式

父親(ちちおや)⓪【名】父亲

ウロウロ①【副・自Ⅲ】转来转去，徘徊

おやじ(親父・親爺)⓪【名】老爷子，父亲；老头儿；老板，掌柜

よけい(余計)⓪【形Ⅱ・副】过多，多余；愈加，越发

照れくさい(照れ臭い・てれくさい)④【形Ⅰ】害羞，难为情

ーくさい（ー臭い）有某种气味或特征

主張(しゅちょう)⓪【名・他Ⅲ】主张，坚持自己的见解

曲げる(まげる)⓪【他Ⅱ】折弯；改变(想法)；曲解，篡改

新婚旅行(しんこんりょこう)⑤【名】新婚旅行，蜜月旅行

新婚(しんこん)⓪【名】新婚

けっきょく(結局)⓪【名・副】结果，最终

居心地(いごこち)⓪【名】心情，感觉

押し隠す(おしかくす)④【他Ⅰ】隐瞒，隐藏

黙り込む(だまりこむ)④⓪【自Ⅰ】沉默，缄默

乗り慣れる(のりなれる)④【自Ⅱ】坐(骑)惯

目的地(もくてきち)④③【名】目的地

表通り(おもてどおり)④【名】主要街道，大街

礼装用(れいそうよう)⓪【名】礼服用

礼装(れいそう)⓪【名】礼服

爪先(つまさき)⓪【名】脚尖

たいがい(大概)⓪【名・副】大概；大部分

短大(たんだい)⓪【名】短期大学，专科院校

速める(はやめる)③【他Ⅱ】加速，加快

たっぷり③【副】足够；宽绰

さっさと①【副】迅速，毫不犹豫

揺られる(ゆられる)⓪【自Ⅱ】摇动，晃动

襲う(おそう)⓪②【他Ⅰ】袭击，偷袭；困扰，侵扰；突然造访

駆け上がる(かけあがる)④⓪【自Ⅰ】往上跑，跑着上去

定期券(ていきけん)③⓪【名】月票

はた(と)①【副】突然，忽然；猛然拍击；瞪眼，怒目而视

行き先(ゆきさき)⓪【名】行踪，去向

方向(ほうこう)⓪【名】方向

探る(さぐる)⓪②【他Ⅰ】探，摸；刺探，打探；探求，寻求

小銭入れ(こぜにいれ)④【名】零钱包，硬币包

小銭(こぜに)⓪【名】零钱

掴む(つかむ)②【他Ⅰ】抓住，紧紧攥在手里；理解，把握；获得，到手

指先(ゆびさき)⓪【名】手指尖

感触(かんしょく)⓪【名】感触，触觉；觉察

帰宅(きたく)⓪【名・自Ⅲ】回家

とりあえず(取り敢えず)③④【副】暂且，目前；急忙，匆忙

硬貨(こうか)①⓪【名】硬币，钢镚儿

つむ(摘む)⓪【他Ⅰ】捏，掐，採，摘；剪

改札口(かいさつぐち)④【名】检票口

ときめく③【自Ⅰ】心跳，激动，兴奋

混む(こむ)①【自Ⅰ】混杂，拥挤

そっと⓪【副】悄悄地，偷偷地；静静地，轻轻地；原封不动地；一点儿，少许

見おぼえ(見覚え・みおぼえ)⓪【名】眼熟，仿佛见过

几帳面(きちょうめん)④⓪【名・形Ⅱ】严谨，规矩，认真；柱面

胸いっぱい(むねいっぱい)②【名・副】胸中充满

口元をほころばせる(くちもとをほころばせる)⓪ー⑤ 咧嘴笑，绽放笑颜

口元(くちもと)⓪【名】嘴角，嘴边

ほころぶ(綻ぶ)③【自Ⅰ】绽开，舒展

ろく⓪【名・形Ⅱ】碌碌，平庸；(后接否定)(不)理想，(不)令人满意

いまさら(今更)⓪【副】事到如今，现在才……；

再一次，重新
悔やむ(くやむ)②【自Ⅰ】懊恼，悔恨；吊唁，哀悼
赤らむ(あからむ)③【自Ⅰ】脸红；发红，泛红
お父さんゆずり(お父さん譲り・おとうさんゆずり)⑥【名】(长相、秉性等)随父亲
照れ性(てれしょう)②【名】好害羞，腼腆
読み返す(よみかえす)③⓪【他Ⅰ】重读，再次阅读
いつのまにか(いつの間にか)⑤④【連語】不知不觉
窮屈(きゅうくつ)①【名・形Ⅱ】狭小，窄小；受束缚，不自由；死板
ゆるむ(緩む・弛む)②【自Ⅰ】松弛，松动；绽开笑容；松懈，涣散
文面(ぶんめん)⓪③【名】字面
痴漢(ちかん)⓪【名】流氓，色狼
間違う(まちがう)③【自Ⅰ】弄错，搞错
引き締める(ひきしめる)④【他Ⅱ】拉紧，绷紧；紧缩，缩减
顔を赤らめる(かおをあからめる)⓪−④ 脸红

## 文型の学習

### 1．Vてみせる<演示；决心>

✐田辺さんは黙ってうなずいてみせた。

「みせる」接在动词「て」形的后面，意为展示出该动作，以便于对方领会、理解。相当于汉语的“（做）……给……看”。

(1) 男は、私の視線に気がつくと、にっこりと笑ってみせた。
(2) 説明するだけでは十分ではない。実際にやってみせたほうが分かりやすい。
(3) ソフトの使い方が分からない私に、友達が説明しながら操作してみせてくれた。
(4) 北京で道に迷ったら、だれかにガイドブックの写真を見せるか、漢字を書いてみせれば教えてもらえる。

「Vてみせる」还可以表示说话人不服输的决心、志气。

(5) きっといつかあの夢のステージに立ってみせる。
(6) 負けず嫌いの彼は、今度こそ勝ってみせると決心し、練習に励んだ。

### 2．～ことだ<感叹>

✐「まったく騒々しいことだ」と、ひとりごとを言いながら立ち上がった。

「ことだ」接在形容词的连体形后面，表示说话人对某事的感叹。

(1) 大手企業に就職できて、うらやましいことだ。
(2) こんないい日に部屋に閉じこもって仕事なのか。もったいないことだ。
(3) あんな若さでなくなるなんて、残念なことだ。
(4) 銀行から個人情報が大量に流出したなんて、恐ろしいことだ。

### 3．ついでに／Nのついでに／Vついでに<同时>

*時間をかけて髭を剃り、ついでに爪を整えたり鼻毛を切ったりしてから、奥の部屋へ向かった。*

「ついでに」意为利用做某事的机会顺便做另一件事。在本课中是作为副词使用，此外也可以接在“动作性名词＋の”或动词词典形及「た」形后面使用。相当于汉语的“顺便……”。

(1) 午後スーパーへ行った。ついでに花を買ってきた。
(2) 東京出張のついでに、友人を訪ねた。
(3) 買い物やお出掛けのついでに遊びに来てください。
(4) 今日は久しぶりに映画を見たついでにショッピングもした。

### 4．めったに～ない<频率低>

*この二十数年間、めったに自分の手で戸締りなどしたことがなかった。*

副词「めったに」与「ない」或动词的否定形式搭配使用，意为做某事的频率极低。相当于汉语的“很少（做）……；几乎不（做）……”。

(1) 父は毎日帰りが遅いので、めったに家族と一緒になることがない。
(2) 最近忙しくて、家でめったにテレビをつけることがなくなった。
(3) ひどいことを言われて、めったに怒らない彼もキレてしまった。
(4) 現実は自分の思い通りになることはめったにないのが普通なのである。

### 5．～ば（なら）よかった<后悔>

*こんなことなら、一緒にクルマに乗っていけばよかったかな。*

「よかった」接在“名词＋であれば／なら（ば）”或动词、形容词的假定形后面，表达因未实现该动作或未达成该状态而遗憾、后悔的心情。经常与「のに」「のだが」「のだけど」等搭配使用。相当于汉语的“要是……就好了”。

(1) 寒い！もっと着込んでくればよかった。

(2) もっと素直な性格ならばよかったのだが、僕はそうではない。

(3) もう少し店内が静かならよかったけど、ランチタイムだし、しかたないか。

(4) 楽しみにしていたゴールデンウィークがあっという間に終わってしまった。あと２日くらいお休みが長ければよかったのにな。

## 6．一くさい＜气味・特征＞

*「なんだ、そうか。……おやじ、照れくさいんだろう？」*

「くさい」接在名词后面构成派生形容词，表示带有该事物的气味或令人感觉具有该事物的特征。多为贬义评价。有时写作「ー臭い」。

(1) ガスくさいときは、まず窓を大きく開けましょう。

(2) 背広が汗臭くなったので、クリーニングに出した。

(3) 髪を切ったら、田舎くさいと言われてしまった。

(4) 一流の店かと期待したが、店員さんの素人くさい対応にがっかりした。

「くさい」还可以接在形容词词干的后面，用于强调语义。

(5) あんなけちくさい男とは付き合いたくない。

(6) インターネットで申し込めばＯＫで、面倒くさい手続きは要らない。

## 7．Ｖてしまう＜完成＞

*いつものように何も考えず、ぼんやり窓の外を眺めているうちに目的地へ着いてしまえる。*

「Ｖてしまう」除了可以表示不良后果外，还可以表示动作的完成。如果后接意志、愿望、命令的表达方式，则表示强行做该动作，如例（3）（4）。

(1) とてもおもしろい本で、読み始めると夢中になり、一晩で読んでしまった。

(2) 汚れがひどくないうちに掃除してしまうのが一番だ。

(3) 思ったより高いが、ボーナスで買っちゃおう。

(4) やりたいことを、やれるときにやってしまえ。

### 8．～見える＜外观＞

✐礼装用の靴の爪先が、いやにかがやいて見える。

「見える」接在“名词＋に”或动词的「て」形、形容词的第一连用形后面，意为眼前观察到的情况使人有该感觉或该想法。相当于汉语的“看上去……”。

(1) こうしてスーツ姿になると、立派な社会人に見えるね。

(2) この問題は一見複雑に見えるが、実は簡単だ。

(3) 普段は背が高く見えるように、高いヒールを履いている。

(4) 老化の進み方には個人差がある。まだ若いのに老けて見える人、いくつになっても若々しい人、この違いは何なのだろうか。



### 9．ろくなN～ない／ろくにVない＜未満足＞

✐胸いっぱいにしている娘へ、ろくな言葉をかけてやらなかったのが、いまさらながらに悔やまれた。

「ろくだ」为Ⅱ类形容词，后接名词后与否定形式搭配使用，意为该事物达不到令人满足的程度，多为贬义评价；还可以后接动词的否定形式，表示不好好地、不充分地做该动作。相当于汉语的“不是像样的……”；“不好好地……”。

(1) これくらいの給料では、ろくな生活もできない。

(2) あの人はトラブルメーカーで、関わるとろくなことがない。

(3) ろくに準備もしないで行った面接だから、だめだったに決まっている。

(4) １週間ほどものがろくに食べられなかったので、当然ながら体力が落ちている。

## いろいろな表現

### 感情・心理動詞

思う、考える、感じる、疑う、信じる、祈る、案じる、思い起こす、思い込む、思い浮かべる、思い知る、思い立つ、思いつめる、思い直す、思いめぐらす、思いやる、勘ぐる、心に浮かべる、心に描く、想像する、予感する

喜ぶ、愛する、崇める、いとおしむ、敬う、惜しむ、思いやる、慕う、偲ぶ、好く、尊ぶ、懐かしむ、憧れる、甘える、興じる、恋する、惚れる、楽しむ、誇る、勇む、打ち解ける、落ち着く、驚嘆する、くつろぐ、納得する、奮い立つ、舞い上がる、うらやむ

諦める、悩む、迷う、呆れる、驚く、困る、侮る、憐れむ、悼む、厭う、忌む、いやしむ、恨む、憂う、怠る、嫌う、こらえる、心配する、ためらう、憎む、妬む、はばかる、ひがむ、痛む、恐れる、悲しむ、悔いる、悔やむ、嘆く、恥じる、思い上がる、焦る、慌てる、憤る、苛立つ、うぬぼれる、うろたえる、怒る、驕る、おののく、怯える、興ざめする、くじける、苦しむ、懲りる、白ける、じれる、動揺する、戸惑う、ひるむ、閉口する、惑う、まごつく、めげる、面食らう、滅入る

## 内容理解

(1) 結婚式の当日の朝の田辺さん一家の光景について、どんな雰囲気か話してください。

(2) 田辺さんと娘さんの朝の会話から二人はどんな気持ちか、また、その理由を考え、話してください。

(3) 田辺さんの性格に関する表現を線で引いてください。

(4) この小説から「辛い思い、せつない気持ち」を表す具体的な表現をピックアップしてください。

(5) この小説の中に「胸にときめくものがあった」とあるが、どういう意味ですか。

(6) 筋の展開に注意しながら、この小説の構成がどうなっているか、考えてください。

(7) 田辺さんの心の動きがどのように変化しているか、その動きによってどんな行動を決めたか、作品の流れに沿ってまとめてください。

(8) この小説の主題は何か、自分の考えをまとめた上で読後の感想を話し合ってください。



## 文法練習

① を読んで文型の使い方を理解し、②③の（　　）内の言葉を正しい順番に並べ替えて、文を完成させなさい。

(1) Ｖてみせる

①ほかの留学生の話を聞いて、悩みを持っているのは私だけではないと知った。辛くても一年間乗り切ってみせる。

②（実演して・使用方法・を・みせた）

セールスマンはその機械の＿＿＿＿＿＿＿＿＿＿＿＿＿＿＿＿。

③（痩せて・決心した・必ず・みせる・と）

外見でふられた妹は＿＿＿＿＿＿＿＿＿＿＿＿＿＿＿＿＿＿。

(2) ～ことだ

①去る一年、家族みんなが無病息災で、何より結構なことだ。

②（恥ずかしい・忘れる・ことだ・なんて）

スピーチを途中で＿＿＿＿＿＿＿＿＿＿＿＿＿＿＿＿＿＿。

③（なんて・そんなに・死んだ・若くして）

その歌手が＿＿＿＿＿＿＿＿＿＿＿＿＿＿＿＿惜しいことだ。

(3) ついでに／Ｎのついでに／Ｖついでに

①半年ぶりに病院へ行って、ついでに採血して血糖値を調べてもらった。

②（作って・ついでに・の・時間を・出張）

李さんは＿＿＿＿＿＿＿＿＿＿＿＿＿＿留学中の娘に会いに行った。

③（歴史博物館・行く・ヨーロッパ・ついでに・に）

＿＿＿＿＿＿＿＿＿＿＿＿＿＿＿＿を見てまわりたいと思う。

(4) めったに～ない

①我々のミーティングが時間通りに始まることはめったにない。

②（めったに・を・世界史の授業・しません・の予習）

私は＿＿＿＿＿＿＿＿＿＿＿＿＿＿＿＿。専攻科目じゃないから。

③（めったに・政治家・いない・は）

こういうタイプの＿＿＿＿＿＿＿＿＿＿＿＿＿＿＿＿。

(5) ～ば（なら）よかった

①今の職業に満足していても、何かほかの仕事を選べばよかったと思う時があるよね。

②（父親・三者面談に・のが・なら・来てくれた）

＿＿＿＿＿＿＿＿＿＿＿＿＿＿＿＿＿＿＿＿よかったのに。

③（部屋・よかった・明るければ・のに・が）

この写真、ちょっと暗いね。もう少し＿＿＿＿＿＿＿＿＿＿＿＿。

(6) ーくさい

①一人暮らしだが、家事が面倒くさくて、必要最低限しかやっていない。

②（が・壊れて・する・におい・焦げくさい）

モーターが＿＿＿＿＿＿＿＿＿＿＿＿＿＿＿＿＿＿＿＿。

③（ない・少しも・ところ・学者くさい・が）

彼の話し方には＿＿＿＿＿＿＿＿＿＿＿＿＿＿＿＿＿＿。

(7) Vてしまう

①確かに脚本を作るのは難しいが、嫌なことも忘れてしまえる楽しさがある。

②（癒され・あっという間に・てしまう・体も）

ここの温泉に入ると心も＿＿＿＿＿＿＿＿＿＿＿＿＿＿＿。

③（焼き上げ・高温・てしまいましょう・で・さっと）

オーブンに入れて＿＿＿＿＿＿＿＿＿＿＿＿＿＿＿＿＿＿。

(8) ～見える

①20年間追い続けていた事件が一段落し、今までと景色が違って見える。

②（見える・工夫・着やせして・すれば）
色の合わせ方や生地を少し＿＿＿＿＿＿＿＿＿＿＿＿＿＿＿＿。
③（いる・老けて・人・のは・見える・が）
若く見える人と、＿＿＿＿＿＿＿＿＿＿＿＿＿＿＿＿なぜですか。

(9) ろくなN～ない／ろくにVない
①親にうそをつくような子供はろくな人間になれないと父に厳しく叱られた。
②（ろくに・契約書に・しないで・考えも）
＿＿＿＿＿＿＿＿＿＿＿＿＿＿＿＿＿＿署名してしまった。
③（が・安月給・買えない・では・ろくな家）
こんな＿＿＿＿＿＿＿＿＿＿＿＿＿＿＿＿＿＿＿＿よ。



## 応用練習

(1) 次の文章を読んで後の質問に答えてください。

### 初デート

思いがけない展開になった私の初めてのデートは、意外に印象深いものになりました。大学１年の時、ずっと前から気になっていた男性から映画に誘われて、いそいそとデートに行ってみたら、会ってくれたのは、なんと別の男性でした。20年前のことですが、今でもはっきりと覚えています。

週末、いつものように学校帰りにコンビニに寄って、雑誌を立ち読みしていたら、「よう！」とサークルの先輩、健太さんに声をかけられました。イケメンで、背の高い彼と目を合わせると、思わず顔がほてってしまいました。慌てて手持ちの雑誌を戻して、「何か用ですか？」と聞いたところ、「明日、暇？新しい映画が上映されるって。どう？いかない？」と言いながら、さりげなくチケットを見せてくれました。「（チケットの）裏に書いとくね。土曜日午前10時、待ち合わせは映画館前の看板の下でね。」と言いながら、チケットを渡してくれたと思ったら、返事も待たずに行ってしまいました。いきなりのお誘いに、戸惑ったというより有頂天になるほどうれしく思いました。ウィンドウショッピングも買い物も止め、さっさと家に向かいました。いつもと変わらない町、いつもと同じ帰り道でしたが、その時、目に入った光景はいつもの見慣れたものと違い、町の大人も子供も顔が明るく、生き生きしていました。いつもは向かい風に自転車をこぐのが結構きついのですが、その日はとても楽でした。強い風に吹かれて、髪も服も乱れましたが、そんなことは一向気にならず、一気に走って帰りました。自分の部屋に荷物を置くと、すぐ洋服ダンスから服を全部取り出し、服の色・デザインのコーディネートを考えながら、一つ一つ試着しました。２時間もかかって、ようやく気に入った服が決まりました。

翌日、朝食を食べる時間も惜しいので適当に済ませ、念入りに薄化粧をして、早めに家を出ました。張り切りすぎて、40分も前に映画館に着いてしまい、しかたなく近くをぶらぶらしました。20分前に看板の下に戻って、何度も時計を見たりして、首を長くして待っていました。すると、「理恵ちゃん！僕、理恵ちゃんとすごく似合うって、健太からこのチケットをもらった。」と、横からいきなり現れたこの男、なんと健太さんのクラスメート、武田さんではありませんか。びっくり仰天！期待外れというか、一瞬パニックになってどぎまぎして、「はあ」としか返事ができませんでした。「もうすぐ始まるから行こう。」と彼に強引に引っ張られて席に着きました。私の好きなポップコーンを買ってくれたけれど、手を出しませんでした。思いがけない展開に頭が混乱し、映画に集中できるわけがありません。そんな私の気も知らず、映画を楽しんで嬉しそうな顔をする武田さんを、何回もこっそり見ては不安に思いました。当然のこと、映画のストーリー、主人公など、何も頭に残りませんでした。

人の流れに流されてようやく映画館を出た後、「一緒に食事しよう」と誘われ、手をつながれて小走りでレストランへ向かいました。緊張し、交わす言葉も少なく、「はい。」「そうですか。」「よかったね。」と、ただ相槌を打ちながら聞くだけで、最後まで食欲が出ないままでした。

近くのコンビニによってお握りを買って食べました。全く、疲れただけの一日でした。

### 質問

①「私の初めてのデートは、意外に印象深いものになりました。」とあるが、どうしてですか。

②「全く、疲れただけの一日でした。」とあるが、その理由を話してみてください。

③ 筆者の心境に関する描写に下線を引いてください。

（2）以下の小説を読み取る注意点に留意しながら、自分の経験したこと、面白かったこと、忘れがたいことなどを書いてみてください。

**小説を読み取る狙い**
書かれていることから書かれていないことを推理する能力、いわゆる「行間を読む」力を養うこと

小説の持っている人間、背景の描写の豊かさとストーリーの面白さや深さを考えて、個々の表現を通して、作者の意図やキャラクターの心象を読み解く。

「正しく文章を読み取る能力」がしっかりとあって、「一般的にはこうなるだろう」という結論が求められる。その先に「想像を広げる」余地がある。正しく文章を読まないのに読者が勝手に想像を広げたら、それは「妄想」でしかない。

小説を読んで自由な感想を持つのはその後である。小説の事実はこうだと読み取った後なら、「俺なら断る」とか「私もそういう人になりたい」とかと考えるのは読者の権利であり、何を感じようとどう評価しようと自由なのである。



**間違い直し**

次の文中の下線部を正しく直しなさい。

(1)「いろいろ、ありがとうございました」浩子が緊張の口調で言った。

(2) 奥さんは忙しそうに言い、返事も待たなくて二人そろって玄関へ向かった。

(3) 玄関のドアの閉まる音を聞いてから、田辺さんは新聞を畳み、冷めるお茶を不味そうに飲み干した。

(4) なぜ人事の人間は会社にいるときにろくな仕事をしなくて、会社をやめた後暴露本を出すのか。

(5) 親友の明子さんと楽しそうに話している彼氏をマリさんが怒ったように顔をゆるんでいた。

(6) まともに10歳年下の草食系男子に恋しちゃった？信じられない！

(7) 野球少年にとって、憧れのプロ野球選手のいる目の前で観戦できるぐらいで感激です。

(8) メンバーを不安させないようにリーダーがもっと配慮すべきです。

## 模擬テスト

**1．次の＿＿＿の言葉の読み方として正しいものを、一つ選びなさい。**

(1) スポンサーから金をもらって報道を歪める。

a．ゆら　b．ゆが　c．なさ　d．ささ

(2) 提案を却下されて彼は仏頂面で立って出ていった。

a．ぶつようめん　b．ぶつちょうつら

c．ぶっちょうづら　d．ぶっちょうめん

(3) 生活にまで几帳面な男は魅力がないと思う。

a．きちょうめん　b．じちょうめん

c．きちょうづら　d．きちょうつら

(4) 6日夜、車列が何者かに襲われ警護の男性2人がけがをしました。

a．うば　b．そろ　c．きら　d．おそ

(5) 3LDKは3人家族ならいいけど、5人家族にはちょっと窮屈です。

a．きゅくつ　b．きゅうくつ　c．きょうくつ　d．きょくつ

**2．次の＿＿＿に入れるのに最もよいものを一つ選びなさい。**

(1) 自分はなんと正直なのかと思い彼女は＿＿＿した。

a．苦情　b．苦笑　c．苦脳　d．苦心

(2) あの人はこうすると決めたら＿＿＿性格だ。

a．折れない　b．曲げない　c．挙げない　d．下げない

(3) みんなの前で彼氏に告白されて＿＿＿の私は逃げだした。

a．心配性　b．あがり症　c．冷え症　d．照れ性

(4) 思春期の子供の扱いには本当に＿＿＿。

a．手さわり　b．手こずる　c．手届く　d．手習い

(5) 地域情報を＿＿＿にチェックして、引越しすることにした。

a．念入り　b．気に入り　c．押入り　d．新入り

(6) 過去の辛い出来事に＿＿＿未来に向かって進むことができない人が少なくない。

a．とって　b．とらえて　c．とらわれて　d．うばわれて

(7) 出会った瞬間、胸が＿＿＿する人は運命の人と言われている。

a．ぎゅうとなったり　b．ジーンとなったり

c．痛かったり　d．ときめいたり

(8) 週末、息子は大きなのびをしながら＿＿＿起き上がった。

a．おもむろに　b．おもむきに　c．つぶさに　d．かりそめに

(9) 私の国では雪は＿＿＿降らないので、雪の降る地域がうらやましく思えたりする。

a．めったに　b．たえず　c．たまに　d．すこし

(10) わずかな年金で暮らすのは彼にとって＿＿＿ことだ。

a．苦しむ　b．悲しむ　c．痛い　d．つらい

(11) 子供たちに信頼される教師になりたいのなら、そのお説教＿＿＿話をやめたほうがいい。

a．気味　b．勝ち　c．臭い　d．振り

(12) ＿＿＿話ばかりするので、もう誰も耳を貸そうとしない。

a．ろくな　b．うつろな　c．ぞんざいな　d．いいかげんな

(13) 山田監督が今季限りで引退するという事態に感慨と当惑を＿＿＿。

a．悟った　b．覚えた　c．考えた　d．分かった

(14) 高校合格が決まった日の夜、息子が＿＿＿で、突然私に「ありがとう」と言ってくれた。

a．改まった顔　b．正式そうな顔

c．険しい顔　d．平気な顔

(15) 彼女は車内で人の目をかまわず、大声でしゃべっている女子学生を見て＿＿＿を寄せた。

a．目　b．顔　c．鼻　d．眉根

**3．次の＿＿＿の言葉に意味が最も近いものを一つ選びなさい。**

(1) 到着のアナウンスがあった直後、ふいに列車がスーッと停車した。

a．ひょっと　b．突然　c．ぱっと　d．じっと

第3課

（2）仕事が終わったらさっさと帰る若者が増えました。

a．はやく　　b．さっと　　c．ざっと　　d．急に

（3）玄関からではなく窓からそっと入ってきた人が主役です。

a．ぞっと　　b．ふと　　c．はたと　　d．ひそかに

（4）池にかすかに揺れ動く影を落としている月の光が実に美しかった。

a．わずか　　b．しずか　　c．おろか　　d．おおざっぱ

（5）隣が火事になり、うろうろするばかりで何一つ持ち出せなかった。

a．そろそろ　　b．きょろきょろ　　c．まごまご　　d．のろのろ

**4．次の言葉の使い方として最もよいものを、一つ選びなさい。**

（1）華やぐ

a．キラッと光るビーズの輝きでお部屋の雰囲気がぱっと華やいだ。

b．彼の年相応の華やいだ活躍ぶりにあこがれている。

c．華やいだ生活を送るには規則正しい食事と適度な運動が必要です。

d．友人に対する妬みに華やいだ態度を取っていてはそのうち嫌われる。

（2）手はず

a．急に倒れた人に手はずを行うためバスが途中で止まった。

b．息子の留学の手はずをすべて友達が整えてくれた。

c．彼は毎月３万円の残業手はずを受けています。

d．事業を立て直す手はずを探している。

（3）よみがえる

a．元彼の名前を音読みでよみがえてみると息子の名前と同じになる。

b．手紙をよみがえた本の間に挟んだきり、ついどこかへ無くしちゃった。

c．一日で研究論文をよみがえった。疲れた！

d．古い写真を見た彼女の心に戦争の記憶がよみがえった。

（4）探る

a．電子書籍を探るなら是非このサイトを利用してください。

b．個人情報を探るだけで、グループ分けできるのか。

c．「いじめ」事件の真実を探るために、みんながここに集まりました。

d．海外や国内の各地を探る旅で撮影した写真を並べたりして楽しむ。

**5．次の＿＿＿に入れるのに最もよいものを一つ選びなさい。**

（1）昨シーズンはケガで試合＿＿＿練習すらまともにできなかった。

a．ところで　　b．ところを　　c．ところへ　　d．どころか

(2) 彼氏の過去を必要以上に気にする＿＿＿はないと思います。
　a．こと　b．もの　c．はず　d．ところ

(3) 辛かったことを＿＿＿アルコールを飲むのは逆効果になるようだ。
　a．忘れようが　b．忘れようで
　c．忘れようにも　d．忘れようとして

(4) 物作りのすべて＿＿＿、私たちは技術革新をご支援していきます。
　a．にかわって　b．にわたって　c．にしては　d．にすれば

(5) 村には漢字の読み書きがろくに＿＿＿人は少なくなかった。
　a．できる　b．できない　c．できて　d．できた

(6) 勝手に作り上げた「自分ルール」なんて捨て＿＿＿。
　a．ていよう　b．てあろう　c．てしまおう　d．ていこう

(7) 部屋を片付けて＿＿＿、懐かしい写真が出てきた。
　a．いる　b．いた　c．いたら　d．いても

(8) 海外旅行＿＿＿、イギリスの大学を回って留学の下調べをした。
　a．がゆえに　b．だけあって　c．のあげく　d．のついでに

**6．次の文の＿★＿に入る最もよいものを一つ選びなさい。**

(1) ＿＿＿ ＿★＿ ＿＿＿ ＿＿＿、ちょっとだけ振り返って笑いかけてきた。
　a．向けた　b．浩子が　c．背中を　d．いったん

(2) そのあとは花嫁姿の浩子をかこみ、＿＿＿ ＿＿＿ ＿＿＿ ＿★＿となる。
　a．写真撮影　b．の　c．家族　d．そろって

(3) ＿＿＿ ＿＿＿ ＿★＿ ＿＿＿だろう、と数日前から思ってはいた。
　a．来る　b．しに　c．別れの挨拶を　d．あらたまった

(4) あの時＿＿＿ ＿＿＿ ＿＿＿ ＿★＿よかったのに。
　a．親切に　b．あの少女を
　c．扱ってやれば　d．もっと

(5) 暑い気候の所の人々が＿＿＿ ＿＿＿ ＿★＿ ＿＿＿、不思議なことだ。
　a．辛い物を　b．のは　c．食べる　d．カレーのように

(6) ＿＿＿ ＿★＿ ＿＿＿ ＿＿＿違って見える。
　a．変わると　b．のに　c．同じ色な　d．場所が

(7) 入社して初めて部長の前で、＿★＿ ＿＿＿ ＿＿＿ ＿＿＿をまるでつい昨日のことのようにはっきりと覚えている。
　a．緊張した　b．こと　c．発表した　d．面持ちで

(8) 彼が言い終わらないうちにもう、＿＿＿ ＿＿＿ ＿＿＿ ＿★＿てきた。

a．廊下の向こう　　b．近づい

c．華やいだ声が　　d．から

(9) ブログ1話目を早く書き終えたので、＿＿＿ ＿＿＿ ＿★＿ ＿＿＿を撮ってきました。

a．風景写真　　b．ついでに　　c．の　　d．ウォーキング

(10) 今日は＿＿＿ ＿★＿、＿＿＿ ＿＿＿帰宅しました。

a．から　　b．せずに　　c．寄り道も　　d．いやに寒い

(11) こんなに＿＿＿ ＿＿＿ ＿＿＿ ＿★＿見たことがない。

a．めったに　　b．は　　c．ダンサー　　d．気品のある

(12) 最近、＿＿＿ ＿★＿ ＿＿＿ ＿＿＿しまえる本がなかなか見つかりません。

a．一気に　　b．なって　　c．夢中に　　d．読んで

## 現代の日本文学

日本の現代文学は、一般的に太平洋戦争敗戦後から現代までの期間を指すが、活躍した作家や文壇の流れなどから、大きく昭和と平成の二つの時代に分けられる。ここでは、平成時代(1989～)に限って、日本の現代文学を見ることにする。

平成時代の初めは、老若各世代の作家が入り混じり、特定の文芸思潮のない混沌とした状態であった。平成一ケタの時期には、井上靖、筒井康隆、河野多恵子、開高健、丸谷才一、遠藤周作などのベテラン作家が作品を発表するとともに、中上健次、村上春樹、村上龍、島田雅彦、山田詠美などの中堅作家も旺盛な執筆活動を行った。こうした中、1994年には大江健三郎がノーベル文学賞を受賞した。

20世紀末、平成10年代になると、高橋源一郎、村上春樹、村上龍などが大作を発表した。この時期は、平野啓一郎をはじめ、綿矢りさ、金原ひとみなどの若い作家が文学賞を受賞し、作家の低年齢化が話題を呼んだ。また、海外での日本文学の翻訳が盛んになった。安部公房や村上春樹の作品は多くの国で翻訳され、彼らは世界に影響を与える作家の一人となった。一方日本国内では、リービ英雄や外国人として初めて芥川賞を受賞した楊逸のような、日本語を母語としない、日本語で創作する作家が高い評価を得た。

平成20年代に入ると、平野啓一郎がインターネット時代を、川上未映子はいじめ問題を、それぞれ題材にした作品を発表して注目され、村上春樹の『１Q８４』が大ベストセラーになった。

こうした芸術表現を重視するとされる純文学とは別に、娯楽を目的とする時代小説・ミステリー小説・探偵小説などの大衆小説は、20世紀後半から多くの読者の支持を得ている。作家も、双方の分野で作品を発表したり、大衆小説から純文学へ移行したりするなど、純文学と大衆小説の境界線はあいまいになった。また、20世紀末に10代の青少年を対象にしたライトノベルなどの新しいジャンルの小説が登場した。最近では電子書籍などのIT社会を象徴するようなものまで生まれ、日本の現代文学はいっそう混沌とした渦中にあると言える。

# 第４課

## 改まった通信文

**トピック**　ビジネス文書

**形　式**　催促状、詫び状、督促状

**学習目標**

- 改まった通信文の書き方を理解し、やりとりができるようになる。
- 相手に配慮した催促やお詫びができるようになる。

**読む前に**

- 一般に改まった文書はどのような場面で使われますか。
- 支払い催促状を書くとします。どんな点に注意しなければならないと思いますか。

**文法項目**

①～次第だ＜说明原委＞
②あるまじきN＜不相称的言行举止＞
③Nのほど＜委婉表述＞
④～かたがた＜顺便＞
⑤やむを得ず＜不得已＞
⑥Nいかんによっては／Nいかんでは＜决定性因素＞
⑦～ごとし／～ごとく／～ごとき＜例举；比喻＞
⑧－めく＜具备某种特征＞
⑨Vずに済む／Vずには済まない＜不必做某事/必须做某事＞
⑩Nたりとも＜全面否定＞
⑪Nに即して＜依据、准则＞
⑫$N_1$であれ、$N_2$であれ＜无例外＞
⑬Vことなしに＜成立的条件＞

李さんの会社では先日会計ソフトを販売したのですが、顧客からの支払いが遅れているため、催促することになりました。

## 改まった通信文

**①【催促状】**

2012年5月10日

株式会社ＢＳＴ　代表取締役社長　加藤太郎様

ＣＪソフト株式会社　代表取締役社長　西田環



**代金お支払いのお願い**

拝啓　平素は格別のご高配を賜り、厚く御礼申し上げます。

先日は弊社の製品をご購入いただきまして誠にありがとうございました。

さて、このたびのご購入分につきまして、３月末締めにて、下記のとおりご請求させていただいておりますが、支払期日を過ぎましても未だご入金の確認ができておりません。

何らかの手違いかとは存じますが、念のためご確認のうえ、至急お支払いくださいますようお願い申し上げます。

まずは、ご確認のお願いまで。

敬　具

記

1　ご購入製品　　会計ソフト（品番：HT-1523）

2　ご購入日　　2012年3月15日

3　ご購入金額　　840,000円

4　お振込先　　三井住友銀行　新宿支店　123456

なお、本状は５月９日現在の入金データをもとに作成いたしております。

本状と行き違いに、ご入金いただいた場合は、何とぞご容赦ください。

以　上

問い合わせ先：担当　長谷川

電話番号（03）1212-6767

### ②【詫び状】

2012年5月13日

ＣＪソフト株式会社　代表取締役社長　西田環様

株式会社ＢＳＴ　代表取締役社長　加藤太郎

**代金のお支払いについて遅延のお詫びとお願い**

拝啓　時下ますますご清祥のこととお喜び申し上げます。

さて、御社製品の購入代金が未払いとのこと、ご迷惑をおかけし、たいへん申し訳ございません。早速、経理部に確認いたしましたところ、経理システムの一部故障が判明いたしました。現在、復旧を急ぎ、対応に当たっている次第です。

つきましては、誠にあるまじき事態で恐縮ですが、今月末のお支払いとさせていただきたく、たいへん勝手ながら猶予をいただきますようお願い申し上げる次第でございます。お支払が遅れますこと、謹んでお詫びいたしますとともに、今月末のお振込をご了解いただきたく、切にお願いいたします。

今後、経理等事務システム運営にも一層注意を払ってまいりますので、何とぞご容赦のほど重ねてお願い申し上げます。

まずは、お詫びかたがたお願いまで。

敬　具

問い合わせ先：担当　川崎

電話番号（03）2323-6543

## ③【督促状】

2012年6月8日

株式会社ＢＳＴ　経理ご担当者様

ＣＪソフト株式会社　経理部長　太田勝

**会計ソフト代金お支払いについて**

前略

去る５月10日付文書により再度請求いたしましたPC用品の代金に関しましては、貴社からいただいた連絡によりますと、５月31日までにお支払いくださるとのことでしたが、本日に至るまでお支払いいただいておりません。

貴社にも何かとご都合がございましょうが、弊社といたしましても事務処理の上でたいへんな支障が生じます。

つきましては、下記の内容をご確認いただき、本状到着後一週間以内にお支払いくださいますようお願い申し上げます。

草々

記

1　ご購入製品　会計ソフト（品番：HT-1523）

2　ご購入日　2012年3月15日

3　ご購入金額　840,000円

4　お振込先　三井住友銀行　新宿支店　123456

なお、今回、支払い期日までにご入金いただけない場合は、やむを得ず法的手段を取るほか、今後の御社の対応いかんによっては遅延損害金、請求手数料等を加算させていただくこともございますので、ご了承ください。

万一、本状と行き違いにご入金いただいた場合は、何とぞご容赦ください。

以　上

問い合わせ先：担当　長谷川

電話番号（03）1212-6767

**催促状・督促状・詫び状の書き方**

取引先や顧客からの代金、料金などの支払いが滞って困るような場合には、必ず文書化し、対処します。「催促状」とは、相手先に支払いや提出を催促するために出す書状のことです。①の例のごとく、先方が請求書に記載した納入期限を守らなかった場合などでも、最初に出す催促状に関しては、丁寧に支払いの確認と支払いをお願いする内容にします。相手先との関係を配慮し、くれぐれも非難めいた文言にならないよう、表現には注意を払いましょう。入金の確認に日数を要するケースも考えられる故に、相手が支払い期限ギリギリに振り込んだ場合などを考慮に入れ、１週間ほど経過してから催促をするのが普通です。その際、行き違いになったことも考え、断り書きをしておきます。

さらに、催促状を出し、その支払い期限を過ぎてもまだ支払われない、何ら連絡がないなど、相手先の不誠実な対応いかんでは、③に示した「督促状」という催促を強く促す内容の文書を出します。督促状の内容は、もはや丁寧にお願いをする表現ではなく、困っている旨及び支払いがない場合には、「このままでは何らかの対処をせずには済まず、法的手段も辞さない」「一刻たりとも猶予できない」といった旨を記すことになります。一般に催促状に記載した期限から１週間ほどして督促状を郵送します。なお、法的な手続きに即して「内容証明（内容証明郵便、内容証明書）」という文書扱いにするケースもあります。

一方、②は「支払い遅延のお詫び（陳謝状・詫び状）」の例です。反省文、謝罪文、詫び状の書き方には決まった書式やルールがあるわけではありません。最も大切なことは相手に対して誠意を込めて謝罪し反省する気持ちです。どうしたらお詫びの気持ちが伝わるか、その言葉を考えることも大切ですが、ただお詫びをするのみならず、いかに問題解決を図って相手の許しや満足を得るかを十分考慮のうえ、詫び状を作成するようにしましょう。

催促状であれ、詫び状であれ、ビジネスマナーや相手との関係を考慮することなしに文書をやり取りすることはできません。

上　司：BST社からの支払いが滞っていたみたいだね。

李　想：そうなんです。今回は、すぐに一方的な苦情を申し立てるのではなく、相手の受け取り方や手違いの可能性も考慮してやりとりすることが一つのビジネスマナーなのだと知りました。

## 単　語

顧客（こきゃく）⓪【名】顾客，顾主，客户

改まる（あらたまる）④【自Ⅰ】郑重，正式；改变；更新，革新；端正

通信文（つうしんぶん）③⓪【名】电文，信函

配慮（はいりょ）①【名・他Ⅲ】关怀，照顾，留意

催促状（さいそくじょう）⓪④【名】催促函

一状（－じょう）……信，……函

加藤（かとう）①【名】（人名）加藤

代表取締役（だいひょうとりしまりやく）⓪-⓪【名】董事长

取締役（とりしまりやく）⓪【名】董事

西田環（にしだたまき）①-①【名】（人名）西田环

代金（だいきん）①⓪【名】货款

拝啓（はいけい）①【名】（书信开头的问候语）谨启，敬启

平素（へいそ）①【名】平素，平日

高配（こうはい）⓪【名】（您的）关怀，照顾

賜る（たまわる）③【他Ⅰ】蒙赐，拜领

厚い（あつい）⓪【形Ⅰ】深厚，真挚；厚

弊社（へいしゃ）①【名】敝公司

購入分（こうにゅうぶん）⓪【名】购买数量

一締め（－しめ）截止到……

にて　在；用（表示地方、手段、方式、原因等，用于书面语）

入金（にゅうきん）⓪【名・自Ⅲ】进账，进款

なんらか（何らか）④①【連語】某些，一些，稍微

手違い（てちがい）②【名】差错，错误

存じる（ぞんじる）③⓪【他Ⅱ】认为；打算；知道，认识

念のため（ねんのため）⓪⑤【連語】为了慎重起见，为了确认

敬具（けいぐ）①【名】（用于书信末尾）敬上，谨上

振込先（ふりこみさき）⓪【名】汇款账户

振込み（ふりこみ）⓪【名】转账，汇款

本状（ほんじょう）①【名】本函

作成（さくせい）⓪【名・他Ⅲ】制作

行き違い（いきちがい・ゆきちがい）⓪【名】差错；意见相左；擦肩而过；走岔开，走两岔

なにとぞ（何卒）⓪【副】请务必，务请

容赦（ようしゃ）①【名・他Ⅲ】宽恕，原谅；姑息，容忍

長谷川（はせがわ）⓪【名】（人名）长谷川

詫び状（わびじょう）⓪【名】道歉信，谢罪书

遅延（ちえん）⓪【名・自Ⅲ】迟延，延误

時下（じか）①【名・副】眼下，目前，近日

清祥（せいしょう）⓪【名】康泰，清祥

御社（おんしゃ）①【名】贵公司

未払い（みはらい・みばらい）②【名】未支付，未付款

経理部（けいりぶ）③【名】财务部

一部（いちぶ）②【名】一部分，局部

判明（はんめい）⓪【名・自Ⅲ】判明，弄清

復旧(ふっきゅう)⓪【名・自他Ⅲ】复原，修复
~次第だ(~しだいだ) 经过，缘由(如此)
あるまじき(有るまじき)③【連体】不该有的，不会有的
今月末(こんげつまつ)④【名】这个月末
月末(げつまつ)⓪【名】月末
猶予(ゆうよ)①【名・自Ⅲ】犹豫；延期，缓期
謹む(慎む・つつしむ)③【他Ⅰ】谨慎，小心；节制，留有余地
経理(けいり)①【名・他Ⅲ】会计
一層(いっそう)⓪【名・副】更加，越发；一层
ほど(程)⓪②【名】程度；情形，样子；大致的时间
かたがた②【副・接続】顺便，借机；一方面
川崎(かわさき) ⓪【名】(人名)川崎
督促状(とくそくじょう)⓪【名】督促函，催促函
督促(とくそく)⓪【名・他Ⅲ】督促，催促
一付(一づけ) 表示日期
前略(ぜんりゃく)①⓪【名】省略上文，书信中表示省略客套话的开头语
文書(ぶんしょ)①【名】文书，文件，材料
貴社(きしゃ)①②【名】贵公司，贵社
処理(しょり)①【名・他Ⅲ】处理，办理，收拾
支障(ししょう)⓪【名】障碍，阻碍
草々(そうそう)⓪【名】(用于书信末尾)草草，不尽欲言，书信结束的寒暄语
やむを得ず(やむをえず)④【副】不得已，无奈
法的(ほうてき)⓪【形Ⅱ】法律的，依据法律的
~いかんによっては(~如何によっては) 根据情形，根据实际情况
いかん(如何)②【名・副】情况，情形；怎么样，如何
損害金(そんがいきん)⓪【名】损失费
損害(そんがい)⓪【名】破坏，损坏；损失
加算(かさん)⓪【名・他Ⅲ】加算；加法
万一(まんいち)①【名・副】万一，意外；假如，一旦
取引先(とりひきさき)⓪【名】客户，顾客
取引(とりひき)②【名・自他Ⅲ】交易，贸易；谈判
滞る(とどこおる)⓪④【自Ⅰ】拖延，延误；拖欠
対処(たいしょ)①【名・自Ⅲ】应付，应对
~のごとく(~の如く) 如……，像……一样
記載(きさい)⓪【名・他Ⅲ】记载，填写
納入(のうにゅう)⓪【名・他Ⅲ】缴纳，上缴
くれぐれ(も)③【副】切切，万望
非難(ひなん)①【名・他Ⅲ】非难，责难
一めく 像……样子，有……的气息
文言(もんごん)⓪【名】语句，语言
日数(にっすう)③【名】日数，天数
要する(ようする)③【他Ⅲ】需要
ケース(case)①【名】案例，场合，事例，情况
経過(けいか)⓪【名・自Ⅲ】经过，时间流逝
断り書き(ことわりがき)⓪【名】补充性文字；但书
何ら(何等・なんら)①⓪【副】(后接否定)丝毫，任何
不誠実(ふせいじつ)②【名・形Ⅱ】不诚实，不真诚，虚情假意
~いかんでは(~如何では) 根据实际情况
示す(しめす)②【他Ⅰ】表示，指明；指示，指导；表露，表现
促す(うながす)⓪③【他Ⅰ】催促；促使；推动
もはや①【副】事到如今，已经；再快也……
旨(むね)②①【名】主旨，宗旨
~ずには済まない(~ずにはすまない) 无论如何也要……，不得不……
辞す(じす)①【他Ⅰ】放弃，辞；推辞，拒绝；告辞，辞别
一刻(いっこく)④⓪【名】一刻，片刻
~たりとも 纵然是，即使是
記す(きす)①【他Ⅰ】记下，写下；记住，记忆
~に即して(~にそくして) 按照，遵循
一扱い(一あつかい) 当做……对待

陳謝状(ちんしゃじょう)⓪【名】道歉信
反省文(はんせいぶん)⓪【名】检讨信
反省(はんせい)⓪【名・他Ⅲ】反省，检讨
謝罪文(しゃざいぶん)⓪③【名】谢罪书
謝罪(しゃざい)⓪【名・自他Ⅲ】谢罪，道歉
書式(しょしき)⓪【名】书写格式
誠意(せいい)①【名】诚意
伝わる(つたわる)⓪【自Ⅰ】传达，传递；传入，传来；流传；传导
いかに(如何に)②【副】如何，怎样；多么
～であれ、～であれ 不论……，还是……
～ことなしに 如果没有……的话

## 文型の学習



### 1．～次第だ<说明原委>

✐現在、復旧を急ぎ、対応に当たっている次第です。
✐つきましては、誠にあるまじき事態で恐縮ですが、今月末のお支払いとさせていただきたく、たいへん勝手ながら猶予をいただきますようお願い申し上げる次第でございます。

「次第だ」接在动词的连体形后面，用于说明事情至此的原委、经过，为书面语。相当于汉语的“于是……”、“因此……”等。

(1) 課長が今出張中ですので、私が代わりに参りました次第です。
(2) 私たちの手には負えないので、彼にお願いした次第です。
(3) 彼女は国内客のみならず、海外からのお客様にも人気のあるガイドですので、ご紹介する次第です。
(4) 皆様くれぐれも体調を崩さないように気をつけていただきたいと思う次第でございます。

### 2．あるまじきN<不相称的言行举止>

✐つきましては、誠にあるまじき事態で恐縮ですが、今月末のお支払いとさせていただきたく、たいへん勝手ながら猶予をいただきますようお願い申し上げる次第でございます。

「あるまじき」意为“不应有”、“不该有”，只用来修饰名词，多以「$N_1$にあるまじき$N_2$」「$N_1$としてあるまじき$N_2$」的形式使用。「$N_1$」一般为表示职业、身份的名词，「$N_2$」多为「態度」「行為」「発言」等词，「$N_1$にあるまじき$N_2$」「$N_1$としてあるまじき$N_2$」表示不符合该职业或身份的言行举止等，用于责备、批评。为比较生硬的表达方式，用于书面语。相当于汉语的“……不应有的……”、

“作为……不应有的……”。

(1) それは公務員にあるまじき行動で刑事責任は重い。
(2) 未成年と飲酒なんて教育者にあるまじき行為だ。
(3) 彼はレポーターにあるまじき発言を様々な場で繰り返した。
(4) 無断欠勤、無断遅刻は社会人としてあるまじき行為だ。

### 3．Nのほど＜委婉表述＞

*今後、経理等事務システム運営にも一層注意を払ってまいりますので、何とぞご容赦のほど重ねてお願い申し上げます。*

「Nのほど」用于书信或者寒暄语中，笼统地指出大致范围或程度，避免直接断定，是一种委婉的表达方式。

(1) 末筆ながら切にご自愛のほど願い上げます。
(2) 今後とも変わらぬご指導のほど、よろしくお願い申し上げます。
(3) ご親切のほど深く感謝いたします。
(4) 詳細のほどはまたホームページもしくはブログでお知らせいたします。

### 4．～かたがた＜顺便＞

*まずは、お詫びかたがたお願いまで。*

「かたがた」接在动作性名词后面，表示在做前项动作时，顺便兼做后项动作。多用于较正式的场合或书信中。相当于汉语的“顺便……”等。

(1) 散歩かたがた近くの古本屋さんに行ってきた。
(2) 出張かたがた京都の名所旧跡を訪ねてみた。
(3) 本日お詫びかたがた、ご注文の品をお届けにあがります。
(4) 簡単ではございますが、まずはお礼かたがたごあいさつ申し上げます。

### 5．やむを得ず＜不得已＞

*なお、今回、支払い期日までにご入金いただけない場合は、やむを得ず法的手段を取るほか、今後の御社の対応いかんによっては遅延損害金、請求手数料等を加算させていただくこともございますので、ご了承ください。*

「やむを得ず」为「やむを得ない」的连用形，作副词使用，表示迫于某种情况不得不做出某种选择。相当于汉语的“不得不……”。

(1) 彼は病気でやむを得ず留学を断念して帰国した。

(2) 混乱を避けたいという思いでそのような措置をやむを得ずとった。

(3) 天候などにより、やむを得ずイベントが中止、もしくは時間変更になる場合がございます。ご了承下さい。

(4) やむを得ず注意をする場合は、相手のプライドを傷づけないよううまく話そう。

## 6．Nいかんによっては／Nいかんでは<決定性因素>

✐なお、今回、支払い期日までにご入金いただけない場合は、やむを得ず法的手段を取るほか、今後の御社の対応いかんによっては遅延損害金、請求手数料等を加算させていただくこともございますので、ご了承ください。

✐さらに、催促状を出し、その支払い期限を過ぎてもまだ支払われない、何ら連絡がないなど、相手先の不誠実な対応いかんでは、③に示した「督促状」という催促を強く促す内容の文書を出します。

「いかんによっては」「いかんでは」接在名词或“名词＋の”的后面，表示后项叙述的结果取决于该名词所表达的内容，即前项内容发生变化后项也发生变化。相当于汉语的“要看……”、“根据……”等。

(1) 実験の結果いかんによっては、研究の継続が不可能になる場合もある。

(2) 天候いかんによっては、予約していた飛行機が欠航となる場合もある。

(3) 事情いかんによっては、学校側の責任を問題にすることができる。

(4) 収入いかんでは、社会保険料が免除されることもある。

## 7．～ごとし／～ごとく／～ごとき<例挙；比喻>

✐①の例のごとく、先方が請求書に記載した納入期限を守らなかった場合などでも、最初に出す催促状に関しては、丁寧に支払いの確認と支払いをお願いする内容にします。

「ごとし」为文言表达方式，相当于现代日语中的「ようだ」，接在名词或“名词＋の”、动词连体形的后面，表示例举或比喻。「ごとし」作连用修饰语时用「ごとく」的形式，作连体修饰语时用「ごとき」的形式。相当于汉语的“如……”、“像……似的”。

(1) それは私のごとき未熟者が語れるテーマではありません。

(2) 以上述べたごとく、その件に関しては、改めて検討させていただきます。

(3) その女性は雪のごとき白い肌をしている。

(4) 光陰矢のごとし。

## 8．ーめく<具备某种特征>

✐相手先との関係を配慮し、くれぐれも非難めいた文言にならないよう、表現には注意を払いましょう。

「めく」接在名词后面,构成派生的动词,意为使人感觉具有该事物的特征或看上去像事物。后面修饰名词时用「$N_1$めいた$N_2$」的形式。前接名词有限，常见的有「春、秋、謎、皮肉、冗談、言い訳、脅迫、作り物」等。

(1) 3月もあと2日あまりとなって、やっと春めいてきた。

(2) 彼の皮肉めいた言い方にみんなは不快感を覚えた。

(3) 小説は、主人公の謎めいた美女との出会いから始まる。

(4) すっかり秋めいて、ハイキングに絶好のシーズンがやってきた。

## 9．Vずに済む／Vずには済まない<不必做某事／必须做某事>

✐督促状の内容は、もはや丁寧にお願いをする表現ではなく、困っている旨及び支払いがない場合には、「このままでは何らかの対処をせずには済まず、法的手段も辞さない」「一刻たりとも猶予できない」といった旨を記すことになります。

「ずに済む」「ずには済まない」接在动词接「ない」时的形式后面（前接「する」时变为「せ」）。如例（1）～（3）所示，「Vずに済む」表示不必做某事情或者避免了某事情的发生，该事情通常为预定要做的或者不希望发生的事情。相当于汉语的“不……也可以”；如例（4）～（6）所示，「Vずには済まない」表示不做某事不行，必须做某事，基本上与「なければならない」意思相同。口语中也说「Vないで済む／Vないでは済まない」。相当于汉语的“非……不可”等。

(1) 最初に何になりたいか決めておくと、後悔せずに済むよ。

(2) もっと早くこの療法と出会っていたら、手術せずに済んだのかもしれない。

(3) 台風に備えて、今日は外出しないで済むよう昨日のうちに買い物をしておいた。

(4) また今日も授業をさぼって。先生に叱られずには済まないわよ。

(5) あなたが悪かったのだから、謝らずには済まないだろう。

(6) お世話になった先生が入院中だと知ったからには、お見舞いに行かずには済まないだろう。

## 10. Nたりとも＜全面否定＞

✐督促状の内容は、もはや丁寧にお願いをする表現ではなく、困っている旨及び支払いがない場合には、「このままでは何らかの対処をせずには済まず、法的手段も辞さない」「一刻たりとも猶予できない」といった旨を記すことになります。

「たりとも」前接表示最小数量的“一～”，后与否定形式相呼应，表示全面否定，用于书面语或者正式的口语中，相当于口语中的「一～も～ない」。相当于汉语的“一……也不……”。

(1) あの人のことは一日たりとも忘れたことはない。

(2) 米の一粒たりとも無駄にするなとよく母に叱られたものだ。

(3) この子はまだ小さいんだから、一瞬たりとも目を離しちゃだめよ。

(4) 水がどんどんなくなっていく。一滴たりとも無駄にはできない。



## 11. Nに即して＜依据、准则＞

✐なお、法的な手続きに即して「内容証明（内容証明郵便、内容証明書）」という文書扱いにするケースもあります。

「に即して」接在「規則」「事実」「経験」等名词后面，表示以该名词所指称的事物作为衡量的依据、准则。后面修饰名词时用「$N_1$に即した$N_2$」的形式。相当于汉语的“依据……”、“符合……”等。

(1) 判定は具体的な事実に即して行われる。

(2) 自然に即した生き方を皆で模索していく時期が来た。

(3) 当社では時代の変化に即し、その時々に必要とされる商品を提供してきました。

(4) 学校の規定に即して、特別活動の全体計画の改善や新規作成を行った。

## 12. $N_1$であれ、$N_2$であれ＜无例外＞

✐催促状であれ、詫び状であれ、ビジネスマナーや相手との関係を考慮することなしに文書をやり取りすることはできません。

两个「であれ」接在名词后面并列使用，表示两者皆无例外，后项多为表示事态不发生变化的内容，用于书面语或者比较正式的口语中。相当于汉语的“无论是……还是……”等。

(1) 晴天であれ、雨天であれ、遠足は予定通りに行う。

(2) 彼女は服であれ靴であれ、ブランド品には目がない。

(3) 男性であれ、女性であれ、ビジネスシーンのファッションには一定のルールがある。
(4) 学生であれ、教師であれ、学問の前には平等である。

## 13. Vことなしに<成立的条件>

*催促状であれ、詫び状であれ、ビジネスマナーや相手との関係を考慮することなしに文書をやり取りすることはできません。*

「ことなしに」接在动词的词典形后面，后多与否定形式相呼应，用来否定某种可能性，表示如果前项内容不成立，后项则无法实现，为书面语。相当于汉语的“如果不……就不……”等。

(1) 人はお互いに助け合うことなしに、生きていくことはできない。
(2) 保育士試験に合格することなしに、児童福祉施設には入れない。
(3) チーム全員が全力をあげて戦うことなしに、勝利をおさめることは不可能だ。
(4) 人から支えられていることを感じることなしには、その深い悲しみを乗り越えることはできなかっただろう。

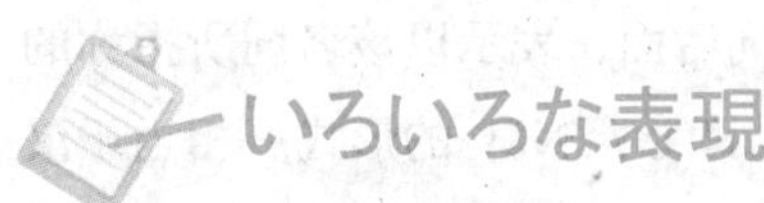


### ビジネスメールの定型フォーマット

ビジネス上で使用されるメールは、一般的に次のような形式になります。

1．宛先　2．書き出し　3．名乗り　4．要旨　5．本文（用件）
6．結び　7．署名

宛先
会社や部署あての場合：「御中」

例

田中商事株式会社御中

田中商事株式会社　営業部御中

役職や肩書きのある人の場合：「役職名　○○○○様」

例

| 田中商事株式会社　営業部<br>営業部長　田中太郎様 | 田中商事株式会社<br>代表取締役　田中一郎様 |
|---|---|

担当者あての場合：会社名→（改行して）部署名→人名→「様」

例

田中商事株式会社
人事部　田中愛子様



書き出し

例　いつもお世話になっております。
貴社ますますご清栄のこととお喜び申し上げます。
貴社ますますご清栄のこととお慶び申し上げます。
ますますご健勝（活躍）のことと存じます。
いつもお引き立ていただき、ありがとうございます。
いつもお手数をおかけしております。
さっそくご連絡ありがとうございます。

名乗り

会社の正式名称、所属部署、自分の名前

例　田中商事株式会社　営業部 田中です。

要旨

メールの主旨を簡潔に説明する。

例　会議の結果についてご報告いたします。

先日のお礼を申し上げたく、メールをお送りしました。

○○の件についてお詫び申し上げたく、ご連絡いたしました。

## 本文（要件）

（簡潔・丁寧に）

## 結び

例 何卒よろしくお願い申し上げます。
今後ともよろしくお願いいたします。
ご高配賜りますようお願い申し上げます。
あしからずご了承ください。
ご協力頂きますよう、よろしくお願いいたします。
ご検討の程、よろしくお願いいたします。
用件のみにて失礼します。
（それ）では、決まり次第ご連絡させていただきます。
ご返信をお待ち申し上げております。
お手数ですが、ご一読のうえご返信をお願いいたします。
恐れ入りますが、ご確認のうえご返答をお願い申し上げます。
恐縮ですが、至急、ご返信をお願いいたします。
お手数ですが、10日（月）午前中までに、ご返信賜りますようお願い申し上げます。

## 署名

会社名・部署名
氏名（氏名が読みにくい場合は読み仮名）
メールアドレス
郵便番号・住所
電話番号・ファックス番号

例
（株）田中商事 営業部営業3課
田中太郎（たなか・たろう）
〒123-4567　東京都港区01-23
TEL:03-9999-9998
FAX:03-9999-9999
tanaka@hakushido.co.jp

### 内容理解

(1) 本文のような改まった通信文はどんな場合に使いますか。

(2) 文書で対処する時、どんなことを考慮しなければなりませんか。

(3) 催促状と督促状とでは言葉遣いがどう違いますか。それぞれの注意点を話してください。

(4) 改まった通信文からわかる日本人のコミュニケーションの特徴についてまとめてください。

### 文法練習

① を読んで文型の使い方を理解し、②③の（　）内の言葉を正しい順番に並べ替えて、文を完成させなさい。

(1) ～次第だ

①浅学非才の私ではありますが、何とぞ皆様のお力を賜りたく、ここにお願い申し上げる次第です。

②（お断り・次第・した）
その件は自分の力を越えていることなので＿＿＿＿＿＿＿＿です。

③（親善大使・日本に来た・として・次第）
このたび日本政府の招きにより＿＿＿＿＿＿＿＿＿＿＿＿です。

(2) あるまじきＮ

①司会者にあるまじき発言をして会場中が大騒ぎになりました。

②（あるまじき・に・行為・紳士・だ）
女の子を泣かせるなんて＿＿＿＿＿＿＿＿＿＿＿＿＿＿。

③（行為の・タレント・あるまじき・写真・として）
＿＿＿＿＿＿＿＿＿＿＿＿＿＿＿＿が雑誌に掲載された。

(3) Ｎのほど

①この度、事務所は下記のとおり移転しましたので、お知らせいたします。皆様にはご理解、ご協力のほどよろしくお願い申し上げます。

②（よろしく・ご指導・お願い・ほど・の）

今後とも、ご支援、____________________申し上げます。

③（ご了承・お願い・のほど・いたします）

ご希望に添えない場合もありますので__________________。

（4）～かたがた

①メールにて恐縮ですが、取り急ぎお礼かたがたご挨拶申し上げます。

②（新居に・ので・かたがた・引っ越した・友人が・お祝い）

_______________、______________遊びに行ってきた。

③（かたがた・婚約者・連れて・結婚の報告・を）

来春結婚する孫が、______________________やってきた。

（5）やむを得ず

①仕事が終わらなかったため、やむを得ず、会社に泊まることにした。

②（欠席した・やむ・会議・得ず・を・を）

用事があって、________________________。

③（タクシー・乗った・やむを得ず・に）

終電に乗り遅れ、______________________。

（6）Nいかんによっては／Nいかんでは

①病状の回復いかんによっては退院が延びることもあるそうだ。

②（や・言葉遣い・いかんによっては・その内容）

依頼状作成の際_________________、悪印象を与える場合もある。

③（が・いかんでは・出ない・業績・ボーナス）

会社の景気が悪くなったら__________________こともある。

（7）～ごとし／～ごとく／～ごとき

①私ごとき一介の社員がコメントする立場ではないことぐらいは重々承知しております。

②（怒り狂った・ごとく・烈火・の）

裏切られたことを知った彼は、____________________。

③（は・ごとく・事態・予想した）

________________、_______________悪化する一方だった。

(8) ーめく

①少し前まで一面白だった景色もすっかり春めいてきました。

②（もの・何か・が・謎めいた）

あの事故の裏には＿＿＿＿＿＿＿＿＿＿＿隠されている。

③（から・脅迫めいた・相手・メール）

＿＿＿＿＿＿＿＿＿＿＿＿＿＿＿＿＿＿＿＿が届きました。

(9) Ｖずに済む／Ｖずには済まず

①知らずにやったこととはいえ、悪いことをしたのは確かなのだ。謝罪せずには済まないだろう。

②（済む・消費せずに・バッテリーの電力を・ほとんど）

これを使えば、＿＿＿＿＿＿＿＿＿＿＿＿＿＿＿＿＿＿という。

③（無駄な・済む・もの・買わずに・を）

メニューをあらかじめ決めてから買い物をすると、＿＿＿＿＿＿。

(10) Ｎたりとも

①私は音楽がなければ、一日たりとも生きていけない人間である。

②（できない・一瞬・油断・たりとも）

乗客の安全のためには＿＿＿＿＿＿＿＿＿＿＿＿＿＿＿＿＿。

③（たりとも・できない・は・一円・無駄遣い）

東京に家を建てるため、＿＿＿＿＿＿＿＿＿＿＿＿＿＿＿＿＿。

(11) Ｎに即して

①火災予防の訓練は実際の場合に即して行われた。

②（実際の成績・か・に即して・留学する）

どの大学に＿＿＿＿＿＿＿＿＿＿＿＿＿＿＿親と相談して決める。

③（法律・違反者・に即して・は）

＿＿＿＿＿＿＿＿＿＿＿＿＿＿＿＿＿＿＿＿処罰されます。

(12) $N_1$であれ、$N_2$であれ

①男の子であれ、女の子であれ、とにかく無事に生まれてきてほしい。

②（大都会・田舎・であれ・であれ）

＿＿＿＿＿＿、＿＿＿＿＿＿＿、ネットさえあれば寂しくない。

③（パート・正社員・であれ・であれ）

＿＿＿＿＿＿＿、＿＿＿＿＿＿＿、仕事に対する責任は変わりません。

（13） Vことなしに

①本人の許可を得ることなしに、写真を自由に使用することはできない。

②（リーダー・信頼する・ことなしに・を・人々）

＿＿＿＿＿＿＿＿＿＿＿＿＿＿＿＿＿＿＿の務めは果たせない。

③（誰も・忍耐する・成功する・ことなしに）

＿＿＿＿＿＿＿＿＿＿＿＿＿＿＿＿＿＿＿ことはできない。

## 応用練習

以下は未払い家賃を請求するために借主に郵送する催促状と督促状です。２つの文書を比較してみてどう違いますか。このような文書を書く時、注意点また郵送するタイミングなど、本文を参考にまとめて話しなさい。

2012年10月16日

田中太郎様

桜市桜町12—34

株式会社<br>桜不動産<br>印

株式会社　桜不動産

代表取締役　日本桜子　（印）

**催　促　状**

下記の家賃が滞納となっております。2012年10月30日までに必ずお支払いください。

**記**

| 2012年10月16日現在 | | |
|---|---|---|
| 住所 | 桜市桜町567—888号 | |
| 建物名 | ファッションタウンマンション | |
| 部屋番号 | 601室 | |
| 請求金額 | 2012年7月～9月分 | |
| | 滞納金額 | 180,000円 |
| 支払期限 | 2012年10月30日 | |

振込先：さくら銀行

名　義：　株式会社　桜不動産　代表取締役　日本桜子

なお、支払い期日までにご入金いただけない場合は、やむを得ず法的手段を取るほか、遅延損害金、請求手数料を加算させていただくこともございますので、ご了承ください。

連絡先：管理部

担当：桃太郎

Tel：123-456-789

Fax：123-456-780



2012年11月3日

桜市桜町567-888号

田中太郎様

桜市桜町12-34

株式会社　桜不動産

代表取締役　日本桜子　印

**督　促　状**

あなたが入居している下記の住所の家賃などが、再三の督促にもかかわらず、いまだに支払われておりません。滞納した家賃などは下記の通りですので、滞納額の全額を最終催告期限までに、下記へ支払ってください。

最終催告期限　　2012年11月8日

なお、この催告に応じられない場合は、下記の住宅の明け渡し及び滞納家賃の支払いを求める訴訟を裁判所へ提出します。

**記**

1．住所　　桜市桜町567-888号ファッションタウンマンション601

2．滞納家賃　　180,000円（含共益費）（2012年11月３日現在）

3．滞納月　　2012年　7月～9月分

4．督促手数料　　20,000円

5．支払先　　株式会社　桜不動産

電話：123-456-789

## 間違い直し

次の文中の下線部を正しく直しなさい。

(1) 来館者の方々にはご迷惑をおかけしますが、ご理解した上でよろしくお願いします。

(2) 日本にいても、外国にいても、こつこつと単語を調べ、文章を暗記していくことなしには外国語の上達は叶えるのだと教えられました。

(3) 面接試験では、食べ物の話から経済の問題に至るまで広い範囲を含んで質問された。

(4) 事後調査の結果に関しては工事中止ということも考慮する。

(5) 彼はその日の気分に即して、言うことがころころ変わる。

(6) 台風が来る日は、できるだけ外出しないで済ませるように準備しておこう。

(7) 今日は「大寒」、読んで字のごとき、一年のうちで一番寒い時期にあたる。

(8) 天候によって、車で行った方が便利かと思う。

1. ______の言葉の読み方として正しいものを、一つ選びなさい。

(1) なにかとご教示を賜りありがとうございます。

a．したまわ　b．しまわ　c．たまわ　d．たわま

(2) 残りの金額はもうしばらく猶予をいただきたいです。

a．ゆよ　b．ゆうよ　c．しゅよ　d．しゅうよ

(3) 貴下ますます御清祥のことと拝察申し上げます。

a．せいしょう　b．せいじょう　c．せっしょう　d．せっじょう

(4) 謹んで新年のお喜びを申しあげます。

a．つづし　b．けわし　c．ただし　d．つつし

(5) 交渉が滞って進まない。

a．ととま　b．たる　c．とどこお　d．どどま

(6) 彼らが期日どおりの支払いをせず、我々は困っています。

a．きじつ　b．きっじつ　c．きにち　d．きひ

(7) 授業料納入について、各学部の掲示板に掲示します。

a．のうにゅう　b．のういり　c．なっにゅう　d．ないり

**2．＿＿＿に入れるのに最もよいものを一つ選びなさい。**

(1) 彼女は息子の成功を＿＿＿望んでいる。

a．肝心に　b．誠実に　c．夢中に　d．切に

(2) 物件購入の際には、分譲制度、手続きの流れ及び予定価格をよくご＿＿＿いただいたうえで契約書にご署名ください。

a．調査　b．周知　c．同意　d．了解

(3) 女性は店員の＿＿＿のおかげで宝くじをあてた。

a．すれ違い　b．手違い　c．値違い　d．筋違い

(4) 昨日の大雪は交通機関に＿＿＿をもたらした。

a．支障　b．妨害　c．故障　d．障害

(5) 私たちは良心に従って行動したのだから＿＿＿される余地はない。

a．無難　b．非難　c．難航　d．難関

(6) 上司に退職したい＿＿＿をどう伝えたらいいか分からない。

a．旨　b．胸　c．棟　d．宗



**3．＿＿＿の言葉に意味が最も近いものを一つ選びなさい。**

(1) ビジネスの社会においても、電話応対の基本的なマナーが大切です。

a．対策　b．対応　c．対処　d．対決

(2) 本堂の復元が注目を集めています。

a．復旧　b．復古　c．復活　d．修復

(3) 歌も喋りも声だけじゃなく「見た目」も大切です。つまり、全身で表すことが大切ですね。

a．表現する　b．体現する　c．具現する　d．実現する

(4) この書画が本物であるかどうか素人では確かめようがない。

a．鑑定し　b．確実し　c．確証し　d．確信し

**4．次の言葉の使い方として最もよいものを、一つ選びなさい。**

(1) 猶予

a．選考の結果が出るまでの間、授業料の納付が猶予されます。

b．大学院に進学してから専門分野の選択に猶予する人が多い。

c．消えた飼い主を探して猶予する犬たちを発見！

d．地方公共団体の定員や猶予の状況については、住民より強い関心が寄せられています。

(2) 払う

a．カウンターに席が空いていたので、払われることなく座ることができま

した。

b．近隣諸国に敬意を払い、しっかりと手を結ぶことが重要だ。

c．一軒家を買うためにすべての株を払いました。

d．その竹林を払うとすてきな空間ができあがりました。

(3) 済む

a．社会的認知が済む事実婚は注目されつつある。

b．見ているだけで心が済むような宇宙を題材とした３Ｄ作品が気に入った。

c．あなたからの電話一本で、ご両親はあんなにも心配せずに済むだろう。

d．この料理は事前に味付けを全部済むことが失敗しないポイントです。

(4) 図る

a．彼はこっそり道具などを準備して刑務所から逃走を図った。

b．想像性とはつまり、実際に経験していないことを図ることである。

c．毎日体重を図るとダイエットができるって本当ですか。

d．上手に通訳を図るためには、専門分野で使われる言葉に注意することが重要である。

**5．次の文の＿＿＿に入れるのに最もよいものを一つ選びなさい。**

(1) 発送しました製品が届いていないとのことで、お問い合せ荷物番号と住所を確認させて頂いた＿＿＿です。

a．しまい　b．次第　c．始末　d．ところ

(2) 経費削減のため、紙一枚＿＿＿無駄にしないこと。

a．ぬきで　b．たりとも　c．いかんでは　d．について

(3) 彼は事件には関係していない＿＿＿、知らぬふりをしていた。

a．かとは　b．かなにか　c．かのごとく　d．かといって

(4) 計画の事情の＿＿＿研究の継続が不可となる場合もある。

a．いかんにも　b．いかんに

c．いかんによっては　d．いかんによらず

(5) 立ち入り禁止の所に勝手に入るのは社会人として＿＿＿行為である。

a．ならではの　b．あるまじき　c．に限る　d．しがちな

(6) さまざまな批判をうけてはいますが、読まずには＿＿＿本でしょう。

a．すむ　b．すまない　c．しかたない　d．ほかならない

(7) この伝記は事実に＿＿＿書かれたものだ。

a．即して　b．対して　c．次いで　d．臨んで

(8) 若い人達がグローバルに存分に活躍する＿＿＿日本の将来はない。

a．にしては　b．にかけては　c．ことなしに　d．に対し

(9) 決めたからには、親＿＿＿子供＿＿＿、それに従わなければ不都合が起きる。

a．であれ、であれ　b．といい、といい

c．やら、やら　d．なり、なり

(10) 政治家である以上、現実に＿＿＿ある程度の妥協、方向転換が必要なのではないか。

a．応じて　b．応えて　c．関わって　d．つれて

6．**次の文の＿★＿に入る最もよいものを一つ選びなさい。**

(1) 支払い期日までにご入金いただけない場合は、＿＿＿ ＿★＿ ＿＿＿ ＿＿＿こともありますので、ご了承ください。

a．法的手段　b．やむを得ず　c．を　d．取る

(2) ＿＿＿ ＿★＿ ＿＿＿ ＿＿＿ですが、今月末のお支払いとさせていただきたく、お願い申し上げます。

a．恐縮　b．あるまじき　c．事態で　d．誠に

(3) ＿＿＿ ＿＿＿ ＿★＿ ＿＿＿、法的手段も辞さない。

a．には済まず　b．対処をせず　c．このままでは　d．何らかの

(4) 結婚式に行こうと＿＿＿ ＿★＿ ＿＿＿ ＿＿＿がかかってきた。

a．会社から　b．命令電話

c．準備をしていたら　d．謎めいた

(5) 高速道路の＿★＿、＿＿＿ ＿＿＿ ＿＿＿べきである。

a．地域の実情　b．行われる　c．に即して　d．騒音対策は

(6) 昨日を＿＿＿ ＿★＿ ＿＿＿ ＿＿＿ことはできない。

a．明日を　b．捨てる　c．つくる　d．ことなしに

(7) ＿＿＿ ＿★＿ ＿＿＿ ＿＿＿無駄に使うなということだ。

a．１分たりとも　b．とは　c．時間を　d．「時は金なり」

(8) １週間経っても返事がない場合は、＿＿＿ ＿★＿ ＿＿＿ ＿＿＿と思われます。

a．手違いか　b．起きている　c．事故が　d．何らかの

(9) ＿＿＿ ＿＿＿、＿＿＿ ＿★＿後悔しないよう頑張ってきてください！

a．込めて　b．結果に　c．誠意を　d．こだわらず

(10) 心臓病の発作に備えて日頃から＿＿＿ ＿＿＿ ＿★＿ ＿＿＿ことも大切です。

a．行動に　b．注意を　c．日常生活の　d．払う

## ビジネス文書の注意点

ビジネス文書の目的は用件を正確・明瞭・簡潔に伝えることである。良いビジネス文書を作成する注意点は次の通り。

**・結論を優先**

先に結論・趣旨を述べ、次に原因・経過、最後に意見・提言の順でまとめる。タイトルをつけて、簡潔にまとめ、内容が一目でわかるようにする。

**・文章は簡潔に**

文章は短めに。用件が複雑な時は箇条書きにするなど、要領よく文章をまとめ、一読して内容がわかる工夫が大切。ビジネス文書に形容詞や修飾語が多い文章はＮＧ。

**・事実は正確に**

自分の感想や曖昧な表現は使わない。特に数字や日時、金額、数量などは記憶にたよらず、データを確認しながら正確に書く。

**・表現はわかりやすく**

業界にしか通用しないような略語や専門用語は特に社外文書ではタブー。誤解を招くようなことばや敬語の使いわけにも注意する。また、話言葉や幼稚な表現は書いた本人ばかりでなく、会社の品性を疑われる可能性があるので使わないようにする。

**・書いたら読み返す**

公式な文書は保存されるもの。書いたら必ず読み返し、上司のチェックを受け、相応しくない表現がないかどうかを確認してもらうようにする。とくに社外文書は会社としての文書になるので充分注意が必要。

# 第５課

## 相互理解へ向けて

**トピック**　言語理解、異文化理解

**形　式**　論説文

**学習目標**

- 論説文を読み、その主旨が理解できる。
- 言語と文化に関しての理解を深める。

**読む前に**

- 日本語学習において、違和感を感じた言葉がありますか。なぜ違和感を感じたのか、その理由を説明してください。
- 他地域の人とのコミュニケーションの中で、お互いに誤解したり誤解されたりしたことがありますか。その時どのように対処しましたか。

**文法項目**

① Ｎへ向けて／Ｎに向けて＜目标＞

② Ｖうる／Ｖえない＜可能性＞

③ 疑问词＋～にせよ／にしろ／にしても＜无影响＞

④ ～まで（は）いかなくとも＜程度未达＞

⑤ ～としても＜假设转折＞

⑥ すら＜强调＞

⑦ ～折＜时点＞

張さんは留学先の大学で言語文化講読の授業を受けています。

# 相互理解へ向けて
## ——言語と文化の偏見を避けるために

池上嘉彦（いけがみよしひこ）

人は自らがその中で生まれ、そして育ってきた文化のさまざまな慣行、仕来たりをいつの間にかしっかりと身につけます。言語もそのようにして身につけるものの一つです。誰でも、自らが慣れ親しんできたのとは違う慣行に接した場合は一種の違和感を感じるものですが、言語についても同じことが起こります。そのような際には、私たちはどのように振舞うでしょうか。

一つは、新しいものに接したという想いが私たちの好奇心をかきたて、そのものについてもっとよく知ろうという気持ちに駆られるという場合でしょう。このような場合は、好奇心に基く態度が過度にわたることさえなければ、相手の側に迷惑を及ぼすということにはならないでしょう。

しかし、場合によっては、違和感がとても望ましくない方向へ動き出すということもあります。相手方の振舞いを不自然で奇妙なものとして受けとめ、相手の意図を誤解してしまうとか、さらにそれがエスカレートすると、そのようなものは排除されて然るべきであるとして、偏見の対象に仕立て上げてしまうという場合です。このようなことは別に言語に限らず、文化の他のさまざまな側面でも起こることです。挨拶の仕方、感謝やお詫びの仕方、どのような場合に笑ったり、沈黙していたりしてよいのか、など、など、多くの場合があります。このような場合には、どのように対処すればよいのでしょうか。

誰かから何か不愉快な思いをさせられた時、なぜ相手がそのような振舞いに至ったかという動機を知らされたり、理解できたりすると、少なくともいくらかは気持ちが和らぐ—こういうことは誰しも経験したことがあると思います。言語が関わっている場合も、同じことが言えるはずです。

言語が違うと、同じ場面でもどのような言い方を〈好まれる言い回し〉としてするかが異なりうるということは既に触れました[编者注]。話者は、言語使用の際に〈認知の主体〉として振舞い、同じ〈事態〉であっても自らとの関わりによって違ったやり方で〈事態把握〉をする能力を有している—このことから、異なる文化（そして、言語）の話者が同じ〈事態〉であっても自らとの関わりを違ったふうに捉え、違ったふうに言語化するのは十分に起こりうることです。しかし、この点に関して大切なことは、どのようなやり方での〈事態把握〉がなされるにせよ、それらはすべて人間としての〈認知〉の営みの枠内で行なわれることであり、それ故に、説明などを通して相互に理解の努力がなされるならば、言い回しの背後にある動機は十分相互に理解し合えるはずということです。そのようにして相互に理解し合うことができれば、相手の言い回しについての違和感も、仮りに完全に消えてしまうところまではいかなくとも、少なくとも納得してそれを受け入れるという気持ちに変わってくれるはずです。



具体的な例で考えてみましょう。日本語話者のよく使う言い回しとして、「これ、二つほど下さい」、「それ、三つばかりいただけますか」といったふうに、よく正確な数量をぼかした表現をします。例えば英語話者の立場からすると、この種の言い回しは不自然で違和感を感じさせるものとして受けとめられます。数量がもっと大きい場合なら誤差も出易いでしょうからこの種のぼかした言い回しをするのも仕方がないとしても、ごく小さい数量ではっきり言えば言えそうなのに、どうしてわざわざぼかした言い方をするのか、と感じるわけです。そう指摘されれば、日本語話者でもその通りと言いたくなると思います。しかし、英語話者の普通の文化的なスタンスからしますと、特別な理由があるのでない限り、ぼかした表現をするというのは何か隠しごとをしている、したがって不誠実な対応をしているとすら受けとられ兼ねません。使う日本語話者の立場からしますと、そのような意図はまったくないわけですから不本意なことです。それでは、そのような曖昧な言い方をする動機をどのように説明してあげればよいでしょうか。

母語話者としてこのような言い方をする折の自らの心理を少し内省してみれば、どのような動機でそのような言い方をするかが自分にも思いあたるのではないかと

---

编者注：池上嘉彦先生的文章「<認知言語学>から<日本語らしい日本語>へ向けて」全文共6节，本文节选了第6节的前半部分。关于<好まれる言い回し>，在前面的第4节和第5节均有涉及。

思います。まず、自分にとって何か不都合なことを相手から隠すというような意図のないことは十分に明らかです。では、どうして「二つ」とか「三つ」というふうに数をはっきり指定しないで、「二つほど」、「三つばかり」といったぼかした表現をするのでしょうか。同じ場面で「二つ」あるいは「三つ」という場合と「二つほど」あるいは「三つばかり」という場合とを較べてみて、すぐ感じられるのは、後者のぼかした言い方をする方が前者の正確な数を示すよりか相手に対して丁寧に振舞っているという感じでしょう。どうして丁寧さという感じが出てくるのでしょうか。今の場合、相手にあることを頼んでいるという場面です。そのような場面で相手に一定の数を明示して頼みますと、それ以外は駄目という形で指示しているということになるでしょう。もし数に幅を持たせて頼んだとしますと、特定の数にだけ拘わるのではなく、都合によってはその前後の数でもよい—つまり、相手に選択の余地を与える—という含みになります。つまり、頭ごなしの頼み方ではなく、相手の都合を優先させ、相手を立てているという振舞い方をしているわけです。こういう意味合いが〈丁寧さ〉という印象を生むのでしよう。

相手を立てるのが丁寧な振舞いになるということは、日本語の文化圏に限らず、英語の文化圏でも妥当することです。「二つほど」、「三つばかり」といった言い回しに込められている意味合いを上のように説明すると、非日本語話者でもふつう十分に納得してくれます。それどころか、人によっては、興味を示すばかりでなく、日本語話者の気配りをすばらしいと言って—こちらが戸惑うほど—感激してくれることすらあるようです。（もちろん、日本語話者好みの〈曖昧な〉言い回しすべての動機づけがこれで説明できるわけではありません。もっと違った意味合いを伴なって用いられる場合も、いろいろあるというのもつけ加えておかねばならないことです。）

出典： 池上嘉彦・守屋三千代編著『自然な日本語を教えるために——認知言語学をふまえて』（2009）株式会社　ひつじ書房 pp35-38.

教　官：張さんは日本に来て、同じような経験をしたことがありますか。

張子琳：ええ。多くの面でギャップを感じることはありますが、ここで述べられているように、相手の立場に立って、互いの「認知」の違いを理解するように心がけています。

# 単　語

理解(りかい)①【名・他Ⅲ】理解，领会；谅解
～へ向けて(～へむけて) 面向，针对
言語(げんご)①【名】语言
偏見(へんけん)⓪【名】偏见
自ら(みずから)①【名・副】自己，自身；亲自，亲身
育つ(そだつ)②【自Ⅰ】成长，发育；进展，发展
慣行(かんこう)⓪【名】例行，惯例
仕来たり(しきたり)⓪【名】常规，规矩，惯例
慣れ親しむ(なれしたしむ)⑤【自Ⅰ】熟悉，习惯
一種(いっしゅ)①【名】一种
振舞う(ふるまう)③【自他Ⅰ】言行，动作；款待，请客
かきたてる(掻き立てる)④⓪【他Ⅱ】勾起，挑动；煽动；搅拌；拨亮
駆る(かる)⓪①【他Ⅰ】迫使，驱使；驱逐，撵走
過度(かど)①【名】过度
及ぼす(およぼす)③⓪【他Ⅰ】波及，带来
望ましい(のぞましい)④【形Ⅰ】符合希望的，合乎心愿的
不自然(ふしぜん)②【名・形Ⅱ】不自然，装腔
奇妙(きみょう)①【形Ⅱ】古怪，奇异；不可思议，奇妙
受けとめる(受け止める・うけとめる)④⓪【他Ⅱ】理解，对待；接住；阻挡，防守
エスカレート(escalate)④【名・自Ⅲ】逐步升级，逐步扩大
排除(はいじょ)①【名・他Ⅲ】排除，消除
仕立て上げる(したてあげる)⑤【他Ⅱ】改编成，改成；造就，培养；缝制完
さまざま(様々)②【形Ⅱ・副】各种各样，形形色色
側面(そくめん)⓪③【名】角度，方面；侧面
沈黙(ちんもく)⓪【名・自Ⅲ】沉默，不说话
動機(どうき)⓪【名】动机，目的
和らぐ(やわらぐ)③【自Ⅰ】缓和，变温和；变柔软，变柔和
異なる(ことなる)③【自Ⅰ】不同，有差别
～うる 可以……，能够
触れる(ふれる)⓪【自Ⅱ】触，摸；言及，提到；碰到，遇到；冒犯，触犯
認知(にんち)①⓪【名・他Ⅲ】认知，认识，理解
有する(ゆうする)③【他Ⅲ】具有，拥有
話者(わしゃ)①【名】说话人，讲述者，演讲者
なす(成す・為す)①【他Ⅰ】形成，构成；作完，完成
営み(いとなみ)⓪④【名】行为，作业；生计
枠内(わくない)②【名】规定范围内，框内
言い回し(いいまわし)⓪【名】说法，措辞
背後(はいご)①【名】背后，幕后
仮に(かりに)⓪【副】假定，假使；姑且，临时
～まで(は)いかなくとも 就算不……
ばかり①【助】大约，上下；光，只，仅
正確(せいかく)⓪【形Ⅱ】正确，准确
数量(すうりょう)③【名】数量
ぼかす②【他Ⅰ】暧昧，使说话内容模棱两可；晕色，晕染
誤差(ごさ)①【名】误差
～としても 即使是……(也)，就算是……(也)
ごく(極)①【副】极，非常
指摘(してき)⓪【名・他Ⅲ】指摘，指出
スタンス(stance)②【名】姿势，架势
隠しごと(隠し事・かくしごと)⓪⑤【名】隐情，不愿公开的事情
～すら 就连……(也)

不本意（ふほんい）②【名・形Ⅱ】非本意，不情愿

曖昧（あいまい）⓪【形Ⅱ】暧昧，模棱两可，不确切

～折（おり）……的时候

心理（しんり）①【名】心理，想法

内省（ないせい）⓪【名・他Ⅲ】反省，自省

思いあたる（思い当たる・おもいあたる）⑤⓪【自Ⅰ】想起，想到

不都合（ふつごう）②【名】不方便，不妥当；不像话，无理

較べる（くらべる）⓪【他Ⅱ】比较，对比；比赛

後者（こうしゃ）①【名】后者

前者（ぜんしゃ）①【名】前者

よりか 比……，较之……

駄目（だめ）②【名・形Ⅱ】无用，白费，不成；不行，不可以，不得

持たせる（もたせる）③【他Ⅱ】使维持，保持；让人拿，让人搬运；使负担

特定（とくてい）⓪【名・他Ⅲ】特定；断定

前後（ぜんご）①【名・自Ⅲ】前后，大约；前后颠倒，错乱

余地（よち）①【名】余地，宽裕；空地

含み（ふくみ）③【名】包含，暗含

頭ごなし（あたまごなし）④【名】不问情由，不分青红皂白

意味合い（いみあい）⓪【名】意义，含义

生む（うむ）⓪【他Ⅰ】产生；创造出；生下，产下

文化圏（ぶんかけん）③【名】文化圈

妥当（だとう）⓪【名・形Ⅱ・自Ⅲ】妥当，妥善

戸惑う（とまどう）③【自Ⅰ】不知如何是好，不知所措，困惑

動機づけ（どうきづけ）⓪【名】调动积极性，激励

－づけ 附带，附加；形成

つけ加える（つけくわえる）⑤⓪【他Ⅱ】补充，附加，添加

## 文型の学習

### 1．Nへ向けて／Nに向けて<目标>

*相互理解へ向けて*

「へ向けて」或「に向けて」接在名词后面，表示努力的方向或目标。相当于汉语的“朝着……（努力）”。

(1) 今後も更なる品質向上へ向けて、努力してまいります。

(2) 夏の全国大会に向けて、選手たちは日々練習に励んでいる。

(3) 地球環境問題の解決に向けて、我々はどのように貢献するべきかを考えなければならない。

(4) 資格取得は夢実現へ向けての大きな一歩となる。

## 2．Vうる／Vえない<可能性>

*言語が違うと、同じ場面でもどのような言い方を〈好まれる言い回し〉としてするかが異なりうるということは既に触れました。*

「うる」接在动词第一连用形后面，表示该动作的实施或状态的成立具有可能性。相当于汉语的“可能……”、“能够……”。其否定形式为「Vえ（得）ない」，表示没有可能性。多用作书面语，「ありえない」在口语中也常用。

(1) 彼の立場に立って考えれば、その行動を十分理解しうるだろう。
(2) いじめは児童、生徒の中だけではなく、どこにでも起こりうる問題である。
(3) あんな人と付き合うなんてありえない。
(4) 地球の生き物以外に、宇宙に生命は存在しえないのだろうか。

## 3．疑问词＋～にせよ／にしろ／にしても<无影响>

*どのようなやり方での〈事態把握〉がなされるにせよ、それらはすべて人間としての〈認知〉の営みの枠内で行なわれることであり、……*

「だれ」「どこ」「いずれ」等疑问词与「にせよ」「にしろ」「にしても」呼应使用，表示无论前项如何变化，都不会影响后项结果的成立。相当于汉语的“无论……，都……”、“不管……，都……”。

(1) いずれにせよ地震に対する覚悟と備えは必要だ。
(2) 人間関係というのは、だれにしても難しいものである。
(3) 何を始めるにしろ、その第一歩が「自己分析」にある。
(4) どこに行ったにせよ、落ち着いたらすぐ連絡が来るだろう。

## 4．～まで（は）いかなくとも<程度未达>

*そのようにして相互に理解し合うことができれば、相手の言い回しについての違和感も、仮りに完全に消えてしまうところまではいかなくとも、少なくとも納得してそれを受け入れるという気持ちに変わってくれるはずです。*

「まで（は）いかなくとも」接在名词或动词、形容词连体形后面，意为即使达不到该较高的程度，也已达到或希望达到后项所述的程度。一般用作书面语，口语中使用「まで（は）いかなくても」。相当于汉语的“即使达不到……，也……”。

(1) 今回のパフォーマンスは評価されるまでにはいかなくとも、みんなを笑顔にはできるだろう。

第5課

(2) みんなで話し合うことによって、問題は解決まではいかなくとも、改善に向かっている。

(3) 初めての手料理なのだから、おいしいまでいかなくとも、心が伝われば十分ですよ。

(4) 昔のことを忘れるまではいかなくとも、気にならなくなった。

## 5. ～としても＜假设转折＞

*数量がもっと大きい場合なら誤差も出易いでしょうからこの種のぼかした言い回しをするのも仕方がないとしても、ごく小さい数量ではっきり言えば言えそうなのに、どうしてわざわざぼかした言い方をするのか、と感じるわけです。*

「としても」接在简体句子或名词、Ⅱ类形容词词干的后面，表示即便假设该情况发生或存在，也无法阻止后项所述事项或判断的成立。相当于汉语的“即便……，也……”、“就算……，也……”。

(1) たとえ今回の噂が本当だとしても、私は今まで通りに彼を応援する。

(2) 仕事がいくら忙しいとしても、食事ができないことはないだろう。

(3) 今から始めたとしても、成果が出るのは５年後になるだろう。

(4) １日だけやるのは簡単だとしても、それを１週間、１ヶ月、１年と継続していくことは、非常に困難と言える。

## 6. すら＜强调＞

*……したがって不誠実な対応をしているとすら受けとられ兼ねません。*

「すら」接在名词或助词后面，用于举出极端事例进行强调，意为该情况尚且如此，其他自不用说。一般用作书面语。相当于汉语的“甚至……”、“就连……”。

(1) あの本が売れているのかどうか、書いた本人すら知らない。

(2) 心配されるのが面倒なので、病気のことは親にすら言わなかった。

(3) あの時、私は途方に暮れてしまい、死のうとすら考えていた。

(4) 専門家ですらはっきりと判断できないことを、私が完全に理解できるはずがない。

### 7．～折＜时点＞

✐母語話者としてこのような言い方をする折の自らの心理を少し内省してみれば、どのような動機でそのような言い方をするかが自分にも思いあたるのではないかと思います。

「折」接在“名词＋の”或动词、形容词连体形后面，表示时点或机会，相当于汉语的“……的时候”。是较正式的说法。书信中也常用「折から」表示天气、气候，后接关心对方的表达方式。

(1) この報告は、2010年に半年ほど北京に滞在した折の記録である。

(2) お近くにお越しの折には、ぜひ一度お立ち寄り下さい。

(3) ご都合などで参加できない折にも、いつも温かい励ましのお言葉などいただいて感謝しております。

(4) 寒さ厳しい折から、どうぞお体を大事にされて、よい年をお迎えください。

第５課

## いろいろな表現

**性格に関する言葉**

| | | | |
|---|---|---|---|
| 自信がある | 包容力がある | 独創性（どくそうせい）に富んだ | 正直な |
| 正義感（せいぎかん）が強い | 信頼できる | ユーモラスな | まじめな |
| プラス思考 | 社交的な | 知的な | 穏（おだ）やかな |
| 真剣な | 活発な | 計画的な | 落ち着いた |
| 責任感が強い | 愛想（あいそ）がよい | 現実的な | 礼儀（れいぎ）正しい |
| 積極的な | さわやかな | 優しい | 几帳面（きちょうめん）な |
| 情熱的な | 無邪気（むじゃき）な | 親切な | 慎重（しんちょう）な |
| 意欲的（いよくてき）な | 楽観的な | 心が広い | 我慢強（がまんづよ）い |
| 大胆（だいたん）な | のんびりした | 温かい | 努力家（どりょくか） |
| 勇敢（ゆうかん）な | 感受性（かんじゅせい）豊かな | 思いやりがある | 粘（ねば）り強（づよ）い |
| 頼りになる | 繊細（せんさい）な | 誠実（せいじつ）な | 謙虚（けんきょ）な |

## 内容理解

(1) この文章の主旨をまとめてください。

(2) 人は異文化に遭遇した時、普通どのように反応するものですか。

(3) 違和感が度を過ぎると、どうなりますか。

(4) 話者が同じ事態であっても自らとの関わりを違ったふうに捉え、違ったふうに言語化するのはなぜですか。

(5) 説明などを通して、言い回しの背後にある動機が十分相互に理解し合えるはずと述べられる根拠は何ですか。

(6) 日本語の言い回し「これ、二つほど下さい」、「それ、三つばかりいただけますか」は英語話者にどのように誤解されやすいのですか。それは何故ですか。この日本語に込められた意味合いは何ですか。また、何故そのように言っているのですか。

| | 英語話者 | 日本語話者 |
|---|---|---|
| 理解 | | |
| 理由 | | |

## 文法練習

① を読んで文型の使い方を理解し、②③の（　）内の言葉を正しい順番に並べ替えて、文を完成させなさい。

(1) Nへ向けて／Nに向けて

①市はレジ袋削減に向けて取り組んでいる。

②（水問題・研究・解決・に向けて・の）

＿＿＿＿＿＿＿＿＿＿＿＿＿＿＿＿＿＿を行なっている。

③（の・学生・社会的自立・に向けて）

________________、入学から卒業までの間を通じて体系的な指導を実施している。

(2) Ｖうる／Ｖえない

①未来のことは誰も知りえない。

②（うる・今から・大震災・起こり）

________________に備えるべきである。

③（に・が・夢・うる・現実・なり）

努力すれば、________________と思います。

(3) 疑问词＋～にせよ／にしろ／にしても

①どのような業種にせよ、「美しさ」に対する執着心があるからこそ、消費者に受け入れられるヒット商品を生み出すことができるのです。

②（を・どんな・持っている・アイデア・にせよ）

________________、景気が悪い中で素早く動く方が、待つよりも報いが大きいのだ。

③（を・どんな・にしろ・仕事・する）

________________、実際に学ぶことができるのは現場においてのみである。

(4) ～まで（は）いかなくとも

①６月の平日なら、最低価格まではいかなくても、割合手ごろな料金で露天風呂付の部屋に泊まれる。

②（は・まで・毎日・ブログを・いかなくとも）

________________なるべく更新するようにしています。

③（までは・いかなくとも・お買い得・といえる）

________________、500円ならかなり手ごろな値段ですね。

(5) ～としても

①地位も名誉も全て手に入れたとしても、それだけでは幸せになれない。

②（品質的に・としても・問題ない）

________________、海外進出の可能性があるとは限らない。

第５課

③（だ・かなわない・としても・夢）

＿＿＿＿＿＿＿＿＿＿＿＿＿＿＿＿＿＿＿＿、願い続けたい。

（6）すら

①いちいち言われなくても３歳児ですらそんなことはわかる。

②（すら・人の気配・感じられなかった）

ひっそりと静まりかえった村には、＿＿＿＿＿＿＿＿＿＿＿＿＿＿＿。

③（すら・に・記憶・残ってない）

あの町で暮らしたことは＿＿＿＿＿＿＿＿＿＿＿＿＿＿＿＿＿＿。

（7）～折

①このたびの札幌出張の折には、ご多忙にもかかわらず、お時間をいただき誠にありがとうございました。

②（の・には・ご来校・折）

＿＿＿＿＿＿＿＿＿、ぜひご一報ください。

③（の・へ・には・お出かけ・銀座・折）

＿＿＿＿＿＿＿＿＿＿＿＿＿＿、ぜひお立ち寄りください。

## 応用練習

異文化コミュニケーションについて考えよう。

### ステップ１

あなたの知っている中華料理、日本料理、西洋料理の食事のマナーを書いてください。例えば食事の時してもいいこととしてはいけないことなどです。

中華

ステップ２

気になる相違点を３つ書いてください。なぜそのような違いがあるのか考えましょう。

ステップ３

マナーや習慣の違う人と会ったとき、どのように対応したらいいか考えましょう。

**間違い直し**

次の文の誤りを見つけ、正しい文にしなさい。

(1) 何か不愉快な思いをさせられた時、なぜ相手がそのような振舞いに至ったという動機を知らされたりすると、いくらかは気持ちが和らぐ。

(2) この用語は差別用語までなくても、使用を控える必要のある言葉だ。

(3) 本人の許可がない限り、連絡先は教えてもいい。

(4) ネットショッピングを選ぶ理由は便利と安いである。

(5) 特定の数を拘わるのではなく、相手に選択の余地を与えたほうがいい。

(6) ３年ぶりの優勝向けに、頑張りましょう。

(7) 何をするにすれば計画は大事だ。

(8) 地震の激しい揺れの中で、立っていることまでできない状態だった。

**1．______の言葉の読み方として正しいものを、一つ選びなさい。**

(1) その提案をきっかけに自分のことを<u>内省</u>してみた。

a．ないせ　b．ないせい　c．ないしょ　d．ないしょう

(2) この手の音楽は私の<u>好み</u>じゃない。

a．このみ　b．ふくみ　c．すすみ　d．たのみ

(3) その判断は<u>妥当</u>ではないと思う。

a．だと　b．だとう　c．だど　d．だどう

(4) その地図はとても<u>奇妙</u>に見えた。

a．きみょう　b．きびょう　c．ちみょう　d．ちびょう

(5) パートナーの<u>相互</u>理解は大切だ。

a．そこ　b．そうこ　c．そうご　d．そうごう

(6) まず作品の<u>意図</u>を明確にするべきだ。

a．いず　b．いと　c．きず　d．きと

(7) 明るく<u>振舞って</u>いたけど、もう限界だ。

a．つまって　b．はやって　c．ふるって　d．ふるまって

(8) 今までは何も感じなかったが、指摘されて初めて<u>違和感</u>を覚えた。

a．いわかん　b．ちわかん　c．いかかん　d．ちかかん

(9) 今日は寒さがだいぶ<u>和らいだ</u>。

a．ふせいだ　b．やわらいだ　c．はしゃいだ　d．くつろいだ

(10) 彼の返事は<u>含み</u>のある言い方だった。

a．たたみ　b．ちなみ　c．ふくみ　d．つつみ

**2．______に入れるのに最もよいものを一つ選びなさい。**

(1) 誰でも行動の______というものがある。

a．岸　b．辺　c．巣　d．枠

(2) 日々の______の中で感じた喜びや感動をツイッターやブログなどで伝えてください。

a．ふくみ　b．ふくらみ　c．いとなみ　d．ふりこみ

(3) いったい賛成なのか、反対なのか、______意見を述べるようにしてください。

a．真剣な　b．曖昧な　c．明確な　d．理不尽な

(4) 社内の権力闘争の末に、優秀な人が＿＿＿異動を強いられることは大昔の時代からあった話だ。

a．不可欠な　b．不規則な　c．不機嫌な　d．不本意な

(5) 夏は植えたいお花が＿＿＿、毎年悩みの種でした。

a．思いかけず　b．思いあたらず　c．思い寄らず　d．思い出さず

(6) 来年度は計画の具体化に向けて＿＿＿ことになる。

a．動き出す　b．動きかける　c．動きつける　d．動きかかる

(7) あの記事は事実関係をわざと＿＿＿あるところがある。

a．おかして　b．ぼかして　c．まかして　d．わかして

(8) 彼はありのままの私を＿＿＿くれた。

a．受け取って　b．受け持って　c．受け渡して　d．受け止めて

(9) 彼女の気を引こうとあの手この手で誘惑しても、全然興味を＿＿＿もらえない。

a．示して　b．表して　c．現して　d．出して

(10) 「A駅のみ」と限定せず、「A駅～B駅」の間と妥協できる範囲を幅を＿＿＿考えましょう。

a．みせて　b．あわせて　c．もたせて　d．すませて

第５課

**３．＿＿＿の言葉に意味が最も近いものを一つ選びなさい。**

(1) 日本には古来、さまざまな<u>しきたり</u>や行事がある。

a．規定　b．慣例　c．伝説　d．様式

(2) 都心から適度に離れた静かな住宅地が<u>望ましい</u>。

a．激しい　b．悔しい　c．久しい　d．好ましい

(3) 親を<u>納得させる</u>には相当苦労した。

a．説得する　b．包容する　c．満足させる　d．夢中にさせる

(4) 周りの方の温かな<u>気配り</u>に感謝しています。

a．感心　b．関心　c．気遣い　d．気兼ね

(5) 自然と人間の<u>営み</u>が調和した社会作りを目指したい。

a．営業　b．活動　c．経営　d．生存

**４．次の言葉の使い方として最もよいものを、一つ選びなさい。**

(1) 余地

a．その計画はもう変更の余地がない。

b．駐車場に余地があれば、車で行きたい。

c．今は昔と比べて時間に余地があるようになった。

d．仕事のために生活の余地を犠牲にするという働き方はよくない。

(2) こだわる

a．あの人への気持ちをこだわることができない。

b．最近は寝食を忘れるほど仕事にこだわっている。

c．いつまでも過去にこだわっていると、未来の可能性を失うことになる。

d．従業員は就業規則の定めにこだわって行動しなければならない。

(3) 戸惑う

a．初めての経験なので、少々戸惑っている。

b．貯金がなくなって生活に戸惑っている。

c．小学校のとき、漢字を覚えるのに戸惑った。

d．わたしは方向音痴で、いつも道に戸惑ってばかりいます。

(4) 及ぼす

a．メールを出したが相手には及ぼしていないようだ。

b．国連の推計によると、世界人口は31日、70億人に及ぼしたという。

c．私の不注意で関係者に迷惑を及ぼした。

d．本日をもちまして、活動及ぼし更新を終了させていただきます。

**5．次の文の＿＿＿に入れるのに最もよいものを一つ選びなさい。**

(1) このりんご２つ＿＿＿ちょうだい。

a．ほど　　b．ごろ　　c．すら　　d．さえ

(2) ここに＿＿＿までの背景には、さまざまな要因がかかわっている。

a．かける　　b．わたる　　c．いたる　　d．つうじる

(3) これは、今＿＿＿うる最も安全な方法である。

a．考え　　b．考える　　c．考えて　　d．考えた

(4) ご旅行や、帰省の＿＿＿にぜひこちらに足をのばしてみてください。

a．隙　　b．折　　c．期　　d．暇

(5) どんなに忙しくて時間がない＿＿＿、この方法を実践していくことにより、血圧を改善できる。

a．として　　b．としては　　c．としても　　d．としてか

(6) 相手の考えがすべて理解できる＿＿＿、だいたいの意思疎通はできる。

a．だとしても　　b．としなくても

c．ところまでいっても　　d．ところまでいかなくとも

(7) 海外旅行＿＿＿地元から出たことすら数えるほどしかない。

a．どころか　　b．としたら　　c．に限らず　　d．にかかわらず

(8) 社員の能力を高めない＿＿＿、業績は上がらない。

a．限り　　b．たりとも　　c．かたがた　　d．ばかりか

(9) 高価な機材だからといって、いい写真が撮れる＿＿＿。

a．わけだ　　b．に過ぎない　　c．しかるべきだ　d．わけではない

**6．次の文の＿★＿に入る最もよいものを一つ選びなさい。**

(1) ＿＿＿ ＿＿＿ ＿★＿ ＿＿＿が過度にわたることさえなければ、相手の側に迷惑を及ぼすことはない。

a．に　　b．態度　　c．好奇心　　d．基く

(2) どのようなやり方＿＿＿ ＿＿＿ ＿★＿ ＿＿＿にせよ、それらはすべて人間としての「認知」の営みの枠内で行なわれることである。

a．が　　b．での　　c．「事態把握」d．なされる

(3) 英語話者の立場からすると、この種の言い回しは＿＿＿ ＿＿＿ ＿＿＿ ＿★＿として受けとめられます。

a．違和感を　　b．もの　　c．不自然で　　d．感じさせる

(4) 英語圏では＿＿＿ ＿＿＿ ＿★＿ ＿＿＿と考えられている。

a．というのは　　b．表現をする

c．ぼかした　　d．何か隠しごとをしている

(5) 説明を通して相互に理解の努力がなされるならば、＿＿＿ ＿＿＿ ＿＿＿ ＿★＿は十分相互に理解し合えるはずだ。

a．言い回しの　b．動機　　c．にある　　d．背後

第５課

## 日本語の特徴

現代日本語の語彙は、もともと日本にあった大和言葉、５、６世紀のころに中国から伝来した漢語、19世紀ころにヨーロッパの言葉を中心にして伝わった外来語が混在している。そのうえ、第二次世界大戦後は日本で作られた英語（和製英語）まで使われていて、日本語の語彙は百花繚乱という状態である。

次に、日本語の表記・表現は、中国から伝わった漢字と、漢字から生まれたひらがなとカタカナを混ぜて使う。特に、外来語や外国の人名・地名はカタカナで書く約束になっていて、外国語であることが一目瞭然で分かる。英語などはそのままアルファベットで書く場合もある。また、話し言葉と書き言葉の区別があり、文章は会話の通りには書かない。書き方も、縦書きと横書きがあり、場合によっては両者が一つの文章に混在している。話し言葉については、日本中に地方語がたくさんあり、同一県内でも異なった言葉を使う所もある。共通語の話し言葉には、頭高型、中高型、尾高型、平板型の４種類のアクセントのパターンがある。

日本語の語彙の特徴として、「私」「あなた」などの人称表現、「気が回る」「気が置けない」などの心理表現、「驟雨」「霧雨」「時雨」などの自然現象に関する言葉が豊かなことをあげることができる。これは、対人関係を重視する日本人のあり方や細やかな四季の変化を見せる日本の自然を反映していると言ってもよい。オノマトペの種類も他の言語よりも多く、他の言語より形容詞が少ないと言われる日本語の表現を補っていて、日常生活に欠かせないものになっている。

最後に、日本語の最も大きな特徴として敬語表現をあげることができる。敬語というのは、話し手・聞き手・話題の人物の三者の関係を表す言語表現である。この日本語の敬語には、尊敬語・謙譲語・丁寧語の三種類がある。さらに、日本語学では、謙譲語を謙譲語と丁重語、丁寧語を丁寧語と美化語に分け、五種類の敬語としている。日本の社会では、今日でも敬語は必要不可欠であるが、敬語を正しく使うことは日本人でも難しい。

# 第６課

## 式典スピーチ

**トピック**　披露宴スピーチ、訪問団スピーチ

**形　式**　式典スピーチ

**学習目標**

- 社会文化習慣を濃く反映した文章が読め、文化慣習の違いが理解できる。
- フォーマルな場で簡単なスピーチができるようになる。

**読む前に**

- 今までに聞いた中で印象深かったスピーチについて話してください。
- 人前でスピーチをするとき、どんな点に気をつけたほうがいいでしょうか。

**文法項目**

① Vこなす<熟练、自如地完成>
② $N_1$きっての$N_2$<最高级别>
③ Nときたら<提示话题>
④ ～かたわら<兼顾>
⑤ Nをものともせずに<不畏困难>
⑥ Vてまで<极端事例>
⑦ V始末だ<消极结果>
⑧ Vてからというもの<变化的契机>
⑨ Nなくして(は)<必要条件>
⑩ Nぐるみ<整体>
⑪ ～極まる<极端的程度>
⑫ ～ことと思う<推测>
⑬ Nを皮切りに<开端、起点>
⑭ ～にたえない<强调某种感情；难以维持某种状态>
⑮ Vつつ<同时>
⑯ Vべく<目的>

① 佐藤さんは、会社の後輩と大学時代の友人が結婚することとなり、二人の結婚披露宴で先輩・友人としてスピーチをしました。

② 佐藤さんの友人は先日、経済貿易視察団の団長として、中国を訪問しました。

## 式典スピーチ

### ① 結婚披露宴での新郎新婦両家来賓・先輩・友人のあいさつ

森本くん、美里さん、ご結婚おめでとうございます。

ただ今、ご紹介いただきましたように、新郎の森本哲也くんはＣＪ社の後輩で、新婦の美里さんは西和大学のテニスサークルの同期であり、二人が知り合い、この日に至るまでをかげながら応援して参りました。

「天は二物を与えず」と申しますが、美里さんは例外だったようでございます。ブランド品を着こなすセンスと美貌の持ち主であると同時に、スポーツ万能、頭脳明晰。西和大学きっての美女そして才女として評判で、サークルでは、副部長として部長の私をサポートしてくれました。その仕事っぷりときたら、それは非のうちどころがないものでありました。現在は雑誌編集者として活躍するかたわら、ご自身のエッセーも出版していらっしゃいます。

森本くんは、現在営業部のリーダーを務めています。生真面目な好青年で、その朴訥さが母性本能をくすぐるタイプでありまして、大学の同期との飲み会に連れて行きましたところ、どうも美里さんの心をゆさぶったようであります。

お二人は知り合って１週間経つか経たないかのうちにすっかり意気投合し、途中、美里さんが２年海外勤務なさった際にも、その距離をものともせずにお二人のお付き合いは順調に続けられました。その熱愛ぶりといったら、森本くんが有給休暇を全部消化してまで、美里さんの元に飛んでいく始末です。美里さんとお付き合いしてからというもの、彼女の言語センスに影響されてか、今までのおっとりした森本くんとは別人のように接客応対に磨きがかかり、いまやトップセールスマンとして他のセールスを指導する立場にあります。もちろん、森本くんは大変な努力家であり、その努力なくして今の彼はあり得なかったでしょう。

最近お二人は家族ぐるみでお付き合いをされるほどになったと伺い、私も密かにこの日が来るのを心待ちにしておりました。本日めでたく二人の披露宴に立ち会うことができ、感極まる思いです。お二人のことですから、きっと温かく幸せなご家庭を築かれることと思います。

森本くん、美里さん、末永くお幸せに。

### ② 山川市経済貿易視察団の中国訪問　歓迎宴会でのあいさつ

西京市市長
ならびにご臨席の中国の友人の皆さま

このたび私たち日本山川市第10期経済貿易視察団は、中国西京市のご懇篤なるお招きにより、両市の間の経済貿易における交流をより一層拡大発展させるために、3日間の視察訪問にまいりました。まず、私どもをお招きくださいました西京市市長ならびに関係者各位に、深く感謝の意を表する次第であります。そして、僭越ではありますが、私は山川市の経済貿易諸団体を代表し、西京市の市民の皆さまに、心から友好のごあいさつを申し上げます。

私どもは、去る4月15日、こちらに到着して以来、連日のように西京市の経済貿易界の友人の皆さまの熱烈な歓迎と心のこもったおもてなしを受け、大変感激いたしております。本日はまた、西京市市長をはじめ友人の皆さまが、公務ご多忙の中、私どものためにかくも盛大な宴会を催してくださり、先ほどは市長より友情あふれる歓迎のごあいさつをいただきました。経済貿易視察団の一同、心よりお礼申し上げます。

西京市と山川市の経済貿易交流の歴史は1995年にさかのぼります。西京市の豊かな水資源を背景とし、同じく水産業を基幹産業とする山川市への水産物加工品の輸入貿易を皮切りに、その後10年で両市内の企業による水産品加工合弁企業の設立など、順調に経済貿易関係を深めてまいりました。もとより当時は山川市にとって初めての中国との経済貿易交流で、手探りの状態でしたが、西京市の方々から誠意のあるご対応をいただきました。この17年来、毎回の訪問団の受け入れや各種案件へのご配慮など、西京市関係各位のご尽力ぬきには現在のような発展はあり得なかったでしょう。改めて感謝の意を表したいと存じます。そして、本日この場にて、苦楽を共にした古い友人、そして希望を共有する新しい友人とも一同に会し、大いに友情を語り合うことができ、喜びにたえません。

また、今回の訪問では、ますます順調な経済発展を遂げる中国の方々とサービス業でも共に歩んでゆきたく、これまでの生産企業・貿易企業に加え、サービス業団体も参加させていただくこととなりました。両国の制度や習慣、考え方など相違はございますが、その壁を乗り越え、共に手をとりあい、水産業を機軸としつつ、中国・日本に限らず、世界に向けた協力関係を築いていくべく、広く長い視野でのお付き合いをお願いする次第であります。

私たちの滞在中は、何かとご迷惑をおかけすると思いますが、なにとぞよろしくご協力のほど、お願い申し上げます。

最後に、双方の経済貿易交流のますますの発展と、末永い友好関係を祈念して、ご挨拶にかえさせていただきます。ご清聴ありがとうございました。

佐　藤：フォーマルな場でのスピーチは表現や語句にいつも以上に気をつける必要があるから、緊張したよ。特に結婚式では「忌み言葉」もあるしね。

久　美：そうね。ある程度決まった言い方もあるしね。本当におつかれさまでした。

# 単　語

式典(しきてん)⓪【名】典礼，仪式

スピーチ(speech)②【名】演讲，演说，发言

森本哲也(もりもとてつや)⓪–①【名】(人名)森本哲也

美里(みさと)⓪【名】(人名)美里

西和大学(せいわだいがく)④【名】(学校名)西和大学

同期(どうき)①【名】同届，同一个时期；同期生

かげながら③⓪【副】暗中，背地里

天は二物を与えず(てんはにぶつをあたえず)天不与人二物，人无完人

例外(れいがい)⓪【名】例外

ブランド品(brand ひん)⓪【名】流行品牌

着こなす(きこなす)③【他Ⅰ】穿着合适，穿着得体

ーこなす　熟练做……

センス(sense)①【名】感觉，灵感

美貌(びぼう)⓪【名】美貌，花容月貌

持ち主(もちぬし)②【名】持有人，物主

万能(ばんのう)⓪【名】万能，无所不能

頭脳(ずのう)①【名】头脑，智力

明晰(めいせき)⓪【名・形Ⅱ】明晰，清晰

～きって　头等，一流

美女(びじょ)①【名】美女

才女(さいじょ)①【名】才女

副部長(ふくぶちょう)③【名】副部长

～ときたら　说起……来

非のうちどころがない(ひのうちどころがない)无可挑剔，完美

編集者(へんしゅうしゃ)③【名】编者，编辑

～かたわら　在……的同时

エッセー(essay)①【名】散文，随笔；评论，论说文

リーダー(leader)①【名】领导，领军人物

生真面目(きまじめ)②【名・形Ⅱ】过于认真，一本正经

好青年(こうせいねん)③【名】好青年

青年(せいねん)⓪【名】青年，年轻人

朴訥(ぼくとつ)⓪【名・形Ⅱ】木讷，朴实寡言

母性(ぼせい)⓪①【名】母性

本能(ほんのう)①⓪【名】本能

くすぐる⓪【他Ⅰ】激发；使发痒；逗乐

ゆさぶる(揺さぶる)⓪【他Ⅰ】摇动，摇晃；震撼，震动；干扰，动摇

意気投合(いきとうごう)①–⓪【名】情投意合

意気(いき)①【名】意气，气度，气魄

投合(とうごう)⓪【名・自Ⅲ】投合，相投

距離(きょり)①【名】距离

～をものともせずに　不顾……，不管……

熱愛(ねつあい)⓪【名・他Ⅲ】热爱

有給休暇(ゆうきゅうきゅうか)⑤【名】带薪休假

有給(ゆうきゅう)⓪【名】带薪

消化(しょうか)⓪【名・自他Ⅲ】消化，吸收；掌握，理解；完成，结束

～始末だ(～しまつだ)　以至于……

始末(しまつ)①【名・他Ⅲ】始末；应付，收场

～てからというもの　自从……

おっとり③【副・自Ⅲ】大方，稳重

別人(べつじん)⓪【名】别人，另一个人

接客応対(せっきゃくおうたい)⑤【名】招待客人，待客

接客(せっきゃく)⓪【名・自Ⅲ】接待客人

磨きがかかる(みがきがかかる)⓪–②精益求精

磨き(みがき)⓪【名】磨炼，锤炼；研磨，抛光，擦亮

第6課

トップセールスマン(top salesman)⑦【名】最佳推销人员
セールス(sales)①【名・他Ⅲ】销售，推销；推销人员
～なくして 如果没有……话
一ぐるみ 全，包括，带
密か(ひそか)①②【形Ⅱ】悄悄地，暗中
心待ち(こころまち)⓪⑤【名・他Ⅲ】期盼已久
めでたい③【形Ⅰ】可喜可贺
立ち会う(たちあう)⓪③【自Ⅰ】到场，出席，参加，在场
感極まる(かんきわまる)①—③【自Ⅰ】非常感动
築く(きずく)②【他Ⅰ】构造，建筑；建立，奠定
末永く(すえながく)③【副】永远
貿易視察団(ぼうえきしさつだん)⓪—③【名】经济贸易视察团
貿易(ぼうえき)⓪【名】贸易
視察(しさつ)⓪【名・他Ⅲ】视察，观察
団長(だんちょう)⓪【名】团长
山川市(やまかわし)④【名】(虚构地名)山川市
西京市(せいきょうし) ③【名】(虚构地名)西京市
市長(しちょう)②①【名】市长
ならびに(並びに)⓪【接続】以及，和，同
臨席(りんせき)⓪【名・自Ⅲ】出席，在座
懇篤(こんとく)⓪【名・形Ⅱ】恭敬，亲切；诚挚，热情
両市(りょうし)①【名】两市
私ども(私共・わたくしども)⑤【名】我们
関係者(かんけいしゃ)③【名】有关人士
意(い)①【名】意思，情意
表する(ひょうする)③【他Ⅲ】表示，表达
僭越(せんえつ)⓪【名・形Ⅱ】僭越，鲁莽
友好(ゆうこう)⓪【名】友好
連日(れんじつ)⓪【名】连日，多日
経済貿易界(けいざいぼうえきかい)⑧【名】经贸界
一界(一かい) ……界

熱烈(ねつれつ)⓪【形Ⅱ】热烈
歓迎(かんげい)⓪【名・他Ⅲ】欢迎
こもる②【自Ⅰ】充满，包含；闭门不出，闷
もてなし(持て成し)⓪【名】招待，款待；酒席，菜肴
公務(こうむ)①【名】公务
かくも①【副】如此这般
盛大(せいだい)⓪【形Ⅱ】盛大，隆重
宴会(えんかい)⓪【名】宴会
催す(もよおす)③【他Ⅰ】举办
さかのぼる(遡る)④【自Ⅰ】追溯，上溯
背景(はいけい)⓪【名】背景
同じく(おなじく)②【接続】以及；同样
水産業(すいさんぎょう)③【名】水产业
産業(さんぎょう)⓪【名】产业
基幹(きかん)⓪【名】主干，基础
水産物(すいさんぶつ)③【名】水产品
加工品(かこうひん)⓪②【名】加工品
加工(かこう)⓪【名・他Ⅲ】加工
～を皮切りに(～をかわきりに) 以……为开端
合弁企業(ごうべんきぎょう)⑤【名】合资企业
合弁(ごうべん)⓪【名】合资，合办
深まる(ふかまる)③【自Ⅰ】加深，变深
手探り(てさぐり)②【名】摸索，探索；摸黑
各種(かくしゅ)①【名】各种
案件(あんけん)⓪【名】议案，个案，案件
尽力(じんりょく)①⓪【名・自Ⅲ】尽力
苦楽を共にする(くらくをともにする)①-⓪-⓪同甘共苦
苦楽(くらく)①【名】甘苦
会する(かいする)③【他Ⅲ】聚合，集合；会面；汇合
～にたえない(～に耐えない)不胜……，非常……
遂げる(とげる)②⓪【他Ⅱ】完成，实现；取得，达到
サービス業(serviceぎょう)④【名】服务业
歩む(あゆむ)②【自Ⅰ】走过，经历过；行走

団体(だんたい)⓪【名】团体
相違(そうい)⓪【名・自Ⅲ】差异，不同
機軸(きじく)①【名】中心，机轴
～つつ　正在……，正处于……
～べく　为了……
視野(しや)①【名】视野；眼界
滞在中(たいざいちゅう)⓪【名】逗留期间
何かと(なにかと)⓪【副】这个那个，种种
双方(そうほう)①【名】双方
末永い(すえながい)④【形Ⅰ】永远，永恒
祈念(きねん)①【名・他Ⅲ】祈祷，祷告
清聴(せいちょう)⓪【名・自Ⅲ】静听，倾听
フォーマル(formal)①【形Ⅱ】正式的，礼节性的
忌み言葉(いみことば)③【名】忌讳词

## 文型の学習

### 1．Vこなす<熟练、自如地完成>

✎ブランド品を着こなすセンスと美貌の持ち主であると同時に、スポーツ万能、頭脳明晰。

「こなす」接在动词的第一连用形后面，构成复合动词，表示熟练、自如、出色地完成该动作。

(1) 彼はロックを歌いこなす天才男と言われている。
(2) もっと簡単にこのマシンを使いこなす方法はないかな。
(3) 彼はすっきり言いこなした表現で皆にそれを説明した。
(4) 彼女は難曲を弾きこなして喝采を博した。

### 2．$N_1$きっての$N_2$<最高级别>

✎西和大学きっての美女そして才女として評判で、サークルでは、副部長として部長の私をサポートしてくれました。

「$N_1$きっての$N_2$」表示“$N_1$所表范围内最好的、最棒的$N_2$”之意，$N_1$一般为表示集团、组织的名词。相当于汉语的“……（中）头等……”等。

(1) 彼女は我が校きってのマラソン選手だ。
(2) 彼は日本きっての経営者として、日本人で知らない者はいない。
(3) この温泉は関西きっての温泉として人気を集めている。
(4) これは全米きってのスーパーモデルお勧めの美容液である。

### 3．Nときたら<提示话题>

✐その仕事っぷりときたら、それは非のうちどころがないものでありました。

「ときたら」接在名词的后面，起提示话题的作用，后接说话人对此进行的评价，多带有不满、抱怨、批评等语气，一般用于口语中。有时省略后项，表示说话人较强烈的感情。相当于汉语的“说到……”。

(1) 娘ときたら、料理もろくに作れない。

(2) あの無責任な仕事ぶりときたら！

(3) 最近のテレビときたら、どのチャンネルを回しても似た番組ばかりだ。

(4) あの店ときたら、高い上にまずいんだから、お客さんが入りっこないよ。

### 4．～かたわら<兼顾>

✐現在は雑誌編集者として活躍するかたわら、ご自身のエッセーも出版されていらっしゃいます。

「かたわら」接在“动作性名词＋の”或动词的词典形后面，表示在主要的工作、活动之外，还进行其他的活动。一般用作书面语。相当于汉语的“一面……，一面……”。

(1) 彼は会社勤めのかたわら、小説も書いている。

(2) 彼女は主婦業のかたわら、医療の仕事に携わっている。

(3) 私は会社を経営するかたわら、スポーツ少年団の指導に当たっている。

(4) 彼は大学に通うかたわら、英会話教室で英語を教えている。

### 5．Nをものともせずに<不畏困难>

✐お二人は知り合って1週間経つか経たないかのうちにすっかり意気投合し、途中、美里さんが2年海外勤務に向かわれた際にも、その距離をものともせずにお二人のお付き合いは順調に続けられました。

「をものともせずに」接在名词后面，表示明知有该项困难或障碍，但是不将此当回事，毫不畏惧。含有赞叹、赞美之意。相当于汉语的“不顾……”等。

(1) 足のけがをものともせずに、イチロー選手は試合に出た。

(2) 彼は周囲の反対をものともせずに、新事業を興（おこ）した。

(3) 不自由な体をものともせずに、彼女は自分の夢を追い続けてきた。

(4) 困難をものともせずに乗り越えさえすれば、必ず何らかの素晴らしい結果が待ち受けている。

## 6．Vてまで／Nまでして<极端事例>

✐その熱愛ぶりといったら、森本くんが有給休暇を全部消化してまで、美里さんの元に飛んでいく始末です。

「まで」接在动词的「て」形后面或「までして」接在动作性名词后面，表达极端的事例，即为了达到后项所表达的目的而采用非同一般的手段或付出不寻常的努力。既可如例（1）（2），表达不赞成、反对的态度；也可如例（4），表达赞美之意。相当于汉语的“甚至……来……”。

(1) 自分のプライドを捨ててまで相手の機嫌をとるべきか？

(2) 彼は借金までして高級輸入車を購入した。

(3) 仕事を休んでまでコンサートを見に行くなんて、よっぽど好きなんだね。

(4) 何と言ってもこの店の肉まんが最高！取り寄せてまで食べたい味です。

## 7．V始末だ<消极结果>

✐その熱愛ぶりといったら、森本くんが有給休暇を全部消化してまで、美里さんの元に飛んでいく始末です。

「始末だ」接在动词的词典形或者否定形式后面，表示由于某种原因，产生了某种不好的结果。相当于汉语的“结果……”等。

(1) 彼女はつらかった思い出を語り出し、ついには泣きだす始末だ。

(2) 経営難に苦しむあの病院は医者や看護士の給料も払えない始末だ。

(3) 親子の仲が悪く、とうとう息子は「何でいつも帰ってくるんだよ！」と言い出す始末だ。

(4) この子は根性がなくて、1時間も勉強しないうちに居眠りを始める始末だ。

## 8．Vてからというもの<变化的契机>

✐美里さんとお付き合いしてからというもの、彼女の言語センスに影響されてか、今までのおっとりした森本くんとは別人のように接客応対に磨きがかかり、……。

「からというもの」接在动词的「て」形后面，表示以此为契机，之后发生了巨大的变化。一般用作书面语。相当于汉语的“从……以后”等。

(1) 就職してからというもの、仕事に追われる毎日だ。

(2) ヨガをはじめてからというもの、早くも体に変化が見られ始めた。

(3) 娘が生まれてからというもの、主人と二人で旅行する時間が減った。

(4) 約1年半前にこの作者の本に出会ってからというもの、彼の作品ばかり読んでいる。

### 9．Nなくして（は）＜必要条件＞

*もちろん、森本くんは大変な努力家であり、その努力なくして今の彼はあり得なかったでしょう。*

「なくして（は）」接在名词的后面，后与否定形式相呼应，表示如果没有前者，后项也很难实现，「は」有时可省略。相当于汉语的“如果没有……，就没有……”。

(1) このプロジェクトは皆様のご協力なくしては進まない。

(2) 国の援助なくしては、スポーツ振興は厳しいだろう。

(3) わが社の経営は広告なくしては絶対成り立たない。

(4) よりよい作品は、人とのよりよいコミュニケーションなくしては生まれない。

### 10. ―ぐるみ＜整体＞

*最近では家族ぐるみでお付き合いをされるほどになったと伺い、私も密かにこの日が来るのを心待ちにしておりました。*

「ぐるみ」接在名词后面，表示该事物的全部内容。相当于汉语的“整个……”、“全部……”等。

(1) 主人の同僚とは家族ぐるみの付き合いをしている。

(2) この町は町ぐるみで健康づくりにあたってきた。

(3) この高校は20年前から学校ぐるみでのボランティア活動を行っている。

(4) 会社ぐるみで彼を辞めさせようとしているなんてひどいよね。

### 11. ～極まる＜极端的程度＞

*本日めでたく二人の披露宴に立ち会うことができ、感極まる思いです。*

「極まる」接在汉语名词、Ⅱ类形容词词干后面，表示极端的程度。相当于汉语的“极其……”、“非常……”等。

(1) 姉の結婚披露宴で、母が感極まって泣き出した。

(2) さすがにお前の無礼極まる態度を見過ごすことはできない。

(3) そんな質問をレース前の選手に直接問いかけるなんて、非常識極まる。

(4) 彼女は妹と二人暮らしの家と職場を往復するだけの平凡極まる退屈な毎日を繰り返している。

## 12. ～ことと思う＜推测＞

✐お二人のことですから、きっと温かく幸せなご家庭を築かれることと思います。

「ことと思う」接在“名词＋の”、动词或形容词的连体形后面，表示对对方情况的推测。用于书信或致词时的寒暄。「ことと思う」前面多接敬语表达方式，其更为尊敬的说法为「～ことと存じます」。相当于汉语的“想必……”等。

(1) 日一日と暑くなるこの頃、お元気でお過ごしのことと思います。

(2) 現在多方面で活躍されていることと思います。

(3) 先生はちょうど試験期間で毎日お忙しいことと存じます。

(4) 来週の火曜日の研究会には、鈴木先生もご出席なさることと存じます。

## 13. Nを皮切りに＜开端、起点＞

✐西京市の豊かな水資源を背景とし、同じく水産業を基幹産業とする山川市への水産物加工品の輸入貿易を皮切りに、その後10年で両市内の企業の日本向け水産品加工合弁企業の設立など、順調に経済貿易関係が深まってまいりました。

「を皮切りに」接在名词的后面，表示以此为开端、起点，之后不断发展壮大或步入正轨。也可以说「～を皮切りとして」「～を皮切りにして」。相当于汉语的“以……为开端”等。

(1) 新機種は来年春ヨーロッパを皮切りに発売される予定だ。

(2) 彼は５年前のタイ旅行を皮切りに、５年で130カ国近くを回って世界旅行を遂げた。

(3) このバンドは結成後、昨年６月に大阪市内で開いた初ライブを皮切りに活動を本格化した。

(4) この店は上海を皮切りに、中国各地に支店を広げた。



## 14. ～にたえない＜强调某种感情；难以维持某种状态＞

✐そして、本日この場にて、苦楽を共にした古い友人、そして希望を共有する新しい友人とも一同に会し、大いに友情を語り合うことができ、喜びにたえません。

「にたえない」接在表达感谢、高兴、悲伤、懊悔等感情的名词后面时，强调此种感情非常强烈，相当于汉语的“非常……”，多用于致词中，如例（1）（2）；接在「見る」「聞く」「読む」等动词后面时，表示由于事情太过分，不忍看下去或听下去，如例（3）（4）。相当于汉语的“……不下去”等。

(1) 貴社のご協力に対してはまことに感謝の念にたえません。

(2) 本日この記念すべき日にお招きいただき、ご挨拶できることは、誠に喜びにたえません。

(3) ああいう悪口は聞くにたえません。

(4) 子供がクラスで散々いじめられる姿は見るにたえないものだ。

## 15. Vつつ<同时>

*両国の制度や習慣、考え方など相違はございますが、その壁を乗り越え、共に手をとりあい、水産業を機軸としつつ、中国・日本に限らず、世界に向けた協力関係を築いていくべく、広く長い視野でのお付き合いをお願いする次第であります。*

「つつ」接在动词的第一连用形的后面，除可表示转折的意义外，还可以表示同一个主体同时进行两个动作，与「ながら」意思相同，多用于书面语或正式的谈话中。相当于汉语的“一边……，一边……”等。

(1) 仲間と様々な情報交換をし、助け合いつつ、楽しく就職活動ができた。

(2) 引き続き知見を収集しつつ検討する必要があるのではないか。

(3) 広く市民の意見を聴取しつつ、美しい街並み景観の実現を図りたい。

(4) 本学部は専門知識を深めつつ、豊かで強い心を育てることを目標としている。

## 16. Vべく<目的>

*……中国・日本に限らず、世界に向けた協力関係を築いていくべく、広く長い視野でのお付き合いをお願いする次第であります。*

「べく」接在动词的词典形后面(「する」接「べく」时，既可以说「するべく」也可以说「すべく」，后者更为生硬)，表示目的。「べく」为文言词「べし」的连用形，在现代日语中，用作书面语，较生硬。相当于汉语的“为了……”。

(1) 目標を持ち、かなえるべく、みんなで力を合わせよう。

(2) 地球規模で環境問題を解決すべく、企業の環境への対策が注目されている。

(3) 少しでも被災された方々のお役に立つべく、ボランティアの派遣を行っております。

(4) わが社は、社会の要請に応えるべくエネルギー削減を常に求めてまいりました。

## いろいろな表現

### 歓迎会でよく使われる表現

#### 呼びけ

◎尊敬するご来賓の皆さま
◎本日の大会にご臨席の皆さま
◎尊敬する○○大学学長○○先生、ならびに代表団の皆さま

#### 出だし

◎本日はここに○○代表団をお迎えするにあたり、私は○○を代表し、心から歓迎のご挨拶を申し述べる次第であります。
◎私は○○大学の○○でございます。僭越ではございますが、○○大学を代表して、ひとこと歓迎のご挨拶を申し上げます。
◎このたび、私どもは日本の○○市を訪問する機会を得まして、誠にうれしく存じます。
◎本日皆さまには、ご多忙の中、貴重なお時間を割いてこの会議にご出席くださり、厚くお礼申しあげます。
◎本日はあいにくのお天気にもかかわらず、ご出席くださいまして、ありがとうございます。
◎本日、○○を記念するシンポジウムが盛大に開催される運びとなりましたことを、心よりお祝い申し上げます。

#### 感謝

◎このたび私どもは、日本○○大学のお招きにより、日本を訪問することができました。このことに対し、まず心より感謝いたします。
◎日本の皆さまの熱烈な歓迎と心のこもったおもてなしに対して、衷心より感謝の意を表したいと思います。
◎日本の関係者方々から賜りました多くのご協力とご配慮に対して、日本側の全員を代表して心から感謝いたします。

◎本日は私たちのためにわざわざ懇談の機会を設けてくださり、ここで重ねてお礼申し上げます。

### 成果の評価

◎皆さまが各地でまかれた友好の種は、きっと深く根を下ろし、美しい花を咲かせ、豊かな実を結ぶに違いありません。

◎このたびの交流により、相互理解を大いに深めることができました。この成果は、中日友好交流の新しい飛躍への原動力となるものでありましょう。

### 期待

◎今回の○○が、大きな成果を挙げますよう、そしてお互いの間に固い友情の絆が結ばれますよう、心から祈念いたします。

◎私たちは近い将来、今度は中国で皆さまをお迎えすることを心から期待しております。

### しめくくり

◎簡単ではありますが、以上をもちまして私のご挨拶といたします。

◎ご一行の無事平安を心からお祈り申し上げて、お見送りのご挨拶とさせていただきます。

◎最後に、重ねて本シンポジウムの成功を心よりお祝いして、私のご挨拶といたします。

◎最後に、展覧会が大きな成功を収めることを期待して、私のご挨拶といたします。

◎本日は貴重なお時間を私どものために割いてくださり、本当にありがとうございました。最後に、貴学のいっそうの発展をお祈りして、ご挨拶といたします。

## 内容理解

(1) 本文①の結婚披露宴での友人のスピーチの流れはどのようになっていますか。その順序を並べてください。

あいさつ　　自己紹介　　新郎新婦の紹介

結びの言葉　　結婚までの経緯　　祝福と励まし

(2) 新郎、新婦はどんな人ですか。

| | 新郎 | 新婦 | |
|---|---|---|---|
| 職業 | | | |
| 性格 | | | |
| 佐藤さんとの関係 | | | |

(3) 二人が結婚するまでのいきさつをまとめてください。

| 知り合ったきっかけ | |
|---|---|
| エピソード1 | |
| エピソード2 | |

(4) 本文②の挨拶はどのような流れで話しているか、まとめてください。

(5)「中国訪問」に「……市長ならび関係者各位に、深く感謝の意を表する<u>次第</u>であります」とあるが、次のA～Dのうち、同じ使い方はどれか、一つ選んでください。

A．その伝説を信じるか信じないかはあなた次第です。

B．事件の詳細が分かり次第、報告を更新します。

C．事件の次第が分かるまでは君に何も言えない。

D．当店本年の茶会が円満に終了いたしました。今後とも一層のご協力をお願いする次第です。

## 文法練習

① を読んで文型の使い方を理解し、②③の（　）内の言葉を正しい順番に並べ替えて、文を完成させなさい。

（1）Vこなす

①検索エンジンを使いこなすと、ほしい情報をすばやく見つけられます。

②（スーツ・を・カッコよく・着こなす・人）

＿＿＿＿＿＿＿＿＿＿＿＿＿＿＿＿がうらやましい。

③（を・安全に・自転車・乗りこなそう）

＿＿＿＿＿＿＿＿＿＿＿＿＿＿＿＿＿＿。

（2）N1きってのN2

①あそこは遠くからも客がやってくるという軽井沢きってのグルメ店だ。

②（きっての・人気作家・あの・当代）

＿＿＿＿＿＿＿＿＿＿＿＿＿＿が今年作家生活25周年を迎えました。

③（ば・きっての・芸能界・あの俳優・読書家）

＿＿＿＿＿＿＿＿＿＿＿＿＿＿＿＿＿＿＿＿＿＿＿だそうだ。

（3）Nときたら

①課長ときたら、こちらの説明を聞きもしないで、一方的に怒るんだから困ったもんだ。

②（ときたら・弟・教科書を）

＿＿＿＿＿＿、＿＿＿＿＿学校に置きっぱなしで１度も家に持って帰ってきたことなどない。

③（ひどい・サービス・ときたら・あの店の・ものだ）

＿＿＿＿＿＿＿＿＿＿＿＿＿＿＿＿＿＿＿＿＿＿＿＿＿。

（4）～かたわら

①最近は専門分野で論文を発表するかたわら、一般向け著作・翻訳も手がけている。

②（は・の・かたわら・兄・本業）

＿＿＿＿＿＿＿＿＿＿＿＿、作家としても活躍している。

③（として・かたわら・選手・あの人は・活躍する）

＿＿＿＿＿＿＿＿＿＿＿＿＿、大学の弓道部で指導に当たっている。

(5)　Nをものともせずに

①高橋選手は足の痛みをものともせずにマラソンを走り抜いた。

②（を・ものともせず・リスク）

＿＿＿＿＿＿＿＿＿＿＿＿＿＿＿、入札の意思を示した。

③（を・の・彼は・反対・周囲・ものともせず）

＿＿＿＿＿＿＿＿＿＿＿＿＿＿＿＿、自分が正しいと思う道を選んだ。

(6)　Vてまで／Nまでして

①体の拒否反応を無視してまで、ダイエットしたら危ないよ。

②（までして・行列・あの店のラーメンは・食べる）

＿＿＿＿＿＿＿＿＿＿＿＿＿＿＿＿＿価値はない。

③（を・の・プライド・自分・捨ててまで）

＿＿＿＿＿＿＿＿＿＿＿＿＿＿＿＿お金を稼ごうとは思わない。

(7)　V始末だ

①観光業者の痛みを無視して、全国各地に莫大な金を投入して作った「年金保養センター」などは、現在では格安で売り払われている始末だ。

②（離れていく・次々と・ファンは・始末だ）

無責任な発言をしたため、＿＿＿＿＿＿＿＿＿＿＿＿＿＿＿＿＿＿。

③（破り捨てられる・目の前で・それも・始末だ）

誤解を解こうと手紙を書いてみたが、＿＿＿＿＿＿＿＿＿＿＿＿＿＿＿。

(8)　Vてからというもの

①この牧場に来てからというもの、朝昼晩と日々、肉ばかり食べている。

②（から・来て・日本に・というもの）

＿＿＿＿＿＿＿＿＿＿＿＿＿＿＿＿、毎日のように「なぜ」という疑問にぶつかっています。

③（から・使って・あの美容液を・というもの）

＿＿＿＿＿＿＿＿＿＿＿＿＿＿＿＿＿＿＿＿、お肌のハリが戻ってきた。

(9)　Nなくして（は）

①挑戦なくして未来は開けない。

②（の・ご協力・皆様・なくしては）

＿＿＿＿＿＿＿＿＿＿＿＿＿＿＿＿この喜びは味わえませんでした。

第6課

③（なくしては・生きて・希望・いけません）

＿＿＿＿＿＿＿＿＿＿＿＿＿＿＿＿＿＿＿＿＿＿＿＿＿＿＿＿＿＿。

（10）－ぐるみ

①あそこは会社ぐるみで損失隠しに奔走していた。

②（ぐるみで・防犯対策に・地域・取り組んでいる）

＿＿＿＿＿＿＿＿＿＿＿＿＿＿＿＿＿＿＿＿＿＿＿＿＿＿＿＿＿＿。

③（ぐるみで・家族・健康づくりは・取り組みましょう）

＿＿＿＿＿＿＿＿＿＿＿＿＿＿＿＿＿＿＿＿＿＿＿＿＿＿＿＿＿！

（11）～極まる

①インタビューでは無神経極まる質問を次から次へとされて、腹が立って仕方がなかった。

②（の・知事・無責任・発言・極まる）

＿＿＿＿＿＿＿＿＿＿はマスコミにひどく非難されている。

③（懐石料理・贅沢・極まる）

旬の素材をふんだんに取り入れた、＿＿＿＿をぜひお楽しみください。

（12）～ことと思う

①空は深く澄み渡り、さわやかな季節となりましたが、皆様におかれましては健やかにお過ごしのことと存じます。

②（の・こと・お元気で・お過ごし）

＿＿＿＿＿＿＿＿＿＿＿＿＿＿＿＿＿＿＿＿＿＿＿＿＿と思います。

③（新年を・お迎えの・こと・皆様・お元気で）

＿＿＿＿＿＿＿＿＿＿＿＿＿＿＿＿＿＿＿＿＿＿＿＿＿と存じます。

（13）Nを皮切りに

①今回のA社との連携を皮切りに、今後も最新の技術を利用したコンテンツを効率よく迅速に提供することができるよう、さらなる開発支援をしてまいります。

②（は・を・この・ドイツ・ドキュメンタリー・皮切りに）

＿＿＿＿＿＿＿＿＿＿＿＿＿＿＿＿、全世界で放送される予定です。

③（の・を・有機野菜・皮切りに・販売）

＿＿＿＿＿＿＿＿＿＿、各売場で「こだわり」の商品を販売しています。

（14）～にたえない

①国民生活もようやく充実するきざしを見せるようになりましたことは、感謝と喜びにたえないところであります。

②（遺憾・誠に・ところ・にたえない）

関係労使の対立が次第に深まりつつある現状は、________であります。

③（ありさま・事故現場は・見る・全く・にたえない）

________________________________________________だった。

（15）Vつつ

①老いては老いを楽しみ、若者の成長に目を細め、良い人生だったと感謝しつつ旅立つ。

②（の・に・生徒・心理状況・しつつ・配慮）

__________________________、教育内容・方法の改善充実などを図る。

③（ことを・有効に・いただく・利用して・想定しつつ）

皆様に______________________________、情報を収集し、データベースを整備しております。

（16）Vべく

①ハネムーンのプロが二人の希望をかなえるべく、プラン選びから実施まで、しっかりサポートします。

②（の・に・応える・お客様・ご要望・べく）

______________________、更なる品質の向上を目指していく所存です。

③（解決・速やかに・すべく）

________________________________________努力します。



**応用練習**

（1）結婚式の祝辞——友人代表

次の情報を参考にして、結婚式の祝辞をまとめなさい。

| | |
|---|---|
| **発表者**： | 中国人OL（男性の場合は会社員）、新婦の親友、中学時代からの友人で、日本で同じ大学へ留学。現在は北京にある日系企業に勤めている。 |
| **新　郎**： | 30歳、日本人、日本の商社の北京事務所の駐在員。 |
| **新　婦**： | 25歳、中国人、新郎と同じ商社の事務所に勤めている。 |
| **設　定**： | 新郎と新婦は社内恋愛で、国際結婚。 |

（2）研修生歓迎パーティーでのスピーチ

次の情報を参考にして、研修生歓迎パーティーで研修生代表としてのスピーチをまとめなさい。

| **田中水産株式会社　　中国人研修生歓迎パーティー** |
|---|
| **研修生**：中国人、８名 |
| **研修期間**：４月１日～10月30日 |

**間違い直し**

次の文の誤りを見つけ、正しい文にしなさい。

（1）美里さんは現在は雑誌編集者として活躍するかたわら、ご自身のエッセーも出版します。

（2）お二人は知り合う１週間経つか経たないかのうちにすっかり意気投合しました。

（3）私も密かにこの日が来て、心待ちにしておりました。

（4）私はまず、私どもをお招きいただいた西京市市長ならびに関係者各位に、深く感謝の意を表する次第であります。

（5）連日のように皆さまの熱烈な歓迎と心のこもっておもてなしを受け、大変感激いたしております。

（6）あの人は結婚してからというもの、性格が変わる。

（7）東京出張のかたわら、大学時代の親友と会ってきた。

（8）満員電車に揺られつつ、大阪に着いた。

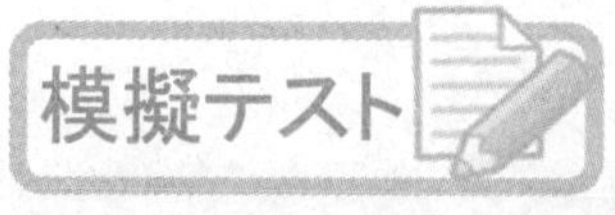


**1．______の言葉の読み方として正しいものを、一つ選びなさい。**

（1）その会社は2001年に中国に進出し、中国の会社と<u>合弁</u>企業を作った。

　　a．ごべん　　b．がっぺい　　c．ごうべん　　d．がぺい

（2）当社は常にサービス向上に<u>尽力</u>している。

　　a．じりき　　b．じりょく　　c．じんりき　　d．じんりょく

(3) 今年の秋には個展が<u>催</u>される。

a．こな　　b．くず　　c．なら　　d．もよお

(4) この仮説について、歴史を<u>遡</u>って検討する必要がある。

a．さら　　b．さか　　c．さから　　d．さかのぼ

(5) 日頃よりご理解、ご協力を<u>賜</u>り誠にありがとうございます。

a．ゆず　　b．わた　　c．かざ　　d．たまわ

**2．＿＿＿に入れるのに最もよいものを一つ選びなさい。**

(1) 優しくて＿＿＿彼女がほしい。

a．あわただしい　　b．けわしい

c．ちょっとした　　d．おっとりした

(2) あのゴルフクラブでは初心者への＿＿＿配慮を実感した。

a．目配りした　　b．行き届いた　　c．富んだ　　d．栄えた

(3) 科学はめざましい進歩を＿＿＿、われわれの生活様式は大きく変わった。

a．添えて　　b．遂げて　　c．上回って　　d．裏切って

(4) 真夜中に起きて「なでしこジャパン」のワールドカップ優勝を＿＿＿。

a．見返した　　b．見通した　　c．見つめた　　d．見届けた

(5) お客様との信頼関係を＿＿＿ことが重要だ。

a．つける　　b．たたく　　c．築く　　d．建てる

第６課

**3．＿＿＿の言葉に意味が最も近いものを一つ選びなさい。**

(1) オープニングVTRは<u>センスが良く</u>インパクトがあり、ゲストにもかなり好評でした。

a．おしゃれで　　b．ぴったりで

c．てきぱきと　　d．対応がよく

(2) 憧れのプロ野球選手を目の前で観戦できるだけで<u>感激</u>です。

a．感動　　b．感謝

c．有頂天になって　　d．ときめかして

(3) 一日も早く家族の<u>元</u>へ飛んで帰りたい。

a．本拠　　b．根本　　c．発端　　d．ところ

(4) 彼は結婚してから<u>別人</u>のようになった。

a．よそ者　　b．第三者　　c．違う人　　d．特別な人

(5) 隣の部屋から聞こえる笑い声が、寂しさを<u>一層</u>引き立てた。

a．ひときわ　　b．ひとまず　　c．とりあえず　　d．一時的に

**4．次の言葉の使い方として最もよいものを、一つ選びなさい。**

（1）誠意

ａ．店側に誠意な対応が求められている。

ｂ．中途半端な気持ちでなく、誠意で英語を身につけたい。

ｃ．あの人はいつも口先だけで、まったく誠意が感じられない。

ｄ．事件の誠意が知らないところに隠れているものだ。

（2）評判

ａ．日本の電気製品は世界で高く評判されている。

ｂ．歌舞伎は庶民の間でたいそうな評判を呼んだらしい。

ｃ．人事部門が関連制度を策定し、これに基づき公正な評判を推進しています。

ｄ．詩人的直感力によって問題の本質を見事にとらえた与謝野晶子の評判は、今日読んでも極めて魅力的である。

（3）磨く

ａ．子どもの時はよく体温計を磨いて温度をあげたものだ。

ｂ．夕日は日本海を金色に磨いている。

ｃ．しっかりとレベルを磨いて来年度には試合に参加したい。

ｄ．試行錯誤しながら計画を磨いて、完璧な日程を組んだ。

（4）盛大

ａ．あの人の盛大な格好がとても目立つ。

ｂ．李さんの送別会を盛大にやろう。

ｃ．両親に盛大に反対されて、結婚を諦めた。

ｄ．日ごろ慎重な父は実行する時は盛大だ。

**5．次の文の＿＿＿に入れるのに最もよいものを一つ選びなさい。**

（1）あの店の商品の扱い方＿＿＿ひどいものだ。

ａ．として　ｂ．ときて　ｃ．としたら　ｄ．ときたら

（2）五輪観戦の＿＿＿、万里の長城の魅力を体験した。

ａ．がてら　ｂ．あまり　ｃ．かたがた　ｄ．かたわら

（3）「一人でやる」と言い張っていたのに、結局は助けを求める＿＿＿だ。

ａ．しまい　ｂ．しまつ　ｃ．おわり　ｄ．まで

（4）昭和60年代から町＿＿＿健康づくりにあたってきた。

ａ．かぎり　ｂ．だらけで　ｃ．まみれで　ｄ．ぐるみで

(5) 多くの困難＿＿＿、目標を達成するために努力した。

a．かまわず　b．かかわらず　c．のみならず　d．をものともせずに

(6) 旅行を通じて日本を元気にする＿＿＿全力で取り組んでいます。

a．べき　b．べく　c．べからず　d．べからざる

(7) あのバンドは19日のソウル公演＿＿＿ワールドツアーに突入した。

a．をよそに　b．をかぎりに　c．を皮切りに　d．をもとに

(8) 運動不足なので自転車で通勤している＿＿＿です。

a．こと　b．もの　c．限り　d．次第

(9) インターネットを＿＿＿われわれの生活は一変した。

a．使い始めるように　b．使い始めたとはいえ

c．使い始めたからこそ　d．使い始めてからというもの

(10) 今のお笑い番組はつまらなくて＿＿＿。

a．見るに相違ない　b．見るにたえない

c．見ずにはいられない　d．見かねない

**6．次の文の＿★＿に入る最もよいものを一つ選びなさい。**

(1) 最近では＿＿＿ ＿★＿ ＿＿＿ ＿＿＿ほどになった。

a．ぐるみで　b．家族　c．される　d．お付き合いを

(2) ＿＿＿ ＿★＿ ＿＿＿、＿＿＿歓迎のご挨拶を申し上げます。

a．一言　b．では　c．僭越　d．ございますが

(3) 私たちは＿＿＿ ＿＿＿、＿★＿ ＿＿＿の訪れるのを待ち望んでおりました。

a．この日　b．一日も早く　c．より　d．かねて

(4) 代表団の方々には、私どもが昨年＿＿＿ ＿★＿ ＿＿＿ ＿＿＿、行き届いた手配と至れりつくせりのお世話をしていただきました。

a．時に　b．訪れました

c．お目にかかり　d．中国を

(5) おかげで訪中の目的は順調に＿★＿、＿＿＿ ＿＿＿ ＿＿＿ことができました。

a．私たちの間に　b．結ぶ

c．固い絆を　d．達成され

(6) 本日はご多忙の中、中国経済代表団歓迎会に＿＿＿ ＿＿＿ ＿＿＿ ＿★＿、誠にありがとうございます。

a．多数　b．賜り　c．ご臨席　d．かくも

(7) 先ほど村井先生から＿＿＿ ＿★＿ ＿＿＿ ＿＿＿、私ならびに団員一同は感激で胸を熱くしております。

a．友情　　b．歓迎の言葉を

c．頂戴し　　d．あふれる

(8) 本日、私たちは＿＿＿ ＿★＿ ＿＿＿ ＿＿＿、誠にうれしく存じます。

a．機会に　　b．朝日小学校を

c．恵まれ　　d．見学する

(9) まず、皆様の熱烈な歓迎と、心温まるおもてなしに対し＿＿＿ ＿★＿ ＿＿＿ ＿＿＿申し上げます。

a．団員一同を　b．お礼　c．厚く　d．代表して

(10) では、両国の末永い友情と、＿＿＿ ＿★＿ ＿＿＿ ＿＿＿とさせていただきます。

a．ご挨拶　b．ご健康を　c．皆様の　d．お祈りして

## 冠婚葬祭

冠婚葬祭は、一人の人間が生まれてから死ぬまでと、その人が死んだ後に家族や親族の間で行われる行事全般を指し、昔から最も重要とされてきた儀礼である。冠婚葬祭について説明すると次のようになる。

冠は加冠の意味で成年式を表す。もともとは15歳前後で行われた元服のことを言ったが、今日では20歳になったことを祝う自治体主催の成人式を指す。この成人式は1949年に始まり、多くの自治体は国の定めた１月の第二日曜日に新成人を集めて式を行う。この日は国民の祝日である。

婚は婚礼、つまり結婚式のことを言うが、現在は結婚式とその後に開かれる披露宴を合わせて結婚式と言う場合が多い。現在の結婚式の形は、明治時代に始まったとされている。従来結婚式は、神前・仏前・キリスト教など神仏の前で新郎新婦が誓いをたてる形式が多かったが、最近では、披露宴の冒頭で出席者を前にして新郎新婦が誓いをたてる人前式が多くなった。披露宴は、結婚式専門の式場やホテルで開き、親類縁者、友人、会社の上司や同僚を招いて行われる。

葬は葬式のことを言う。日本では仏式の葬式がほとんどだが、神式やキリスト教によるものもあり、宗教的な色彩のほとんどない結婚式とは異なり、個人・家庭・地域の信仰と深く結びついている。1970年代までは各家庭で葬式を行い、近隣の人々が手伝ったが、最近では、遺体の納棺・通夜・葬儀などを葬儀社の専用ホールで行い、火葬や納骨の手続なども葬儀社が代行してくれる。

祭は、仏教上の法事や盂蘭盆（お盆）など、亡くなった人の霊をまつることを言う。亡くなって四十九日を過ぎて初めて迎える初盆（新盆）、亡くなって一年目の一周忌、亡くなって二年目の三回忌、亡くなって六年目の七回忌、以後、十三回忌・十七回忌・二十三回忌・二十七回忌と続き、三十三回忌を区切りとする。七回忌までは親類とともに供養を行うことが多いが、十三回忌以降は親族だけで行うのが一般的である。

# 第7課

## 職人のこだわり

**トピック**　職人精神

**形　式**　エッセー

**学習目標**

・自分の経験や意見を中心として展開する文章が読める。
・ブログなどで使用されるくだけた表現が理解できる。

**読む前に**

・日本人の職人魂について知っていますか。調べてみてください。
・職人魂はどんなところに生きてくると思いますか。

**文法項目**

① ～あたり＜大致情况＞
② Nたるや＜强调＞
③ ～というか～というか＜罗列＞
④ ～ともなると／～ともなれば＜特殊条件＞
⑤ ～てしかたがない／～てしょうがない＜极端的心理状态＞
⑥ ～ばかりで（は）なく＜递进＞
⑦ Vんがため＜目的＞
⑧ Vんばかり＜接近的程度＞
⑨ それにしても＜转折＞
⑩ ～ならまだしも＜让步＞
⑪ V（よ）うものなら＜不良后果＞
⑫ Vまでもない＜否定必要性＞
⑬ ～に～を重ねて＜程度加深＞
⑭ ～なり＜相应的状态＞
⑮ Nたる者＜立场、身份＞
⑯ Vずとも＜让步条件＞
⑰ Vがい＜价值＞
⑱ Vてはじめて＜条件关系＞
⑲ V上は＜因果关系＞
⑳ $N_1$が$N_2$と相まって/$N_1$と$N_2$（と）が相まって＜相互作用＞

張さんは、日本に来て、心のこもった物作りや食べ物に感銘を受け、職人精神について深く理解するため、ネットなどで関連資料を調べてみました。

# 職人のこだわり

## うどん愛

石田（いしだ）ゆうすけ

丹後の取材ツーリングの途上、竹松うどん店に寄った。

店主はじつにユニークな男で、うどん好きが高じて大学卒業後は讃岐うどんの名店で３年間修業し、その後、ボックス型ワゴン車にうどんの道具一式をのせ、全国各地で手打ちうどん店を開きながら、各地のうどんを食べて研究を重ねるという「うどん武者修行の旅」を２年やった。竹原くんという。テレビなどでも紹介されているから、ご存じの方もいるだろう。

その旅を終えて、郷里の綾部に帰ったのが２年前。それから１年後に自分の店を出した。

僕は３、４年前に友だち経由で彼のことを知り、「うどん旅」の途上にいる彼をつかまえ、僕の連載「リアル旅人図鑑」に出てもらった。

この「リアル旅人図鑑」もはや連載６年目を迎え、60人以上の人に出てもらっているが、そのなかでも竹原くんはとくに印象的な男だった。

とにかくブレがない。自分はうどん、その信念に毛ほどの迷いもないという感じだった。

そもそも武者修行の旅もシャレでやったのではなく、うどん店を開くために必要なプロセスなのだと彼は語っていた。帰郷後、わずか１年できちんと自分の店を出すあたり、その言葉の確かさを裏付けている。

そして、その行動のすべての原動力となっている、うどんへの愛情と情熱。一心に何かを愛せる人は本当に強い。そう思わずにはいられなかった。

で、今回、その彼の夢の具現、「竹松うどん店」を抜き打ちで訪ね、３、４年ぶりの再会を果たした彼とひとしきり騒いだあと、うどんを頂いたわけだけど、いや、びっくりした。たんなる「かけうどん」がおそろしくうまい。前に彼を取材したときにいただいたうどんもうまかったが、今回食べたうどんのうまさたるや、何かを超越したような味で、すすった瞬間、目をつぶって「ああ……」と感嘆の声をもらしてしまう。武者修行はしっかり実を結んでいるのだな、とつくづく感心した。

それにしても彼のこだわりっぷりときたら。化学調味料無添加のダシなんて当たり前で、経験と研究から導き出した複数種の小麦粉の配合、そしてなんといってもマキ釜。麺をゆでるお湯をマキで沸かしている。ガスで沸かしても一緒だろ！と思われるかもしれないが、これが違う。麺の温まり方が柔らかくて、芯までホカホカになる感じ。ちょうど温泉に浸かったよう。だからすすっていると、「ああ……」となる。で、食べたあとは、体もやっぱり温泉に入ったようにポカポカになっていて、それが長時間続くのである。ほんと不思議だ。うどんを心から愛する男が作ればこうなるんだな、と妙に納得してしまった。

店はひどく辺鄙なところにある。綾部市といっても、外れの外れ。熊やヒバゴンが歩いていそうな山里。だけど人とはほとんどすれ違わないような村にぽつんと建っている。自分の郷里を活性化したいという思いから、商売に必須の「立地」という条件をハナから無視。本物を提供すれば客は向こうからやってくる。そうして名物の店になれば、地元に人が呼べる。そんな考えらしい。逆転の発想というか、おそろしく前向きというか。しかし実際、開店１年足らずで、正午ともなるとすごい混雑ぶりなのである。

でもそれもわかるのだ。３日前に食べたばかりなのに、僕もまた食べたくてしょうがなくなっている。あの体のポカポカする幸福感が恋しくてならないのである。

（石田ゆうすけのエッセイ蔵　http://yusukeishida.jugem.jp/?eid=1182）

## 和菓子職人を目指して

食べるのがもったいなくなるような、美しい花をかたどった菓子。同じ材料の菓子であっても、色付けの仕方と成型の仕方で季節やテーマに沿った菓子を限りなく

生み出すことができる和菓子にひかれて、私は１年前、和菓子職人への道を歩み始めました。和菓子職人は、単においしいばかりではなく、心豊かに召し上がっていただける菓子をお届けせんがため、最大限の工夫を凝らしています。例えば、夏に好まれる涼しげな寒天を使ったお菓子。手間でも必ず寒天汁を丁寧に細かなざるでしっかりとこすことで、濁りのない、きらめかんばかりに清らかな菓子になります。

それにしても、正直、和菓子作りにこんなに手間がかかるなんて、修業を始めるまではまったく知りませんでした。一般家庭で作るのはせいぜい限られた種類の簡単な和菓子くらいで、色鮮やかで繊細な生菓子を作ることなどありませんから。それもそのはず、こういった繊細な和菓子の製造法は職人によって店の中だけで人から人へと伝わってきたものです。今は和菓子を学ぶコースを設置する製菓学校もできてきましたが、やはり真髄は店で修業しなければ会得できないものなので、私は和菓子の老舗で修業する道を選んだのですが、修業は想像以上に厳しいものでした。小麦粉、砂糖、水飴で重さ20キロ以上になった生地を容器の中ですくい上げては混ぜ合わせる作業など、体力を要求される場面も多く、力のある男性ならまだしも、女性にはかなりハードな労働です。そのうえ、弟子入り後一定期間中は、道具洗いや、材料の下準備といった下働きしかさせてもらえません。お客様の目につく仕事ではありませんが、少しでも手を抜こうものなら、先輩職人からたいへんなお叱りを受けます。でも、菓子作りは言うまでもなく、作業場の掃除といった目に見えない部分にも手間を惜しまない、このような気持ちがあるからこそ、お客様に真に喜んでいただける菓子が作れるのでしょう。

そして、少しずつ仕事を任されるようになっても、直に技術を教えてはもらえま

せん。「自分の目で盗め」と言われます。師匠や先輩を真似つつ、自ら失敗に失敗を重ねて、そこから学んだものを自分なりに身につけていくのです。当初は戸惑いましたが、受動的な態度ではなく、常に自分から吸収していくという主体的な気持ちがなければ、職人として誇りをもってお客様に出せるような品は出来上がりません。先輩職人から知らず知らずのうちに職人たる者がいかにあるべきか、その心構えも伝授していただいているように感じます。

また、和菓子には技だけではなく、芸術的素養も必要です。色とりどりの上生菓子には、名がつけてあります。それぞれの菓子には自然を愛でる気持ちや伝えたいメッセージが込められています。人が語らずとも、和菓子が心を伝えてくれるのです。例えば、赤やオレンジに色をつけ、紅葉を模した菓子に「錦秋」と名づけられたものがあります。この菓子を目の前にして、山々の色とりどりの紅葉に思いを馳せてもらえること、それも職人のひとつのやりがいです。名前の由来は和歌であったり、物語であったりすることもあります。和菓子作りの技術のみならず、このような文化的な教養も身につけてはじめて一人前の職人になれるのです。学ばなければならないことは山のようにあります。私も先輩方に少しでも早く追い付けるよう、余暇は読書に費やしています。

和菓子職人への道は平坦ではありません。一人立ちできるまで最低10年かかると言われます。しかし、この一歩を踏み出した上は、どんなことがあっても後には引かない覚悟です。私の作る菓子の味と美しさが文化と相まってお客様に喜びを与えられる日が一日も早く来ることを願って日々努力を重ねていきたいと思います。

張子琳：こういう職人の心って、食べ物だけじゃなくて、物作りにも反映されているのよね。

李　想：僕も機械的に仕事をするんじゃなくて、お客さんに対する気持ちを込めて仕事に臨まなきゃな。

# 単 語

感銘(かんめい)⓪【名・自Ⅲ】铭刻在心，永志不忘

職人魂(しょくにんだましい)⑤【名】匠人精神

職人(しょくにん)⓪【名】匠人，手艺人

魂(たましい)①【名】灵魂，精神；气魄

うどん愛(うどんあい)②【名】对面条的热爱

丹後(たんご)⓪【名】(地名)丹后，日本旧地区名，现在京都府北部

ツーリング(touring)⓪①【名】（骑自行车或摩托车）自助游

途上(とじょう)⓪【名】中途，路上

竹松うどん店(たけまつうどんてん)⓪－②【名】竹松乌冬面馆

寄る(よる)⓪【自Ⅰ】顺便到……；靠近；聚集

店主(てんしゅ)①【名】店主，店老板

うどん好き(うどんずき)⓪【名】喜欢吃面条(的人)

高じる(こうじる)⓪③【自Ⅱ】高涨，增高；加剧，加甚

讃岐うどん(さぬきうどん)④【名】赞岐乌冬面

讃岐(さぬき)⓪【名】(地名)赞岐，日本以前的地名，现在香川县

名店(めいてん)⓪【名】名店

修業(しゅぎょう)⓪【名・自Ⅲ】学习，修业

ボックス型ワゴン車(boxがたwagonしゃ)⓪－②【名】箱式行李车，面包车

ワゴン車(wagonしゃ)②【名】行李车，面包车

一式(いっしき)⓪【名】全套，一套

のせる(載せる)⓪【他Ⅱ】装载，放置

各地(かくち)①【名】各地

手打ちうどん(てうちうどん)④【名】手擀乌冬面

手打ち(てうち)③⓪【名】手擀，手制；拍手祝贺

武者修行(むしゃしゅぎょう)③【名・自Ⅲ】武者修行，武士为修炼武术到诸国旅行，现代亦指到他乡、外国切磋以提高技艺

武者(むしゃ)①【名】武者，武士

修行(しゅぎょう)⓪【名・他Ⅲ】修行，学习；修炼，磨炼

竹原(たけはら)②【名】(人名)竹原

綾部(あやべ)①【名】(地名)绫部

経由(けいゆ)⓪①【名・自Ⅲ】经由，途径；经过，通过

つかまえる(掴まえる)⓪【他Ⅱ】抓住，揪住；叫住

リアル旅人図鑑(realたびびとずかん)①－⑤【名】写实版旅人图鉴

リアル(real)①【形Ⅱ】真实的，写实的

旅人(たびびと)⓪【名】旅人，旅行的人

図鑑(ずかん)⓪【名】图鉴

とにかく①【副】总之，好歹，姑且

ブレ②【名】模糊；动摇

信念(しんねん)①【名】信念

毛(け)⓪【名】毛，毛发；一点点(也)

毛ほどの～もない(けほどの～もない)丝毫没有……，一点儿都没有……

シャレ(洒落)⓪【名】风趣，诙谐；俏皮话；漂亮，好打扮

プロセス(process)②【名】步骤，工序；过程

帰郷(ききょう)⓪【名・自Ⅲ】回老家，回家乡

～あたり 表示大致的（时间、数量）程度等

裏付ける(うらづける)④【他Ⅱ】证实，证明

一心に(いっしんに)③【副】一心，专心

愛する(あいする)③【他Ⅲ】热爱，爱

具現(ぐげん)⓪【名・他Ⅲ】具体体现，具体化

抜き打ち(ぬきうち)⓪【名】冷不防，突然
再会(さいかい)⓪【名・自Ⅲ】再会，再次见面
ひとしきり(一頻り)②【副】一阵，一会儿
たんなる(単なる)①【連体】仅仅，只是
かけうどん③【名】清汤面，素汤面
おそろしい(恐ろしい)④【形Ⅰ】惊人，非常；可怕，吓人；不可思议，解释不清
～たるや 要说……
超越(ちょうえつ)⓪【名・他Ⅲ】超越
すする(啜る)⓪【他Ⅰ】啜，吸；抽吸
つぶる(瞑る)⓪【他Ⅰ】闭上眼睛
感嘆(かんたん)⓪【名・自Ⅲ】感叹，赞叹
もらす(漏らす)②【他Ⅰ】漏，泻；流露，表露；泄露，走漏；遗漏
実を結ぶ(みをむすぶ)⓪—⓪ 开花结果
実(み)⓪【名】果实，成果
つくづく③②【副】痛切，深感；凝神，仔细
化学(かがく)①【名】化学
無添加(むてんか)②【名】无添加剂
添加(てんか)⓪①【名・他Ⅲ】添加，加入
導き出す(みちびきだす)⑤【他Ⅰ】导出，得出
小麦粉(こむぎこ)⓪③【名】小麦粉
配合(はいごう)⓪【名・他Ⅲ】配合，调配，组合
マキ釜(まきがま)⓪【名】烧柴火的煮锅
マキ(薪)⓪【名】柴火，木柴
釜(かま)⓪【名】饭锅，釜
麺(めん)①【名】面条
ガス(荷兰语gas・瓦斯)①【名】瓦斯，气体燃料
芯(しん)①【名】芯；果核；中心，内部
ホカホカ⓪【副・形Ⅱ・自Ⅲ】热乎乎，热气腾腾
ポカポカ①【副・自Ⅲ】暖和，热乎；(连续击打)啪啪
長時間(ちょうじかん)③【名】长时间
不思議(ふしぎ)⓪【名・形Ⅱ】不可思议，难以想象
妙(みょう)①【名・形Ⅱ】绝妙，巧妙；微妙，奇妙，新奇
辺鄙(へんぴ)①【名・形Ⅱ】偏僻
外れの外れ(はずれのはずれ) 离得很远，位置很靠边
外れ(はずれ)⓪【名】尽头，外头；未中，落空
熊(くま)②①【名】熊
ヒバゴン①【名】传说中生存在日本的类人猿怪兽
山里(やまざと)⓪②【名】山村里，山里
すれ違う(すれちがう)④⓪【自Ⅰ】交会，交错；错过，走两岔；不一致，不统一
ぽつんと②③【副】孤单，孤零零；(水滴等落下)吧嗒；嘟囔一声；出现小点、污迹或小窟窿的样子
活性化(かっせいか)⓪【名・他Ⅲ】激活，搞活；活化，活性化
必須(ひっす)⓪【名・形Ⅱ】必须，必要
立地(りっち)⓪【名・自Ⅲ】布局，选定地区；立场
ハナから無視(ハナからむし) 完全忽视，丝毫无视
逆転(ぎゃくてん)⓪【名・自他Ⅲ】逆转；倒转
～というか～というか 也许是……，或许是……
一足らず(一たらず) 不足……
足る(たる)⓪【自Ⅰ】充分，足够；值得，足以；满足
正午(しょうご)①【名】正午
～ともなると 刚—……
～てしょうがない 非常……，……得很
恋しい(こいしい)③【形Ⅰ】怀念，恋恋不舍
和菓子(わがし)②【名】日式点心
かたどる③【他Ⅰ】仿照，模仿；形象化，象征
色付け(いろづけ)⓪④【名・他Ⅲ】上色，着彩，润色
成型(せいけい)⓪【名・他Ⅲ】成型，成形
生み出す(うみだす)③【他Ⅰ】创作，生产；体现，产出；生出，产生
単に(たんに)①【副】仅，单，只
～ばかりではなく 不仅……
心豊か(こころゆたか)④【形Ⅱ】充满感情；情

感丰富
～んがため 为了……
凝らす(こらす)②【他Ⅰ】凝神，专注；讲究，钻研
寒天(かんてん)③⓪【名】琼脂
手間(てま)②【名】工夫，花费的时间和精力；工钱
ざる(笊)②【名】笊篱，笸箩，小笼屉
こす(濾す)⓪①【他Ⅰ】过滤，去除杂质
濁り(にごり)③【名】浑浊，污浊；浊点，浊音符号；嘶哑，沙哑
きらめく(煌く)③【自Ⅰ】闪闪发光，闪烁，闪耀
～んばかり 马上就要……；宛如……，就像是……
清らか(きよらか)②【形Ⅱ】清洁，清澈，清楚；清秀，纯洁
それにしても 即便如此
せいぜい①【副】尽力，尽可能；顶多，充其量
色鮮やか(いろあざやか)④【形Ⅱ】色彩鲜艳，亮丽
それもそのはず 那也确实如此，那也是理所当然的
設置(せっち)⓪①【名・他Ⅲ】设置；安装
製菓学校(せいかがっこう)④【名】糕点制作学校
製菓(せいか)①⓪【名】制作糕点
真髄(神髄・しんずい)⓪①【名】真髓，精髓
会得(えとく)⓪①【名・他Ⅲ】领会，体会
水飴(みずあめ)⓪③【名】糖稀，糖浆，麦芽糖
生地(きじ)①【名】面坯；布料；素质，本来面目；质地；素坯，本色陶器
すくい上げる(掬い上げる・すくいあげる)⑤【他Ⅱ】捞起
混ぜ合わせる(まぜあわせる)⓪【他Ⅱ】混合，搅合，调和
要求(ようきゅう)⓪【名・他Ⅲ】要求，需要
～ならまだしも 如果……的话还好
ハード(hard)①【名・形Ⅱ】严厉，艰难；紧，牢；强烈，猛烈；坚硬，结实
労働(ろうどう)⓪【名・自Ⅲ】劳动，干活，工作
弟子入り(でしいり)⓪【名・自Ⅲ】当弟子，从师学习
一定(いってい)⓪【名・自Ⅲ】一定，稳定；某种
下準備(したじゅんび)③【名】事先准备
下働き(したばたらき)③【名】当副手，打下手；炊事员，勤杂人员
手を抜く(てをぬく)①-⓪ 偷工减料，图省事儿
～ものなら 倘若……的话
～までもなく 自不必说……
作業場(さぎょうば)⓪【名】工作车间，作业现场
惜しむ(おしむ)②【他Ⅰ】惜力，不愿意出力；吝惜，舍不得；爱惜，珍惜；惋惜，可惜
師匠(ししょう)①②【名】老师，师傅
～なりに 符合……，按照……
当初(とうしょ)①【名】当初，最初
受動的(じゅどうてき)⓪【形Ⅱ】被动的；消极的
吸収(きゅうしゅう)⓪【名・他Ⅲ】吸收，吸取；收集
品(しな)⓪【名】物品；品味，品级；作态，娇态
知らず知らずのうちに(しらずしらずのうちに)不知不觉之中
～たる者 作为……
心構え(こころがまえ)④【名】精神准备，思想准备
伝授(でんじゅ)①⓪【名・他Ⅲ】传授
技(わざ)②【名】技艺，技术；招数，技巧
素養(そよう)⓪【名】素养，教养
色とりどり(いろとりどり)④【名・形Ⅱ】五颜六色，色彩缤纷
上生菓子(じょうなまがし)⑤【名】极品糕点
愛でる(めでる)②【他Ⅱ】欣赏，赞叹；怜爱，

疼爱；佩服，赞赏
～ずとも 就算不……
模する（もする）②【他Ⅲ】模仿，仿造
錦秋（きんしゅう）⓪【名】锦秋，红叶似锦的美丽秋天
馳せる（はせる）②【自Ⅱ】疾驰，奔跑，驰骋；驰名
由来（ゆらい）⓪【名・自Ⅲ】由来，来历
～てはじめて 做了……才……
追い付く（おいつく）③【自Ⅰ】赶上，追上
余暇（よか）①【名】余暇，闲暇
費やす（ついやす）③【他Ⅰ】花费，耗费；浪费，耗损
平坦（へいたん）⓪③【名・形Ⅱ】平坦；平稳
一人立ち（ひとりだち）⓪【名】独立，自立
最低（さいてい）⓪【名・形Ⅱ】最低；最劣，最次，差劲
踏み出す（ふみだす）③【他Ⅰ】迈出，迈步；走出，出发；着手，开始
～上は 既然……
覚悟（かくご）①②【名・自他Ⅲ】决心，精神准备
相まって（あいまって）相互，共同
臨む（のぞむ）⓪【自Ⅰ】对待，处理；面临；亲临，出席；遇到，临近

## 文型の学習

### 1. ～あたり<大致情况>

*帰郷後、わずか1年できちんと自分の店を出すあたり、その言葉の確かさを裏付けている。*

「あたり」接在名词或动词连体形后面，用于举出事例，表示大致的时间、数量、程度等。

（1）来週の水曜日あたり、もう一度会いましょう。
（2）優勝はあのチームあたりじゃないかな。
（3）作者が文章の中で、事故の原因を冷静に分析しているあたりが印象的だった。
（4）出掛ける準備ができたあたりで「行きたくないな」と思い始めた。

### 2. Nたるや<强调>

*今回食べたうどんのうまさたるや、何かを超越したような味で、すすった瞬間、目をつぶって「ああ……」と感嘆の声をもらしてしまう。*

「たるや」接在抽象名词后面，用于提出主题并进行强调，后项叙述对其特

征、性质、状态等的评价，表达意外、惊叹的语气，略带夸张。相当于汉语的“要说……”。

(1) 山から見下ろしたその景色たるや、絶景です！

(2) 子供の想像力たるや、恐ろしいものですね。

(3) 花々の美しさたるや、言葉では言い表せない。

(4) その味たるや、もう、この世にこんなおいしいものがあったのかと感激した。

## 3．～というか～というか<罗列>

✐逆転の発想というか、おそろしく前向きというか。

「というか」接在名词、Ⅱ类形容词词干或动词、Ⅰ类形容词简体的后面并列使用，用于罗列出说话人即时想到的对某人或某事的印象、判断等，后面多为总括性的叙述。相当于汉语的“是……呢，还是……呢，(总之)”。

(1) 最近は不運というか、不幸というか、失敗ばかりしている。

(2) 今まで、通訳になるための勉強というかトレーニングというか、いろいろ積極的にやってきた。

(3) ドラマの最終回を見て、複雑というか微妙というか、何だかよく分からない心境だった。

(4) 見られたくないものを見られて、何だかがっかりしたというか、恥ずかしいというか、怒りさえ感じるような気分だ。



## 4．～ともなると／～ともなれば<特殊条件>

✐しかし実際、開店１年足らずで、正午ともなるとすごい混雑ぶりなのである。

「ともなると／ともなれば」接在名词（多为指时间、年龄、场合等的名词）或动词词典形后面，表示该特殊条件一旦成立，就会相应出现与往常不同的情况。相当于汉语的“一旦……，就会……”。

(1) あそこは週末ともなると行列ができる人気店である。

(2) さすが総理大臣が来るともなると警戒のレベルが違うね。

(3) 学生なら学校で友達の輪が広がるが、社会人ともなればそうはいかない。

(4) 普段から本などは読んでいるが、実際に試験勉強をするともなると話は別だ。なかなか進まない。

## 5. ～てしかたがない／～てしょうがない<极端的心理状态>

*3日前に食べたばかりなのに、僕もまた食べたくてしょうがなくなっている。*

「しかたがない」接在表示感觉、感情的动词或形容词的「て」形后面，表示该感觉、感情极为强烈，难以控制。该句式的主语一般为第一人称。在口语表达中也经常使用「～てしょうがない」。相当于汉语的“……得不得了”、“……得很”。

(1) パソコンなどに詳しい人が羨ましくてしかたがない。
(2) 面接に受かるかどうか、気になってしかたがない。
(3) 風邪薬を飲んだら眠くてしょうがない。今すぐにでも寝たい。
(4) 受験も終わり、暇で暇でしょうがないから、アルバイトを始めた。

## 6. ～ばかりで（は）なく<递进>

*和菓子職人は、単においしいばかりではなく、心豊かに召し上がっていただける菓子をお届けせんがため、最大限の工夫を凝らしています。*

「ばかりでなく」接在名词或动词、形容词连体形的后面，表示该事项自不用说，还有程度更高的事项也符合谓语所述的情况。经常与后面的「も」「まで」「さえ」等呼应使用。口语中多用「～だけでなく」表达。相当于汉语的“不仅……，而且……”。

(1) 大学時代、勉強ばかりでなく、趣味や恋愛も頑張っていた。
(2) この春、さくらは開花が早かったばかりではなく、異常な速さで北上した。
(3) 都会は経済や文化の中心であるばかりでなく、技術や科学も進歩している。
(4) 階段の両側に手すりがないのは、身体の不自由な人にとって、不便なばかりでなく、危険ですらある。

## 7. Vんがため<目的>

*和菓子職人は、単においしいばかりではなく、心豊かに召し上がっていただける菓子をお届けせんがため、最大限の工夫を凝らしています。*

「んがため」接在动词接「ない」时的形式后面（接「する」时变为「せんがため」），表示目的。后项不用命令、要求、愿望等形式。为古典日语的表达方式，较生硬。相当于汉语的“为了……”。

(1) たいていの人間は大部分の時間を、生きんがために働いて使ってしまう。
(2) あれは、あの人が総理にならんがための政略的行動だと思われている。

(3) アメリカに留学したのは、先進技術を学ばんがためであった。
(4) 公害を解決せんがため、企業への直訴(じきそ)も辞さない考えだ。

## 8. Vんばかり＜接近的程度＞

*手間でも必ず寒天汁を丁寧に細かなざるでしっかりとこすことで、濁りのない、きらめかんばかりに清らかな菓子になります。*

「んばかり」接在动词接「ない」时的形式后面（接「する」时变为「せんがばかり」），表示几乎达到了该动作要发生的程度。注意用于表述说话人观察到的情景、样态、表情等，不用于叙述自己的动作。相当于汉语的“几乎要……”。

(1) 川沿いに溢れんばかりの桜が咲き乱れている。
(2) その知らせを聞いて、母は泣き出さんばかりに喜んだ。
(3) 曲が流れ出したら、会場から「待ってました」と言わんばかりに歓声があがった。
(4) この事件がきっかけで、社員たちが今まで抑えていた不満が今にも爆発せんばかりだ。

## 9. それにしても＜转折＞

*それにしても、正直、和菓子作りにこんなに手間がかかるなんて、修業を始めるまではまったく知りませんでした。*

「それにしても」用于前后两个句子之间，意为即便将前述原因或情况考虑在内，说话人仍然对实际的结果表示不解或吃惊、感叹。相当于汉语的“即便如此，也……”。

(1) 物が前よりよくなったのかもしれないけど、それにしても高すぎる。
(2) 街中の渋滞は予想していたのだが、それにしても時間がかかりすぎる。
(3) もちろんプロではないだろうが、それにしても見事な演奏だった。
(4) 夕方のニュースで、「例年より早く、今日から梅雨に入った」と言っていた。それにしても冷えるな。

## 10. ～ならまだしも＜让步＞

*力のある男性ならまだしも、女性にはかなりハードな労働です。*

「ならまだしも」接在名词、Ⅱ类形容词词干或动词、Ⅰ类形容词连体形的后面，意为如果是该情况的话还可以理解或认同，但实际情况却令人难以忍受。带有说话人批评、责备的语气。相当于汉语的“要是……的话也就罢了，但（实际上）……”。

(1) 学生ならまだしも、社会に出てからもいじめに遭うなんて…

(2) 簡単ならまだしも、かなり複雑で長時間かかりそうだ。

(3) おいしいならまだしも、ひとつ800円は高すぎる。

(4) 事前に知らなかったならまだしも、知っていたにもかかわらず何もしないというのはちょっと…

## 11. V（よ）うものなら＜不良后果＞

*✎お客様の目につく仕事ではありませんが、少しでも手をぬこうものなら、先輩職人からたいへんなお叱りを受けます。*

「ものなら」接在动词的意志形后面，表示如果万一该动作成立，将带来极为不良的后果。相当于汉语的“一旦……，就将……”。

(1) 彼はお酒に弱くて、少しでも飲もうものなら、そのまま寝てしまう。

(2) もし実験に失敗しようものなら、多額の借金を背負うことになる。

(3) こんな姿を知り合いにでも見られようものなら、笑われるに違いない。

(4) 支度を手伝わずに新聞でも読んでいようものなら、妻にひどく叱られる始末だ。

## 12. Vまでもない＜否定必要性＞

*✎でも、菓子作りは言うまでもなく、作業場の掃除といった目に見えない部分にも手間を惜しまない、……*

「までもない」接在动词词典形后面，表示没有实施该动作的必要。「までもなく」为其中顿形式。相当于汉语的“不必……”。

(1) 人材育成の重要性は、改めて説明するまでもない。

(2) 視点が違えば答えが違ってくることは言うまでもないことである。

(3) 仕事と恋のどっちが大事かと聞かれたら、考えるまでもなく仕事と答える。

(4) フルーツジュースや野菜ジュースはスーパーでも売られているので、わざわざ自分で作るまでもないような気がする。

## 13. ～に～を重ねて<程度加深>

✐師匠や先輩を真似つつ、自ら失敗に失敗を重ねて、そこから学んだものを自分なりに身につけていくのです。

同一个名词或Ⅱ类形容词的词干以「～に～を重ねて」的形式搭配使用，表示动作的反复或程度的加深。相当于汉语的“……又……”、“反复……”。

(1) 我慢に我慢を重ねて、やっと試験が終わり、勉強から解放された。
(2) 彼は若いころから上京し、苦労に苦労を重ねて、今の会社を築いてきた。
(3) 就職は自分の人生を決める事柄だけに、慎重に慎重を重ねて決めたい。
(4) うそにうそを重ねて、何が本当で何がうそか自分でも分からなくなってしまった。

## 14. ～なり<相应的状态>

✐師匠や先輩を真似つつ、自ら失敗に失敗を重ねて、そこから学んだものを自分なりに身につけていくのです。

「なり」接在名词、Ⅱ类形容词词干或动词、Ⅰ类形容词的词典形后面，表示与该事物或事项相应的动作、状态。含有承认该事物或事项存在不足或局限之意。「～なり」修饰名词时用「～なりのN」的形式，修饰动词时用「～なりにV」的形式。

(1) 学生には学生なりの悩みや不安がある。
(2) 値段は高いけど、高いなりの価値がある。
(3) 私は私なりに頑張っているのに、なかなか認めてもらえない。
(4) お金があるときはあるなりに、ないときはないなりに生活すればいい。



## 15. Nたる者<立场、身份>

✐先輩職人から知らず知らずのうちに職人たる者がいかにあるべきか、その心構えも伝授していただいているように感じます。

「たる者」接在表示立场、身份的名词后面，与「～なければならない／べきだ」等呼应使用，表示应具有与该立场或身份相符合的素质或行为。是一种文言用法。相当于汉语的“作为……”。

(1) 社会人たる者、敬語をきちんと使うのは常識である。
(2) リーダーたる者は部下の心をとらえる魅力がなければならない。
(3) 子どもを教育することは、親たる者の重大な義務である。
(4) 一国の大臣たる者、自分自身の言葉に責任を持つことは当然のことである。

## 16. Vずとも<让步条件>

✏人が語らずとも、和菓子が心を伝えてくれるのです。

「ずとも」接在动词接「ない」时的形式后面（接「する」时为「せずとも」），相当于「Vなくても」，意为即使不实施该动作，后项所述事项也能够成立。是一种文言的表达方式。相当于汉语的“即使不……，也……”。

(1) ここまで来たのだから、無理せずともよい。

(2) さすが兄弟同士、長らく会わずとも心が通い合っている。

(3) 映像の美しさに、言葉が分からずとも、心が震えた。

(4) わざわざお金を払って大学に行かずとも、インターネットを使えば十分に勉強ができる時代になっている。

## 17. Vがい<价值>

✏この菓子を目の前にして、山々の色とりどりの紅葉に思いを馳せてもらえること、それも職人のひとつのやりがいです。

「がい」接在动词第一连用形后面，表示该动作、行为的意义、价值。相当于汉语的“……的价值”。

(1) 最愛の家族こそが彼女の生きがいであった。

(2) この店は広くて品物が多くて探しがいがあった。

(3) 苦労のしがいがあって、なかなかよい出来になった。

(4) 働きがいのある仕事につく人は、そうでない人より幸せを感じるそうだ。

## 18. Vてはじめて<条件关系>

✏和菓子作りの技術のみならず、このような文化的な教養も身につけてはじめて一人前の職人になれるのです。

「はじめて」接在动词「て」形的后面，表示该动作完成之后，才实现了后项所述的变化。相当于汉语的“……之后才……”、“只有……才……”。

(1) 社会に出てはじめてその厳しさを知った。

(2) 友達に言われてはじめて自分の間違いに気がついた。

(3) 自分で苦労をしてはじめて他人の苦労が理解できるようになる。

(4) 外国語を勉強してはじめて母国語の文法を考えるようになった。

## 19. V上は＜因果关系＞

*✐しかし、この一歩を踏み出した上は、どんなことがあっても後には引かない覚悟です。*

「上は」接在动词连体形后面，表示既然实施该动作，就会得出后项所述的判断、建议、决心等。相当于汉语的“既然……，就……”。

(1) 進学すると決めた上は、がんばって受かりたい。

(2) もうこうなった上は、あなたと一緒にはいられない。

(3) パーティーに参加する上は、しっかり楽しんでくださいね。

(4) 結婚した上は、配偶者の両親のことも考えるのが当然だ。

## 20. $N_1$が$N_2$と相まって／$N_1$と$N_2$（と）が相まって＜相互作用＞

*✐私の作る菓子の味と美しさが文化と相まってお客様に喜びを与えられる日が一日も早く来ることを願って日々努力を重ねていきたいと思います。*

两个名词以该句式的形式搭配使用，表示二者互相影响、互相作用，产生很好的效果。一般用作书面语。要注意在「$N_1$が$N_2$と相まって」中，$N_1$为主语，在「$N_1$と$N_2$（と）が相まって」中，$N_1$和$N_2$并列为主语。相当于汉语的“……与……相结合”、“……与……相互作用”。

(1) 素敵な曲が、映像の美しさと相まって胸に迫った。

(2) 勝負は、実力と運が相まってはじめて勝ちがとれる。

(3) 180cm以上の身長に恵まれた彼は、明るい性格と相まって女子社員から人気が高い。

(4) みんな久しぶりに会って話に花が咲き、おいしい料理と相まって、とても楽しい時間を過ごせた。

第７課

## いろいろな表現

### 日本の伝統文化

芸能

歌舞伎　能　狂言　日本舞踊　文楽　浄瑠璃　落語　漫才

## 芸術

日本画 水墨画 浮世絵 華道・生け花 茶道 書道 香道 俳句 短歌

## スポーツ

相撲　柔道　剣道　空手　合気道　弓道

## 工芸

織物　陶磁器　織物　染物　漆器　木工品　竹工品　金工品　和紙　人形　仏壇仏具　文具

## 和食

### 調味料

砂糖　塩　酢　醤油　味噌　鰹節　昆布　干ししいたけ　だし　水飴　日本酒　みりん　ワサビ　生姜　山椒　ネギ　シソ

### 米料理

ご飯　赤飯　玄米　麦飯　おにぎり　寿司　にぎり寿司　巻寿司　ちらし寿司　稲荷寿司　粥（かゆ）　雑炊　茶漬け　炊き込みご飯　丼物（どんぶりもの）　牛丼　鰻丼　天丼　カツ丼　親子丼　かけご飯

### 汁物

味噌汁　澄まし汁

### 漬物

沢庵漬け　梅干し　柴漬　味噌漬け　糠漬け

### 麺類

うどん　そば　素麺

### 鍋料理

おでん　すき焼き　水炊　しゃぶしゃぶ　牛鍋　もつ鍋

### 揚げ物

てんぷら　かき揚げ　唐揚げ

### 焼き物

焼き魚　照り焼き　焼き鳥　蒲焼　塩焼き　焼き卵

### その他

刺身　煮物　蒸し物　炒め物　練り物　和え物

### 内容理解

(1) 竹原さんはどうやって自分の店を出したのですか。

(2) なぜ「一心に何かを愛せる人は本当に強い」と思われるのですか。

(3) 「これが違う」とあるが、「これ」とは何を指していますか。

(4) 「ハナから無視」とはどういう意味ですか。

(5) 「逆転の発想」、「おそろしく前向き」という言い方についてどう思いますか。自分の考えを話してみてください。

(6) 職人は心を込めて作った和菓子を通してお客さんにどんなことを伝えようとしていますか。

(7) 一人前の職人になるためにはどんな修業が必要ですか。

(8) 「自分の目で盗め」とあるが、どういうことか説明してみてください。
(9) 「和菓子には技だけではなく、芸術的な素養も必要です」とあるが、その理由を話してみてください。
(10) 和菓子に対するイメージを話してみてください。

## 文法練習

① を読んで文型の使い方を理解し、②③の（　）内の言葉を正しい順番に並べ替えて、文を完成させなさい。

(1) ～あたり

①婚約者の収入をアテにして家のローンを組ませるあたり、ロクでもない男です。

②（にまで・工場長・あたりが・出世する）
小説は彼女がアメリカ人に好まれ、＿＿＿＿＿＿＿＿＿＿一番面白い。

③（こっそりと・中を・あたりが・覗く）
生まれたばかりの猫たちがドアの隙間から＿＿＿＿＿＿＿＿＿＿すごく可愛いです。

(2) Nたるや

①蓋を開けた時のインパクトたるやすごい！なんと可愛いキャラ弁なんだろう！

②（その寒さ・尋常な・たるや・もの）
以前、年末にハルビンに行ったことがありますが、＿＿＿＿＿＿＿＿＿＿＿＿＿＿＿＿ではありませんでした。

③（たるや・感じた・例えよう・悲しさ）
娘が事故で亡くなった。もうその時＿＿＿＿＿＿＿＿、＿＿＿＿＿がない。

(3) ～というか～というか

①私は、ギャンブルには向いてないと思う。そういう運がないというか、頭が悪いというか、やっぱり働いて稼いだほうが確実だ。

②（嬉しい・恥ずかしい・というか・というか）
初めて上司に褒められた時の私の気持ちは＿＿＿＿＿、＿＿＿＿＿、

何とも言えないものだった。

③（というか・つまみ食い・というか・軽食）

＿＿＿＿＿＿＿＿、＿＿＿＿＿＿＿、なにやら食べているうちにお腹がいっぱいになった。

(4) ～ともなると/～ともなれば

①大学受験２か月前ともなれば勉強も追い込みに入ります。

②（経済的にも・社会人・親から・ともなると・独立して）

＿＿＿＿＿＿＿、＿＿＿＿＿＿＿＿＿＿＿＿人生に対する自己責任が必要になる。

③（町を歩く・有名人・気軽に・ともなると）

さすがに彼のような＿＿＿＿＿＿＿＿＿＿＿＿＿＿＿＿こともできない。

(5) ～てしかたがない／～てしょうがない

①パリに行った時、機内でたばこを吸いたくてしょうがなかった。

②（友達・てしかたがない・に・嬉しく・会えたので）

ひさしぶりに＿＿＿＿＿＿＿＿＿＿＿＿＿＿＿＿＿＿＿＿＿＿＿。

③（最終面接だ・緊張して・と思うと・しかたがない）

明日は＿＿＿＿＿＿＿＿＿＿＿＿＿＿＿＿＿＿＿＿＿＿＿＿。

(6) ～ばかりで（は）なく

①この本はためになるばかりでなく面白い。

②（頭も・美しい・優しくて・ばかりでなく）

彼女は＿＿＿＿＿＿＿＿＿＿＿＿＿＿＿＿＿＿＿＿＿＿＿いい。

③（スペイン語・ばかりでなく・話せます・も）

あの人の奥さんは英語＿＿＿＿＿＿＿＿＿＿＿＿＿＿＿＿＿＿。

(7) Vんがため

①試験に合格せんがため、この１年間努力を続けてきた。

②（子孫・がために・より優れた・残さん・を）

生物は＿＿＿＿＿＿＿＿＿＿＿＿＿＿＿＿＿、激しい生存競争を展開する。

③（いろいろな・社長・がために・ならん・に）

________________________裏工作をしている。

(8) Vんばかり

①番組終了後、彼女は外で出待ちしていたファンにフェンスを乗り越えんばかりの体勢でサインを求められた。

②（別れ・抱きついて・んばかりに・泣か）

私達が帰国に際して開いたパーティーでは、みんなが__________を惜しんでくれた。

③（私たち・言わ・を・んばかりに・と）

彼らは「かわいそうな奴」________________じっと見た。

(9) それにしても

①相手に配慮して声をかけなかったのだろうが、それにしても何もあいさつしないのは失礼だと思う。

②（電話一本・それにしても・ぐらい・してくれれば）

きっと旅行先で相当楽しんでいるに違いない。________いいのに…

③（遅れる・それにしても・と・けど・言ってた）

彼は______________、______________遅すぎるよ。

(10) ～ならまだしも

①同じ失敗を繰り返さないように努力するならまだしも、目の前の問題から簡単に逃げ出すようでは何の進歩もありえない。

②（子供・20何歳・ならまだしも・もう）

____________の大人なのだから、それは絶対に許されない。

③（パスポート・ならまだしも・まで・盗まれ）

お金だけ__________てしまったので、旅行は続けられなかった。

(11) V（よ）うものなら

①大事な取引先との打ち合わせに遅刻しようものなら、大変なことになってしまう。

②（言おう・先生に・ものなら・怒られる）

そんなことを__________________________よ。

③（彼女・ものなら・教えよう・秘密・に・を）

＿＿＿＿＿＿＿＿＿＿＿＿＿＿＿、すぐ皆に知られてしまう。

（12）Vまでもない

①あの映画は面白いけど、映画館へ見に行くまでもないと思う。DVDで見れば十分だよ。

②（蛇は・すら・毛虫・言うまでもなく）

母は＿＿＿＿＿＿＿＿＿＿＿＿＿＿＿＿＿大嫌いだった。

③（基本的人権・こと・尊重されなければならない・は・が）

＿＿＿＿＿＿＿＿＿＿＿＿＿＿＿＿論じるまでもない。

（13）～に～を重ねて、

①とにかく、合格への道は練習あるのみです。練習に練習を重ねていくにつれてどんどん上達してくるものです。

②（実験・研究室・実験・重ねて・で・に・を）

今後、＿＿＿＿＿＿＿＿＿＿そこから出たデータを収集します。

③（議論・議論・有効な対策・重ねて・を・に）

専門家に質問し、各地で＿＿＿＿＿＿＿＿＿＿＿＿を立てます。

（14）～なり

①この絵は上手とはいえないものの、彼なりに頑張って描いたものでしょう。その努力は認めましょう。

②（相手を・は・それなりに・傷つけた者・罰を受ける）

たとえ未成年でも、意図があって＿＿＿＿＿＿＿＿＿＿べきだ。

③（私なりに・出した・よく考えた・結論・末に）

何もおっしゃらないでください。＿＿＿＿＿＿＿＿＿＿なのです。

（15）Nたる者

①社長たる者、税金制度について最低限知っておくべきだ。

②（上司・部下・一人ひとりの・たる者は・強み）

＿＿＿＿＿＿＿＿＿＿＿＿＿＿＿を最大限に生かす責任がある。

③（教師・生徒の・たる者・お手本に）

＿＿＿＿＿＿＿＿＿、＿＿＿＿＿＿＿＿ならなければならない。

第７課

（16）Vずとも

①髪型の乱れ、自分が気にせずとも見る人には気になるものです。

②（十分・高い学費・を・よくなる・払わずとも）

英会話、発音は＿＿＿＿＿＿＿＿＿＿って本当ですか。

③（情報の・特に・グローバル化・分析せずとも）

＿＿＿＿＿＿＿＿＿＿の流れは明らかである。

（17）Vがい

①私自身のことを考えてみると、学生時代にはバスケットボール、就職してからは仕事が生きがいだったような気がします。

②（反応が・作りがいが・ので・ない・ない）

自分で作った料理に対して、皆あまり＿＿＿＿という気持ちでした。

③（相談に・頼りがい・のってくれる・心強く・ので）

医者がいつも＿＿＿＿＿＿＿＿＿＿があります。

（18）Vてはじめて

①子育てをしてはじめて親のありがたみが分かる。

②（一人暮らし・こと・気付く・してはじめて）

＿＿＿＿といえば、家事も料理も面倒臭いということだ。

③（出て・これからの・はじめて・治療方法）

結果が＿＿＿＿＿＿＿＿＿＿が決まるという。

（19）V上は

①日本語教師になると決めた上は日本語能力の向上に最大限努力したい。

②（動物を・責任を・上は・もって・飼う）

＿＿＿＿＿＿＿＿＿＿世話をするべきです。

③（全力を・引き受けた・尽くします・上は）

難しい仕事ですが、＿＿＿＿＿＿＿＿＿＿。

（20）$N_1$が$N_2$と相まって／$N_1$と$N_2$（と）が相まって

①この店はヨーロッパ風のインテリアとクラシック音楽が相まって、落ち着いたひと時を過ごさせてくれる。

②（相まって・この世のもの・海の青・と・とは思えない）

植物の緑が＿＿＿＿＿＿＿＿＿＿美しい景観が広がっている。

③（相まって・肉の旨み・タレ・が・と）
この店特製の＿＿＿＿＿＿＿＿＿＿＿＿＿＿＿＿一層引き立っています。

**応用練習**

次のインタビューを完成してください。Ｑ１～Ｑ４の質問に対する答えはＡ～Ｄ、四つあります。それぞれの質問となる答えをＡ～Ｄから選んで入れてください。

～パン屋さんに聞く～

今回インタビューを受けて下さったのは東京○○区のパン屋さん、田中さんです。

Ｑ１：パン好きの私たちとしては、常にパンに囲まれた環境で育った田中さんがとても羨ましいのですが、実家がパン屋さんで良かった点、逆に嫌だった点はありますか？

Ａ１：

| |
|---|
| |

Ｑ２：いつ頃から後を継いでパン職人になろうと思いましたか？

Ａ２：

| |
|---|
| |

Ｑ３：すごいなあ。もう二十歳の頃に将来の目標を見定めていたってことですね。えーっと、お店のことについて少し伺います。田中さん自身はどんなパン屋さんだと思っていますか。

Ａ３：

| |
|---|
| |

Ｑ４：とても素晴らしい考えだと思います！田中さんご自身はどんなパンが好き

ですか？もし他店で好きなパン屋さん、もしくは憧れているパン職人さんなどがあれば教えてください。

A４：

| |
|---|
| |

A

| |
|---|
| 自分のお店、というより親父たちが作ってきた今のお店を客観的に見て、「本当に地域の人たちに愛されているな」って思います。無論、お客様に感謝し、大切にしているからなんだろうけども、本当はその逆で、お客様に必要とされて、大事にしてもらっているからこそなんですよね。日々愛され必要とされているからこそ、お店側はよりお客様に感謝し、大事にされるよう、これからも心がけていこうと思います。 |

B

| |
|---|
| 小学校の卒業アルバムに「将来の夢はパン屋」と書いてあって、子供のころはただ漠然と実家を継ぐのかなぁ？？と思っていただけでしたね。本格的に決心したのは二十歳になって、新年の挨拶で決意表明をして—。大学に通いながらパン屋にアルバイトに行っていました。 |

C

| |
|---|
| シンプルなパンが好きです。特に揚げたてのカレーパンは最高ですよね。外はサクっと、パンはモッチリ。まだトロトロのカレーをはふはふしながら食べるのがサイコーです。バリッ、ザクッっとした食感で今までにない感激を覚えました。お土産用のパンも全て食べてしまい、もう一度お店に戻るほど。あとはクロワッサン。サックリ・シットリタイプがありますが、個人的にはサックリが好きですね。特定の憧れの人はいないのですが、同じ個人経営の職人さんたちにはまだまだ学ばなければいけないことが多いので、参考にさせてもらっています。 |

D

| |
|---|
| 小さいころは家がパン屋だというと、周りの反応が良かったですね。毎日パンが食べられそうで羨ましい！！ってことなんでしょうけど。それは当の本人にとってみれば嫌な点で（苦笑）。朝はパン。学校の給食でもパン。夜、売れ残りがあるとシチューでパン。子供の頃の体はパンで出来ていたといっても過言じゃありませんね。良かった点は誕生日会でクラスの男子を全員呼んで、手作りピザ＆ケーキパーティーをしたことですね。それと白米の美味しさを知ることができました。 |

## 間違い直し

次の文中の下線部を正しく直しなさい。

（1）刺激のない田舎暮らしは単調でならない。

（2）10月ともなれば、寒くなり、あとは２ヶ月で今年も終わっていく。

（3）食べ放題だったので、食べられるなり食べた。

（4）図書館で借りられる本だから、本屋で買うわけもない。

（5）わたしは昨日の英語の試験の結果が気になってはならない。

（6）今日は一日中歩き回って、足が棒にならんばかりに疲れた。

（7）今年一番の寒気団が来ているそうだが、それにしても寒くない。

（8）私は和菓子の老舗で修業する道を選んだのですが、修業は想像以上に厳しいことでした。

## 模擬テスト

１．＿＿＿＿の言葉の読み方として正しいものを、一つ選びなさい。

（1）お坊さんの三日体験修行って知ってますか。

　a．しゅきょう　b．しゅぎょう　c．しゅこう　d．しゅうこう

（2）これは上級者ではなく「超越者向け」のゲームです。

　a．ちょうえつ　b．ちゅうえつ　c．ちょうこし　d．ちゅうこし

（3）安心・安全な食生活との思いから、無添加食材で手づくりしています。

　a．ぶてんか　b．ぶでんか　c．むてんか　d．むでんか

（4）温泉に浸かるだけで若返る？

　a．しん　b．ひた　c．つ　d．し

（5）月の明かりに導かれて、ここにやってきた。

　a．みち　b．みちび　c．しび　d．どう

（6）ここで山里生活を少しでも味わってみたい。

　a．さんり　b．やまり　c．やまさと　d．やまざと

（7）あんな辺鄙な所に住みたくない。

　a．へんぴ　b．へんび　c．へんひ　d．へんへい

第７課

(8) 仕事が落ち着いてから郷里の母に手紙を書いた。

a．ふるさと　b．きょうり　c．きゅうり　d．こうり

(9) 先輩の紹介で落語家に弟子入りを許された。

a．でしい　b．でしはい　c．だいしい　d．だいこい

(10) ビタミンは人間が生きていく上で無くてはならない「必須」の栄養素です。

a．ひっし　b．ひっす　c．ひつす　d．きゅうす

**2．＿＿＿に入れるのに最もよいものを一つ選びなさい。**

(1) 彼女は＿＿＿彼と一緒にいくつもりはなかった。

a．いよいよ　b．そもそも　c．ようやく　d．そろそろ

(2) 地元の市民はいつ今までの日常に戻れるのかと不安の声を＿＿＿。

a．なおした　b．ながした　c．もらした　d．こばした

(3) 料理教室に2ヵ月通った。＿＿＿をかけずに、おいしい料理が作れるようになった。

a．手当て　b．手取り　c．手配　d．手間

(4) 日本のご飯を食べ、久しぶりの湯船に浸かり、国際交流の3週間に思いを＿＿＿。

a．馳せた　b．走らせた　c．走った　d．追った

(5) あの時私は＿＿＿の迷いもなくあの道を選んだ。

a．髪ほど　b．眉ほど　c．心ほど　d．毛ほど

(6) 15日、タクシー運転手100人を対象に飲酒検査を初めて＿＿＿で実施した。

a．抜き打ち　b．手打ち　c．息抜き　d．手抜き

(7) 企画書の表紙をパッと＿＿＿スタイルに作成しよう。

a．目に見える　b．目に入る　c．目に付く　d．目に立つ

(8) 私は面倒くさいことが嫌いで、何事にも「いかに＿＿＿」だけを考えて生きている不真面目な人間です。

a．手数をぬくか　b．手数が抜く　c．手を抜くか　d．手を抜く

(9) 昨日、友人とすき焼のお店へ行きました。店主の心遣いが細部にまで現れたお料理は文句なしの評価です。その店では手間を＿＿＿職人の仕事が味わえました。

a．惜しまない　b．かけない　c．かかる　d．抜く

3．＿＿＿の言葉に意味が最も近いものを一つ選びなさい。

(1) アルバイトの経験もなく、いきなりお店を開くのははっきり言って無謀ではないでしょうか。

a．でる　　b．だす　　c．あける　　d．あく

(2) リーダーの本質をよく知り、その役割を効果的に果たす技を磨くのが何より大切です。

a．旨　　b．腕　　c．業　　d．伎

(3) 教育と経営とどちらが大事かと悩んだこともありました。しかし、今はもう悩んだりしません。自分の中にブレがない軸ができたからです。

a．見込みがない　　b．先がみえない

c．迷わない　　d．決まらない

(4) 業務プロセスを改善すれば、残業時間はもっと減らせると思う。

a．ツーリング　　b．シャレ　　c．ユニーク　　d．過程

(5) 銀行によって発表された数字が格差社会の日本を裏付けている。

a．裏切っている　　b．裏返している

c．確認している　　d．証明している

(6) 作者の自然観がこの彫刻に具現されている。

a．出現　　b．再現　　c．体現　　d．実現

(7) 8歳の少年が独学で会得したピアノ演奏は素晴らしかった。

a．習得　　b．取得　　c．獲得　　d．買得

(8) 大学時代、民家の改修作業などというちょっとハードな労働を体験してみました。

a．大変な　　b．ひどい　　c．すごい　　d．素晴らしい



4．次の言葉の使い方として最もよいものを、一つ選びなさい。

(1) 感心

a．中国ではマグニチュード9.0の大地震でも倒壊しない日本の建築物に感心があがっている。

b．学校の教育は周りの人と協力すること、他人への感心を持つことを教えなければならない。

c．この公演を見た人が「涙が止まらないほど感心した」と言っていた。

d．和食と同様、目で味わう物であり食べる芸術とも言われる和菓子にはつくづく感心する。

（2）結ぶ

a．主役への抜擢はこれまでの努力が実を結んだ結果なのです。

b．発達障害の生徒さんの場合、学力面でのサポートはできるだけ、生活感に結んだ指導が大切です。

c．労働組合はその時から労働者の権利や結ぶ実力を次々に奪われました。

d．梅は2月中旬から下旬に開花し、6月中旬から下旬に結ぶ。

（3）費やす

a．ブランド品に欲望を費やす高収入の女性たちには寂しがり屋が多いようです。

b．米国人がインターネットに費やす時間はこの5年で121%増加し、とうとうテレビと並んだそうだ。

c．山の幸、川の幸たっぷりのお料理で疲れた心と体を費やすために天然温泉の旅へ出かけました。

d．なぜ季節の変わり目には体調を費やしやすいのか。

（4）取材

a．取材時の規制が厳しいことについて不満を漏らす記者がいる。

b．早速ですが、今回の映画ご出演のご感想について、取材させてください。

c．この専門店では道具の種類が豊富で、使用環境によって適当な取材を組み合わせられます。

d．店の方は参加者から情報を取材し、その情報を利用して詳細な実行計画を策定する。

**5．次の文の＿＿に入れるのに最もよいものを一つ選びなさい。**

（1）あんな店でもお昼時＿＿＿かなりのお客さんがつめかけます。

a．ともなると　b．ともあれ　c．ともすると　d．ともなれ

（2）虫に刺されたところがかゆくて＿＿＿。

a．はならない　b．しかない　c．しかたがない　d．かぎらない

（3）明日＿＿＿、今日は縮むのだ。

a．伸びるまいがために　b．伸びないがために

c．伸びぬがために　d．伸びんがために

（4）彼の＿＿＿の才能が、本格的に開花しようとしています。

a．溢れんがため　b．溢れるまでもない

c．溢れんばかり　d．溢れるに違いない

(5) ちょっとでも＿＿＿、彼女はすぐ不機嫌になるので、なるべく早く目的地に着くようにしている。

a．遅刻するかぎり　　b．遅刻しようものなら
c．遅刻するにしたがって　　d．遅刻すればするほど

(6) 他人のやり方は気にしないで、あなたはあなた＿＿＿頑張ればいいんですよ。

a．さえ　　b．なりに　　c．しか　　d．ほどに

(7) 社会人＿＿＿、時間を守ることは基本中の基本である。

a．であれ　　b．たるもの　　c．あっての　　d．たりとも

(8) 会議で一度決まった＿＿＿、それに従うしかない。

a．上は　　b．上で　　c．上に　　d．上

(9) 実際に読んでみて＿＿＿、古典のおもしろさを知った。

a．はじめ　　b．はじめで　　c．はじめて　　d．はじめると

(10) 普段のあなたの意識では＿＿＿、潜在意識は一秒たりとも怠けたりはしていません。

a．気づくと　　b．気づいたものの
c．気づかずとも　　d．気づくといえども

**6．次の文の＿★＿に入る最もよいものを一つ選びなさい。**

(1) 男は＿＿＿ ＿＿＿ ＿＿＿ ＿★＿態度だった。

a．と言わん　　b．被害者だ　　c．自分が　　d．ばかりの

(2) 彼の歓迎の意は＿＿＿ ＿★＿ ＿＿＿ ＿＿＿。

a．とも　　b．分からず　　c．言葉が　　d．伝わってくる

(3) ＿＿＿ ＿＿＿ ＿★＿ ＿＿＿、もう公表するしかありません。

a．以上は　　b．知られた　　c．マスコミ　　d．に

(4) ＿★＿ ＿＿＿ ＿＿＿ ＿＿＿人間は成長してゆくのだ。

a．間違いを　　b．に　　c．間違い　　d．重ねて

(5) 大人と同様、子供も我が家とは異なった環境に置かれると、＿＿＿ ＿★＿、＿＿＿ ＿＿＿はずです。

a．相当なもの　　b．たるや　　c．になる　　d．そのストレス

(6) 彼は食べ物＿＿＿ ＿★＿ ＿＿＿ ＿＿＿くれた。

a．も　　b．物　　c．着る　　d．ばかりではなく

(7) 三日間、徹夜で残業した。＿＿＿ ＿★＿ ＿＿＿、＿＿＿しょうがない。

a．せい　　b．眠くて　　c．睡眠不足の　　d．で

(8) ＿＿＿ ＿＿＿ ＿★＿、＿＿＿までバカにされるなんて耐えられない。

a．ほかのメンバー　　b．ならまだしも

c．自分　　d．だけ

(9) 森の中の散歩は体は＿★＿ ＿＿＿ ＿＿＿ ＿＿＿ものです。

a．心　　b．いい　　c．にも　　d．いうまでもなく

(10) 肉体労働のような身体に＿＿＿ ＿★＿ ＿＿＿ ＿＿＿仕事は諦めなければならない。

a．ハードな　　b．負担を　　c．きつい　　d．かける

## 日本の老舗

日本には創業200年以上の会社が3100社存在し、世界の約40％を占めているという。業種は旅館・料亭・酒造・和菓子が約４割を占めている。現存する日本の会社で一番古いのは西暦578年創業の「金剛組」で、寺社の建設を請け負ってきた宮大工集団である。最も古い旅館は山梨県にある西山温泉慶雲館で、ギネスブックにも登録されている。日本にいわゆる老舗が多い理由は、国土が侵略や国土全域に至るような大きな戦乱を経験していないことが最も大きいが、それ以外にも武士も自ら物作りに参与した歴史があり、物作りに対する敬意が背景にあると言われる。

老舗には「分相応」といった社訓のあるところが目立つ。老舗には長期的視点に立ち、本道で社会に貢献し、品質が保証できる範囲での生業を行うという精神や信用を重んじる気風のあるところが多く、一般には伝統を守り継ぐ、こだわりをもった製造やサービスを行うというイメージがある。例えば、「のれんを守る」という言葉がある。この「のれん」とは元々、禅家で冬季の隙間風を防ぐのに用いた垂れ幕や軒先に張って日よけとする布が転じて、江戸時代からは商家で屋号などを染め抜いて商業用とされたもので、その後店の格式や信用なども指すようになり、「のれんを守る」と言うと、店の格式・信用を含めたブランドを守ることを指す。人々もその「のれん」に信用と伝統の重さ、品質の高さを感じ、老舗もお客様に「のれん」に恥じない商いをしようとする。

一方で、経営は家業を守りつつ、時代の変化にしなやかに対応している老舗も多く、例えば1885年の創業以来貴金属の売買を手がけてきた老舗メーカーは、現在携帯電話の振動モーター用に小さな金属製ブラシを製造している。時代に応じて経営形態を変化させ、規模を拡大している老舗もあり、日本大手の小売業者「イオン（中国語名は永旺）」は元々1758年創業の着物屋からスタートしたもので、今では中国でも店舗を展開している。

# 第８課

## 新聞を読もう

**トピック**　新聞記事の書き方

**形　式**　新聞記事

**学習目標**

・新聞記事の書き方を学ぶ。
・新聞記事が読めるようになる。

**読む前に**

・新聞記事は一般に、どのように構成されていますか。
・日本の新聞記事を読み、よく使われる表現を探してみてください。

**文法項目**

① ～であれ＜条件关系＞
② Ｎを踏まえ（て）＜前提、基础＞
③ ～こそあれ/～こそすれ＜强调＞
④ Ｎに限ったことではない＜非限定＞
⑤ ～恐れがある＜负面的可能性＞
⑥ ～とみる＜判断＞
⑦ －がかる＜带有某种性质、特征＞
⑧ －気味だ＜某种倾向＞
⑨ Ｎを経る＜经过某一过程、阶段＞
⑩ ～ながら（にして）＜状态的保持＞
⑪ ～を契機に（して）＜契机＞

張さんは大学で留学生新聞を作ってみようと思っています。そこで、身近なニュースをどのように新聞記事にするのか、日本の新聞の書き方を学ぶことにしました。

## 新聞記事の書き方

日本の新聞には広い範囲の事柄を扱う「一般紙」と特定の分野の事柄を扱う「専門紙」とがあるが、いかなる新聞であれ、記事の構成には情報の基本に即した型がある。すなわち、いつ（when）、どこで（where）、誰が（who）、何を（what）、どうして（why）、どのくらい（how much）、どうやって（how）したか、という5W2Hである。この型に即して書けば、いかに速く書いて伝えるか、いかに有限の紙面に最大限の情報を載せるか、誰にでも読めるよういかに分かりやすく書くかという、新聞に求められる条件を満たすことができる。

また、一般的な文章では起承転結の形をとることが多いが、新聞では一般に逆三角形型、つまり最初に事件の概要を、そのあとに経過や説明を述べるという形がとられる。すべての記事がまったくこのとおりとは限らないが、この基本を踏まえて書かれていることに間違いない。新聞社によっても、内容の差こそあれ、書き方の基本は変わらない。なお、表記の点では常用漢字が用いられ、中学生が読んでも分かるような表現で書かれている。

また、記事一つ一つには、一目でおおまかな内容が把握できるよう、見出しがつけられている。大きな記事ではふつう見出しに加え、本文記事のポイントをまとめたリードがついている。見出しの表現では字数を節約し、スリムでより印象的にするため、「が」・「を」・「に」といった助詞や「漢語＋する」動詞の「する」、主語や形容詞、目的語の後の動詞、「になる」・「にする」も省略されることがある。なお、このような表現は新聞に限ったことではなく、広告のキャッチフレーズやプレゼンテーションの際の箇条書きにもよく用いられる。

以下では、県紙としては発行部数一を誇る静岡新聞の記事を例として取り上げる。身近で典型的なニュース記事を読み、新聞の書き方への理解を深めよう。

まずは、法令施行のニュースである。

## 富士宮市、屋外広告独自に規制

### 4月から新条例

広告塔や看板、案内図版などを対象にした富士宮市屋外広告物条例が4月1日、施行される。富士山の世界文化遺産登録を見据え、市独自のルールを定めて規制を強化する。

まちの美観を損ね、危害の恐れもある無秩序な屋外広告物の設置を防ぐのが目的。これまで市内の屋外広告物を規制・誘導してきた県条例を廃止し、表示や設置などについて新しい基準を設ける。

適用場所を広げる形で、県条例では四つだった規制地域の種類を八つに細分化。地域の特性に合わせた細かい基準を設け、高さや面積など広告物の許容範囲を引き下げる。

必要に応じて是正指導を行い、「悪質者には罰金刑を科す」などの罰則を設けた。既に許可を受けていながら、市条例の基準には合わなくなる屋外広告物については改修などのため、5年の猶予期間を認める。

市都市計画課は「新条例の施行は、富士山の庭園都市にふさわしい良好な景観保全につなげるため。屋外広告物の設置には許可が必要な場合があり、確認してほしい」と理解を呼び掛けている。

（2012年3月26日　静岡新聞）

次に、季節の便りの書き方を見てみよう。

## 黄色い花に甘い香り

### 葵区　洞慶院　ロウバイ見ごろ

梅の名所として知られる静岡市葵区羽鳥の洞慶院で、ロウバイの花が見ごろを迎えた。ろうを塗ったような光沢のある黄色い花が、枝先などで甘い香りを漂わせている。

同院によると、ロウバイは梅園や境内などに40本ほどが植栽され、開花が始まったのは今月上旬。12月に温かい気候が続いたためか、昨年に比べ2週間ほど遅い開花状況という。訪れた人たちは「きれいですね」などと声を上げながら写真撮影をしたり、園内の探索を楽しんでいた。

（2012年1月23日　静岡新聞）

次はこんな目撃情報のニュースを紹介する。

**浜名湖に謎の巨大生物？**
**湖西・新居漁港で目撃**

18日午後３時半ごろ、湖西市新居町新居の浜名漁協新居支所などを通じて「体長４～５メートルほどもある巨大生物が浜名湖を泳いでいる」と湖西署に連絡があった。同署員が目撃現場の新居漁港に駆け付け、東へ約３００メートル沖合で時折姿を見せる生物を確認。同署はアザラシなどの可能性もあるとみて、付近を航行する船舶に注意を呼び掛けている。

同署や地元漁業関係者によると、目撃された生物は茶色がかっていて、同日午後５時半ごろまでの間、1～5分程度の間隔で体の一部を湖面からのぞかせた。浜名湖が遠州灘と接する今切口から北約1キロの地点で発見されたことから、潮に流されて迷い込んだとみられるという。

第１発見者の同市新居町浜名、漁業加藤康之さん(48)は「船に燃料を積む作業をしていたら突然湖面を泳ぐ巨大な姿が見えた。こんなことは初めて」と興奮気味だった。

（2012年3月19日　静岡新聞）

最後に事故の記事を取り上げる。

**富士山７合目で**
**男子高校生死亡**

15日午前8時25分ごろ、富士山富士宮口登山道７合目を通り掛かった登山者から「山小屋前で人がうつぶせで倒れている」と１１０番があった。富士宮署山岳遭難救助隊などが現場に駆け付けたが、死亡が確認された。同署によると、死亡していたのは神戸市内の男子高校生(16)。10日に行方が分からなくなり、家族が11日に兵庫県警に捜索願を出していた。

高校生は黒ダウンジャケットに黒ジーンズ、スニーカー、リュックサック姿で見つかり、自宅を出た時のままの服装だったとみられる。同署が死因を調べている。

（2012年1月16日　静岡新聞）

新聞記事は単なる伝聞とは異なり、何度もの校閲を経た信頼度の高い情報を提供するものである。今は新聞各社のインターネットのホームページが開設されており、海外にいながらにして日本の最新ニュースの入手が可能になっている。この課の学習を契機に、ぜひ日本のニュースに親しんでもらいたい。

張の留学生仲間：張さん、どう？留学生新聞、書けそう？

張子琳：ポイントを押さえることが大事なのね。ある程度パターン化されているみたいだし、チャレンジしてみるわ。

## 単　語

事柄（ことがら）⓪【名】事情，事项

扱う（あつかう）⓪③【他Ⅰ】处理，办理；运用，操作；对待，应付；公断，仲裁

一般紙（いっぱんし）③【名】综合性报纸

専門紙（せんもんし）③【名】专业性报纸

～であれ 无论……都……

有限（ゆうげん）⓪【名・形Ⅱ】有限

満たす（みたす）②【他Ⅰ】使满足；装满，填满

起承転結（きしょうてんけつ）⓪②【名】起承转合，文章的结构

概要（がいよう）⓪【名】概要，摘要

～こそあれ 虽然

表記（ひょうき）①【名・他Ⅲ】书写，表记

常用（じょうよう）⓪【名・他Ⅲ】常用；一直使用

おおまか（大まか）⓪【形Ⅱ】大致的，不拘小节，大手大脚，粗枝大叶

見出し（みだし）⓪【名】标题；词条，条目

本文（ほんぶん）①【名】正文，文章主要部分

まとめる⓪【他Ⅱ】总结，概括，集中；归纳，理清；了结，办妥，完成

リード（lead）①【名・他Ⅲ】内容提要；领导，带领；领先

字数（じすう）②【名】字数

節約（せつやく）⓪【名・他Ⅲ】节约

スリム（slim）①【形Ⅱ】苗条，纤细，瘦长

助詞（じょし）⓪【名】助词

動詞（どうし）⓪【名】动词

目的語（もくてきご）⓪【名】宾语

～に限ったことではない（～にかぎったことではない）不仅限于……

キャッチフレーズ（catchphrase）⑤【名】宣传标语，广告词

プレゼンテーション（presentation）⑤【名】（关于）广告策划方案、设想和计划（的说明、演示）

箇条書き（かじょうがき）⓪【名】分条写，一条条写

**県紙**(けんし)①【名】省报，各省的报纸
**発行部数**(はっこうぶすう)⑤【名】发行数量
**発行**(はっこう)⓪【名・他Ⅲ】发行
**部数**(ぶすう)②【名】（书籍、杂志等的）份数，册数
**典型的**(てんけいてき)⓪【形Ⅱ】典型的
**法令**(ほうれい)⓪【名】法令，法律和命令
**施行**(しこう)⓪【名・他Ⅲ】实施，施行
**富士宮市**(ふじのみやし)⑤【名】（地名）富士宫市
**屋外**(おくがい)②【名】屋外，室外
**規制**(きせい)⓪【名・他Ⅲ】限制，管制，用规章加以限制；规定，规章制度
**新条例**(しんじょうれい)③【名】新条例
**条例**(じょうれい)⓪【名】条例；地方公共团体的议会在法令范围内制定的法规
**看板**(かんばん)⓪【名】招牌，广告牌；幌子，外观；关门，关张；海报
**世界文化遺産登録**(せかいぶんかいさんとうろく)①−④−⓪【名】入选世界文化遗产
**遺産**(いさん)⓪【名】遗产
**見据える**(みすえる)⓪【他Ⅱ】盯着看，定睛；看准，看清
**強化**(きょうか)①【名・他Ⅲ】强化，加强
**美観**(びかん)⓪【名】美观，美丽的景色
**損ねる**(そこねる)③【他Ⅱ】伤害，损害；失败，出错
**誘導**(ゆうどう)⓪【名・他Ⅲ】诱导，引导；感应；衍生
**基準**(きじゅん)⓪【名】基准，标准
**設ける**(もうける)③【他Ⅱ】设置，制定；预备，预先准备
**適用**(てきよう)⓪【名・自Ⅲ】适用，对……有效
**細分化**(さいぶんか)⓪【名・他Ⅲ】细分化
**特性**(とくせい)⓪【名】特性
**面積**(めんせき)①【名】面积
**許容**(きょよう)⓪【名・他Ⅲ】容许，接受，宽容
**是正**(ぜせい)⓪【名・他Ⅲ】改正，修改
**悪質者**(あくしつしゃ)④【名】坏人，有恶劣行为的人
**罰金刑**(ばっきんけい)③【名】罚款，处罚
**科す**(かす)①【他Ⅰ】科处，处罚
**罰則**(ばっそく)⓪【名】罚则，处罚规则
**許可**(きょか)①【名・他Ⅲ】许可，允许，批准
**改修**(かいしゅう)⓪【名・他Ⅲ】修改，修正
**庭園**(ていえん)⓪【名】庭园，院落
**良好**(りょうこう)⓪【名・形Ⅱ】良好
**景観**(けいかん)⓪【名】景观，景致
**保全**(ほぜん)⓪【名・他Ⅲ】保全，保护
**つなげる**(繋げる)⓪【他Ⅱ】连接，串上
**ロウバイ**(蝋梅)⓪【名】腊梅
**見ごろ**(見頃・みごろ)⓪③【名】正好看时，观赏期
**葵区**(あおいく)③【名】（地名）葵区
**洞慶院**(どうけいいん)③【名】（地名）洞庆院
**羽鳥**(はとり)⓪【名】（地名）羽鸟
**ろう**(蝋)①【名】蜡
**光沢**(こうたく)⓪【名】光泽
**枝先**(えださき)⓪【名】枝头
**梅園**(ばいえん)⓪【名】梅园，梅花园
**境内**(けいだい)①【名】神社或寺院的围墙内侧的区域
**植栽**(しょくさい)⓪【名・他Ⅲ】种植，栽培
**上旬**(じょうじゅん)⓪【名】上旬
**園内**(えんない)①【名】（花园、动物园等）园内
**探索**(たんさく)⓪【名・他Ⅲ】探索
**目撃**(もくげき)⓪【名・他Ⅲ】目击，目睹，亲眼看见
**浜名湖**(はまなこ)③【名】（地名）滨名湖
**巨大**(きょだい)⓪【名・形Ⅱ】巨大
**湖西**(こさい)①【名】（地名）湖西（滨名湖西岸）
**新居漁港**(あらいぎょこう)④【名】新居渔港
**漁港**(ぎょこう)⓪【名】渔港
**漁協**(ぎょきょう)⓪【名】渔业协会
**支所**(ししょ)①【名】分所；办事处

体長（たいちょう）⓪【名】体长，身高
湖西署（こせいしょ）⓪【名】湖西警署
駆け付ける（かけつける）⓪④【自Ⅱ】跑到，迅速赶到
沖合（おきあい）⓪【名】海面上，洋面上，近海
時折（ときおり）⓪【副】时而，有时，偶尔
～とみる 认为……，看做……
付近（ふきん）②①【名】附近，周围
航行（こうこう）⓪【名・自Ⅲ】航行
同日（どうじつ）⓪【名】同日，同一天
間隔（かんかく）⓪【名】间隔
湖面（こめん）⓪【名】湖面
遠州灘（えんしゅうなだ）③【名】（地名）远州海域
今切口（いまきりくち）④【名】（地名）今切口
地点（ちてん）①⓪【名】地点，位置
発見（はっけん）⓪【名・他Ⅲ】发现
潮（しお）②【名】潮水，潮汐；好机会，好时机
迷い込む（まよいこむ）④【自Ⅰ】迷路，陷入迷惑
加藤康之（かとうやすゆき）①－②【名】（人名）加藤康之
積む（つむ）⓪【他Ⅰ】装，载；堆积，垒砌；积累，积蓄；攒钱，筹款
興奮（こうふん）⓪【名・自Ⅲ】兴奋，激动
－気味（－ぎみ）有……倾向，有……征兆
富士宮口（ふじのみやぐち）⑤【名】（地名）富士宫口
－合目（－ごうめ）（登山路径的）十分之……
男子（だんし）①【名】男性
死亡（しぼう）⓪【名・自Ⅲ】死亡
登山道（とざんどう）②【名】登山路径
通り掛かる（とおりかかる）⑤⓪【自Ⅰ】偶然路过，恰巧经过
山小屋（やまごや）⓪【名】（登山者用来寄宿、休息、避难等的）山地小屋
うつぶせ（うつ伏せ・俯せ）⓪【名】趴着，俯卧，脸朝下
110番（ひゃくとおばん）③【名】（报警电话）110
山岳（さんがく）⓪【名】山岳，山岭
遭難救助隊（そうなんきゅうじょたい）⓪【名】遇险救助队
遭難（そうなん）⓪【名・自Ⅲ】遇险，遇难
救助（きゅうじょ）①【名・他Ⅲ】救助，救援
兵庫県警（ひょうごけんけい）④【名】兵库县警察局
兵庫県（ひょうごけん）③【名】（地名）兵库县
捜索願（そうさくねがい）⑤【名】搜索申请，报案要求找人
捜索（そうさく）⓪【名・他Ⅲ】搜索，搜查
黒ダウンジャケット（くろdown jacket）⑥【名】黑色羽绒服
ダウンジャケット（down jacket）④【名】羽绒服，防寒上衣
スニーカー（sneaker）②⓪【名】旅游鞋，运动鞋
リュックサック（ドイツ語・rucksack）④【名】双肩包，旅行背包，背囊
死因（しいん）⓪【名】死亡原因
伝聞（でんぶん）⓪【名・他Ⅲ】传闻，听说
校閲（こうえつ）⓪【名・他Ⅲ】校阅，校对
経る（へる）①【自Ⅱ】经过；通过；经历
信頼度（しんらいど）③【名】可靠性，可信度
～を契機に（～をけいきに）以……为契机
押さえる（おさえる）③【他Ⅱ】押，按，捂；抓住，掌握；扣押，留住
パターン化（patternか）⓪【名・他Ⅲ】形式化，模式化
パターン（pattern）②【名】模型，类型，模式；式样，图案

## 文型の学習

### 1．～であれ＜条件关系＞

*日本の新聞には、広い範囲の事柄を扱う「一般紙」と特定の分野の事柄を扱う「専門紙」とがあるが、いかなる新聞であれ、記事の構成には情報の基本に即した型がある。*

用“疑问词＋名词＋であれ”或“疑问词＋であれ”的形式，表示无论前项如何，后项的情况都不发生变化，都适用，用于强调后项。相当于汉语的“无论……都……”、“不管……也……”等。

(1) どんな人であれ、何か欠点はあるものだ。

(2) 理由がどうであれ、うそをつくことはよくない。

(3) どの大学であれ、合格できれば喜んで入学するつもりだ。

(4) 原因が何であれ、事故の経緯は明らかにされなければならない。

### 2．Nを踏まえ（て）＜前提、基础＞

*すべての記事がまったくこのとおりとは限らないが、この基本を踏まえて書かれていることに間違いない。*

「を踏まえ（て）」接在名词后面，表示将该名词指称的事物作为前提或判断的根据、基础，一般用于书面语。修饰名词时用「$N_1$を踏まえた$N_2$」这种形式。相当于汉语的“根据……”、“以……为基础”。

(1) 個々の事情を踏まえて方針を立てるべきだ。

(2) 震災の経験を踏まえた防災対策が各地で推進されている。

(3) これまでの議論を踏まえて、以下の二つの提案を行う。

(4) 今度の君の試験の結果を踏まえて、受験校を決めましょう。



### 3．～こそあれ/～こそすれ＜强调＞

*新聞社によっても、内容の差こそあれ、書き方の基本は変わらない。*

「こそあれ」接在名词、“名词＋格助词”、“$A_{I}$词干＋く”、“$A_{II}$词干＋で”的后面，「こそすれ」接在名词或动词的第一连用形后面，用于摆出事实，

前后项构成对照性关系，突出强调后项所叙述的情况。为书面语。相当于汉语的“是……，（而不）……”。

(1) 国によって言語や文化の差こそあれ、人情は変わらない。
(2) 車やパソコンなどの機械は便利でこそあれ、それらに支配されたくはない。
(3) ごみ処理問題は今後とも厳しくなりこそすれ、緩和されることはないだろう。
(4) 最近は試験が気になって、友達が遊びに来ても、うっとうしくこそあれ、ちっとも楽しくない。

## 4．Nに限ったことではない<非限定>

✏なお、このような表現は新聞に限ったことではなく、広告のキャッチフレーズやプレゼンテーションの際の箇条書きにもよく用いられる。

「に限ったことではない」接在名词的后面，表示不仅限于此，还存在其他类似情况，相当于「～だけではない」。相当于汉语的“不仅限于……”。

(1) 試験のカンニングは現代に限ったことではない。
(2) 感染症の危険性は子供やお年寄りに限ったことではない。
(3) この夢をみたのは今日に限ったことではない。ここ最近、毎日といっていいほど見ている。
(4) 回り道や寄り道の途中で大切なものを見つけるのは何も物語の中に限ったことではありません。

## 5．～恐れがある<负面的可能性>

✏まちの美観を損ね、危害の恐れもある無秩序な屋外広告物の設置を防ぐのが目的。

「恐れがある」接在「N＋の」、动词的词典形后面，表示有发生某种事情的可能性，只用于不好的事情。相当于汉语的“有……的危险”、“有……之虞”、“恐怕……”。

(1) 雪が降ると、野菜の値段が上がる恐れがある。
(2) この商品は扱いが悪いと、破損してしまう恐れがある。
(3) 医薬品の副作用による健康被害は今後さらに深刻になる恐れがある。
(4) このあとあす明け方にかけて大雨の恐れがあるため、気象庁は土砂災害などに注意を呼びかけている。

## 6．～とみる<判断>

*同署はアザラシなどの可能性もある<u>とみて</u>、付近を航行する船舶に注意を呼び掛けている。*

「とみる」接在简体句后面（以名词或Ⅱ类形容词结句时可直接接名词或Ⅱ类形容词词干），表示判断。为比较生硬的书面语。相当于汉语的“认为……”、“视为……”。

(1) これは本物**とみて**いいのだろうか。

(2) 警視庁は幹部がこの事件に関わっていた疑いがある**とみて**調べている。

(3) この日の勝利を日本の強さ**とみる**か、相手の弱さ**とみる**か。

(4) ヨーロッパ経済はかなり厳しい**とみる**べきだ。

## 7．－がかる<帯有某种性质、特征>

*同署や地元漁業関係者によると、目撃された生物は<u>茶色がかっていて</u>、同日午後5時半ごろまでの間、1～5分程度の間隔で体の一部を湖面からのぞかせた。*

「がかる」接在部分名词的后面，表示带有某种特征、性质、颜色等。修饰名词时使用「$N_1$がかった$N_2$」这种形式。相当于汉语的“有点儿……”等。

(1) 帰り道、ふと見上げた空に**赤みがかった**月が浮かんでいた。

(2) あいつの**芝居がかった**態度に腹が立った。

(3) その新聞は**左がかっている**と言われている。

(4) 窓から差し込んでくる光が柔らかく**オレンジ色がかっていて**、ほんわかと暖かみが感じられる。

## 8．－気味<某种倾向>

*「こんなことは初めて」と<u>興奮気味</u>だった。*

「気味」接在名词、动词的第一连用形后面，表示带有某种样子、某种倾向和征兆，多用于消极的情况。相当于汉语的“稍微……”、“有点儿……”等。

(1) このところ、**疲れ気味**で食欲も落ちている。

(2) 運動不足のせいか、最近少し**太り気味**です。

(3) あまり自信がないので、終始**緊張気味**に発表していた。

(4) ちょっと**風邪気味**なので、早く帰らせていただけないでしょうか。

## 9．Nを経る<经过某一过程、阶段>

*新聞記事は単なる伝聞とは異なり、何度もの校閲を経た信頼度の高い情報を提供するものである。*

「を経る」接在名词后面，表示经过某一过程、某一阶段。后修饰动词时用「Nを経てV」的形式，后修饰名词时用「$N_1$を経た$N_2$」的形式。相当于汉语的“经过……”。

(1) 彼は5年の浪人生活を経てやっと大学に進学した。

(2) それは時の試練を経て残った曲である。

(3) ここに売られているのは、みな厳しい安全性審査を経た食品ばかりです。

(4) 今回のビル建設はこれまでにないプロセスを経ることで、短期間で完成した。

## 10．～ながら（にして）<状态的保持>

*今は新聞各社のインターネットのホームページが開設されており、海外にいながらにして日本の最新ニュースの入手が可能になっている。*

「ながら（にして）」接在名词、动词的第一连用形后面，表示该状态保持不变。该表达方式多为一些固定的用法，如「いつもながらに」「涙ながらに」「昔ながらの」「生きながらに」「生まれながらに」等。后修饰名词时用「$N_1$ながらの$N_2$」的形式。

(1) 今は、テレビやインターネットで、家にいながらにして世界の動きを知ることができる。

(2) 被災者は涙ながらに当時の状況を話した。

(3) 人間は生まれながらに能力の差があるものだ。

(4) 京都には昔ながらの町並みが残っている。

## 11．～を契機に（して）<契机>

*この課の学習を契機に、ぜひ日本のニュースに親しんでもらいたい。*

「を契機に（して）」接在名词、“动词连体形＋の”的后面，表示以此为契机，产生了后项所述的变化。也可以用「～を契機として」。类似的表达方式还有「～をきっかけに（して）」「～を機に」等。相当于汉语的“以……为契机”。

(1) 彼は就職を契機に、生活スタイルをガラリと変えた。

(2) 今回の留学を契機に、今後の活躍の場が広がることを期待します。

(3) オリンピックの開催を契機に、その町は観光に力を入れるようになった。

(4) 中国からの帰国者が隣に入居したのを契機にして、中国語を学び始めた。

## いろいろな表現

### 日本の官庁

行政官庁（１府12省庁）

内閣府（ないかくふ）　総務省（そうむしょう）　法務省（ほうむしょう）　外務省（がいむしょう）　財務省（ざいむしょう）

文部科学省（もんぶかがくしょう）　厚生労働省（こうせいろうどうしょう）　農林水産省（のうりんすいさんしょう）　経済産業省（けいざいさんぎょうしょう）

国土交通省（こくどこうつうしょう）　環境省（かんきょうしょう）　防衛省（ぼうえいしょう）　国家公安委員会（こっかこうあんいいんかい）（警察庁（けいさつちょう））

司法官庁

検察庁（けんさつちょう）　裁判所（さいばんしょ）

### 内容理解

(1) 新聞に求められる条件は何ですか。

(2) 新聞の逆三角形型とは何ですか。

(3) （記事①について）富士宮市が屋外広告物条例を施行する目的は何ですか。

(4) （記事①について）富士宮市屋外広告物条例の具体的な内容は何ですか。

(5) （記事②について）今年のロウバイは例年とどこが違うのですか。

(6) 記事③が伝える最も重要な情報は何ですか。

(7) 記事④が伝える最も重要な情報は何ですか。

第８課

## 文法練習

**① を読んで文型の使い方を理解し、②③の（　）内の言葉を正しい順番に並べ替えて、文を完成させなさい。**

（1）～であれ

①母への愛情は、どの世代であれどこの国であれ、誰もが抱くものである。

②（は・どう・結果・であれ）

________________________、後悔はしない。

③（理由・どんな・であれ）

____________、選挙に暴力を持ち込んではならない。

（2）Nを踏まえ（て）

①震災の反省と教訓を踏まえて、災害に強い安全な街づくりをめざして、地域防災計画を見直している。

②（を・計画・市民の意見・踏まえて）

____________________________________を修正した。

③（を・踏まえて・最悪の状況・対応すべき）

________________________________である。

（3）～こそあれ／～こそすれ

①子どもたちがいることによって得た人生経験は、数え切れないくらいたくさんあるので、喜びこそあれ、負担とは感じなかった。

②（の・差・程度・こそあれ）

人間は、_______________、真善美を見わける能力をもっている。

③（で・無駄ではない・有益・こそあれ・決して）

外国語の知識を身に付けるのは、_________________________。

（4）Nに限ったことではない

①これは日本に限ったことではなく、先進国を中心に世界的な社会問題にも発展しつつある。

②（のは・株に・税金がかかる・限った・ことではなく）

_______________________、所得にはたいてい課税されます。

③（に・ことではなく・男性・これは・限った）

＿＿＿＿＿＿＿＿＿＿＿＿＿、女性にも同じことが言えるでしょう。

(5)　～恐れがある

①金環日食は肉眼で太陽をみると目を痛める恐れがある。

②（四国に・上陸する・明日の午後には・早くて・恐れ）

台風12号は、＿＿＿＿＿＿＿＿＿＿＿＿＿＿があるそうです。

③（を・誤解・表現・招く・恐れのある）

＿＿＿＿＿＿＿＿＿＿＿＿＿を載せてしまったことをお詫びします。

(6)　～とみる

①着服していた疑いがあるとみて、調べを進めている。

②（の・が・ある・放火・可能性・とみて）

警察は＿＿＿＿＿＿＿＿＿＿＿＿＿＿＿、調査をしている。

③（では・殺人事件・警察・とみて）

＿＿＿＿＿＿＿＿＿＿＿＿＿＿＿＿＿、捜査している。

(7)　ーがかる

①この辺りは、時代劇のワンシーンのような時代がかった雰囲気が漂っている。

②（での・がかった・芝居・涙・記者会見）

＿＿＿＿＿＿＿＿＿＿＿＿はさらに反感を買った。

③（ピンク色・紫の・淡すぎない・がかった）

＿＿＿＿＿＿＿＿＿＿＿＿＿＿アジサイが咲き始めた。

(8)　ー気味

①国際アニメフェアは来場者数が減少気味である。

②（が・の人の方・太り気味・やせた人より）

＿＿＿＿＿＿＿＿＿＿＿＿＿長生きするそうだ。

③（だった・昨日から・ので・風邪気味）

＿＿＿＿＿＿＿＿＿＿＿＿＿１日中布団に入っていた。

(9)　Nを経る

①誰しもが少なからずの失敗を経て、成長しながら人生を歩んでいくも

第8課

のである。

②（を・に・予選・決勝・経て・進んだ）

____________________________________。

③（を・日本一周・6年の歳月・経て）

____________________________を達成した。

（10）～ながら（にして）

①孟子によれば、人間は生まれながらにして善である。

②（買い物が・自宅・にいながらにして・できる）

____________________利便性から最近、ネットショッピングを利用する人が増えている。

③（を・家・涙ながら・飛び出した）

恵子は__________________________________。

（11）～を契機に（して）

①オリンピックを契機に、地下鉄などの都市インフラが整備され、人々の暮らしは大きく変わった。

②（を・この受賞・契機に）

_________________、一層の努力をし、より高いレベルの研究成果を出せるように頑張ろうと決意した。

③（を・契機に・省エネが・石油ショック・進んだ）

____________________________________________。

## 応用練習

### ステップ1

次の記事を読んで、記事の書き方について考えて見ましょう。

**宇佐美美術館で写真展「ねこ」始まる**

動物写真家吉田詩織さんの写真展「ねこ」が15日、宇佐美美術館で開幕した。吉田さんが30年にわたって撮影した猫の写真約120点を展示した。4月3日まで。

心地よさそうにリラックスしている、下町の路地裏で群れて遊ぶ猫など、人々の暮らしの中で生きる猫の様子を紹介した。撮影地は国内にとどまらず、フランス、エジプトなど世界各国におよぶ。
　会場には初日から大勢の来場者が詰め掛けた。愛くるしくもたくましい猫の表情やしぐさに見入り、思わず笑みを漏らす人もいた。
　開館時間は午前10時～午後５時。月曜休館。入館料は一般・大学生800円、小中高生400円。週末は小中学生無料。問い合わせは宇佐美美術館。TEL 123（456）789。

### ステップ2

次の取材のメモを参考に、記事を書きましょう。

漫画家、俳優佐々木義明作品展
期間：４月15～24日
場所：宇佐美美術館
作品：絵画、漫画の原稿など約130点（独創的な世界観を表現した大作）
問い合わせ：宇佐美美術館　TEL　123（456）789
オープニングには佐々木さんも来場し、テープカットをして作品展開催を祝った。

### 間違い直し

**次の下線部の修飾語を＿＿＿で示しなさい。**

(1)　この型に即して書けば、いかに速く書いて伝えるか、いかに有限の紙面に最大限の情報を載せるか、誰にでも読めるよういかに分かりやすく書くかという、新聞に求められる<u>条件</u>を満たすことができる。

(2)　また、一般的な文章では起承転結の形をとることが多いが、新聞では一般に逆三角形型、つまり最初に事件の概要を、そのあとに経過や説明を述べるという<u>形</u>がとられる。

(3)　まちの美観を損ね、危害の恐れもある無秩序な屋外広告物の<u>設置</u>を防ぐのが目的。

(4)　浜名湖が遠州灘と接する今切口から北約１キロの<u>地点</u>で発見されたことから、潮に流されて迷い込んだとみられるという。

(5)　新聞記事は単なる伝聞とは異なり、何度もの校閲を経た信頼度の高い<u>情報</u>を提供するものである。

第８課

1．次の下線部の言葉の読み方を書きなさい。

（1）百科事典で気になる人物や事柄を調べる。

（2）人にはそれぞれ得意な分野がある。

（3）木は最も古くから利用されてきた燃料の１つである。

（4）この花は５月上旬に咲く。

（5）結論を簡潔に記述する。

（6）現場で経験を積んでいくのが重要です。

（7）サクラヤは100年の歴史を誇る老舗です。

（8）帽子をかぶって日焼けを防ぐ。

（9）この事件で市民の信頼を大きく損ねた。

（10）雑誌に広告を載せた。

2．次の下線部の仮名を漢字に直しなさい。

（1）日本人名のローマ字ひょうきは原則として「姓－名順」に統一されている。

（2）会議ではさぎょうの流れについて検討した。

（3）１チームは11人の選手でこうせいされている。

（4）日本語では、主語がよくしょうりゃくされる。

（5）こちらも昔ながらのてんけいてきな和室となっています。

（6）安全性を高めるためにさまざまなきじゅんを設けています。

（7）しおの香りの中、海を眺めながら散策した。

（8）大震災に見舞われてもちつじょを崩さない日本人の姿に、世界中から驚きと賞賛の声が上がっている。

（9）あの店は昔の雰囲気をただよわせている。

（10）日焼け止めは、一年中ぬったほうがいい。

3．＿＿＿に入れるのに最もよいものを一つ選びなさい。

（1）銀行は長期金利の低下を受け、10年固定型金利を0．05％＿＿＿。

a．受け下げた　b．掛け下げた　c．取り下げた　d．引き下げた

(2) 何度かあの店の前を＿＿＿けど、なかなか入る勇気がなかった。

a．通りすがった　　b．通り合わせた

c．通りかかった　　d．通り越した

(3) 相手の意見に＿＿＿やすいのは、ちゃんとした自分の考えを持っていないからです。

a．流され　　b．洗われて　　c．濡れられて　　d．降られて

(4) 常に一歩先だけではなく、最低でも「二歩先の未来」を＿＿＿上で今を生きて欲しい。

a．見かけた　　b．見渡した　　c．見立てた　　d．見据えた

(5) 簿記の資格を取って就職に＿＿＿。

a．かけたい　　b．つなげたい　　c．関わりたい　　d．押さえたい

(6) 事件記者は、何か起きたらすぐに現場に＿＿＿なければならない。

a．打ちつけ　　b．押さえつけ　　c．落ちつけ　　d．駆けつけ

(7) 最近、年俸制の形を＿＿＿会社が増えている。

a．ひく　　b．とる　　c．おく　　d．あげる

(8) セキュリティ設定は、パスワードが複雑さの要件を＿＿＿必要がある。

a．足りる　　b．適する　　c．応じる　　d．満たす

(9) さくらソフトは月間１億の売上を＿＿＿ゲームで有名だ。

a．渡る　　b．誇る　　c．積む　　d．漂う

(10) 努力が＿＿＿報われるとは限らない。

a．ぜひ　　b．せめて　　c．めったに　　d．必ずしも

**4．＿＿＿の言葉に意味が最も近いものを一つ選びなさい。**

(1) このイベントについて細かい情報が決まり次第、お知らせします。

a．小さい　　b．詳しい　　c．うれしい　　d．つまらない

(2) ポイントをおさえて、効率よく勉強しなければならない。

a．とらえて　　b．ふれて　　c．さわって　　d．つけて

(3) 協会の活動は評価されており、数々の賞を受賞しています。

a．認められて　　b．扱われて　　c．まとめられて　　d．用いられて

(4) ベテランの医師は、患者から話を聞いただけで、だいたいの病気の見当がつく。

a．めったに　　b．わずかに　　c．たっぷり　　d．おおまかに

(5) 村では、健康のための取り組みの第一歩として、「元気プロジェクト委員会」を立ち上げた。

a．立った　　b．設けた　　c．建てた　　d．示した

**5．次の言葉の使い方として最もよいものを、一つ選びなさい。**

（1）経過

a．親と相談した経過、田舎に帰ることにした。

b．最初に、グループの事業の経過及びその成果についてご報告いたします。

c．留学生との交流を深めることを経過して、国際交流活動の幅を広げていく。

d．国内工場を経過して作られた国産品なので、品質も高く、安心して使える。

（2）踏まえる

a．論文には修正を踏まえてから提出した。

b．父は50年ぶりにふるさとの土を踏まえた。

c．学習状況調査の結果を踏まえ、授業を改善した。

d．実験が失敗を踏まえた結果、ついに中止された。

（3）取り上げる

a．周りに子どものように取り上げられているのは嫌だ。

b．最近卒論発表用のパワーポイントの作成に取り上げている。

c．今朝のニュース番組では今回の問題が大きく取り上げられた。

d．自分ならではのアイデアを取り上げた製品の開発に取り組んでいる。

（4）合わせる

a．先生の都合に合わせ日程を決めた。

b．腕に力を合わせて荷物を持ち上げた。

c．あの無責任な発言が関係者に迷惑を合わせた。

d．これはピカソが平和への願いを合わせて描いた作品です。

**6．次の文の＿＿＿に入れるのに最もよいものを一つ選びなさい。**

（1）これは日本＿＿＿、世界中の多くの国が抱える問題である。

a．にもかかわらず　　b．に限ったことではなく

c．に至らず　　d．というものではなく

（2）最近はなんだか疲れ＿＿＿でやる気も起きません。

a．ゆえ　　b．並　　c．向き　　d．気味

（3）程度の差＿＿＿、どの地域も人口の減少や高齢化などの悩みを抱えている。

a．にせよ　　b．こそあれ　　c．であれ　　d．とあって

(4) そうした過酷な経験＿＿＿からこそ、人の痛みを理解し、人に寄り添うことが出来るのだ。

a．を通した　b．を経た　c．に沿った　d．にかかった

(5) 睡眠不足は病気に＿＿＿恐れがある。

a．つなが　b．つながって　c．つながる　d．つながり

(6) いかなる目的＿＿＿、無断使用及び無断引用は禁止いたします。

a．であって　b．であり　c．であれ　d．である

(7) アンケート調査の結果＿＿＿、今後の対策を検討する。

a．に向けて　b．にあって　c．をぬきにして　d．を踏まえて

(8) 青空より夕焼けの紫＿＿＿空の方が好きです。

a．ともなる　b．に加えて　c．に基づく　d．がかった

(9) インターネットのおかげで家に＿＿＿世界を知ることができるようになった。

a．いるついでに　b．いるにあたって

c．いるものなら　d．いながらにして

(10) 今回の受賞＿＿＿今後もより多くの方に喜んでいただける作品作りを目指していきたい。

a．を契機に　b．を中心に　c．を問わず　d．をこめて

**６．次の文の＿★＿に入る最もよいものを一つ選びなさい。**

(1) 28日の東京株式市場は、日経平均株価＿＿＿ ＿＿＿ ＿★＿ ＿＿＿。

a．ぶりに　b．３営業日　c．が　d．値下がりした

(2) 野田内閣は30日に＿＿＿ ＿＿＿ ＿＿＿ ＿★＿。

a．方針　b．消費増税法案の

c．を　d．閣議決定する

(3) 景気条項として「経済状況の好転」＿＿＿ ＿＿＿ ＿＿＿ ＿★＿。

a．条件　b．規定した　c．を　d．と

(4) これをもとに週明けにも野党に協議を呼びかけ、今年３月末＿＿＿ ＿★＿ ＿＿＿ ＿＿＿。

a．法案提出を　b．の　c．まで　d．めざす

(5) 野田政権は16日、＿＿＿ ＿★＿ ＿＿＿ ＿＿＿社会保障改革の全体像を固めた。

a．議論して　b．セットで　c．きた　d．消費増税と

(6) 年収が１千万円以上の人から基礎年金を段階的に減らし、最大月３万３千円＿＿＿ ＿★＿ ＿＿＿ ＿＿＿。

第８課

a．案　　　b．も　　　　　c．盛り込んだ　d．減額する

(7) 政府は消費税増税で＿＿＿ ＿★＿ ＿＿＿ ＿＿＿だ。

a．考え　　b．借金頼み　　c．に　　　　　d．決別したい

(8) 首相は1日、首相官邸で記者会見し、来年3月末までに＿＿＿ ＿★＿ ＿＿＿ ＿＿＿説明した。

a．消費増税法案　　　　　b．としている

c．提出する　　　　　　　d．について

(9) 民主党内では反対論が強く、＿＿＿ ＿＿＿ ＿＿＿ ＿★＿政権内の攻防が本格化する。

a．に向けて　b．素案作成　　c．年末　　　　d．の

(10) 12年度末の国債残高は約708兆円と＿＿＿ ＿＿＿ ＿＿＿ ＿★＿も大きい。

a．財政危機に　b．欧州各国　　c．苦しむ　　　d．より

## コラム　日本の新聞

日本の新聞の特徴といえば、朝刊・夕刊（一部地域）が各家庭に配達されるという「戸別宅配制度」の普及が挙げられる。新聞はざっと記事を読める「一覧性」があり、一面の記事配列や見出しの強調、最初に重要な要素が詰め込まれている「逆ピラミッド型（Inverted Pyramid）」の新聞記事は、「見出し」→「リード」→「本文記事」の配列により、ニュースの重要度が一目で分かる。新聞の約4割は広告であり、新聞社運営の重要な財源となっている。読者は新聞広告や新聞に折り込まれる「折込みちらし（広告）」により、身近な生活情報が獲得できるメリットもある。新聞を読む習慣は定着しているものの、近年はインターネットの普及により、紙媒体の発行部数は減り続けている。それに代わり、WEBニュースが広まっており、将来は紙媒体に代わる存在になるとの予測もある。

日本の新聞は、大手新聞社による全国紙、県の特色を生かした情報が充実した地方新聞社による県紙、西日本、北海道などいくつかの県で読まれているブロック紙がある。全国紙として2012年時点で発行部数が最も多いのは読売新聞で、幅広い購読者層を持っている。次に多い朝日新聞は「受験の朝日」と呼ばれ、大学の入試問題などの出題率が高く、教育熱心な家庭から高い支持を得ている。3位の日本経済新聞は就職活

動に必須の新聞とされ、ビジネスパーソンにとって欠かせない存在となっている。全国紙はスポーツ専門の新聞社を別会社形式で運営し、テレビ局との関係も深い。地方の県紙として首位の発行部数を誇るのは、静岡新聞社が発行する「静岡新聞」で、茶の産地であることから夕刊紙面には「茶況」欄があり、茶相場を取材する専門記者がいる。

また、紙面こそ持たないにせよ、通信社は加盟社に国内外のニュース等を配信しており、特に地方紙にとってはその存在感が大きい。

新聞社各社、通信社のＷＥＢサイトにアクセスし、上手に活用しよう。

| **新聞** | **スポーツ新聞** | **テレビ局** |
|---|---|---|
| 朝日新聞<br>http://www.asahi.com/ | 日刊スポーツ | テレビ朝日 |
| 毎日新聞<br>http://mainichi.jp/ | スポーツニッポン | ＴＢＳ |
| 読売新聞<br>http://www.yomiuri.co.jp/index.htm | スポーツ報知 | 日本テレビ |
| 産経新聞<br>http://sankei.jp.msn.com/top.htm | サンケイスポーツ | フジテレビ |
| 日経新聞<br>http://www.nikkei.co.jp/ | | テレビ東京 |
| 静岡新聞<br>http://www.at-s.com/ | | SBS テレビ |
| 中日新聞<br>http://www.chunichi.co.jp/ | 中日スポーツ | CBCテレビ |
| 共同通信社<br>http://www.kyodonews.jp/ | | |
| 時事通信社<br>http://www.jiji.com/ | | |

# 第９課

## 紫外線の人体への影響と対策

**トピック**　健康、美容

**形　式**　説明文

**学習目標**

- 比較的専門的な語彙と複雑な内容の文章を読み、理解できるようになる。
- 構成に留意しながら説明的文章を読む。

**読む前に**

- 紫外線についてどれだけ知っていますか。説明してください。
- あなたは紫外線を防ぐために、どんな対策をとっていますか。

**文法項目**

① Nに至っては＜极端事例＞
② ～ないまでも＜程度对比＞
③ ～といえども＜转折条件＞
④ Ｖたら最後＜消极结果的诱因＞
⑤ ～に越したことはない＜最佳状态、行为＞
⑥ たとえ/疑問詞＋Ｖ（よ）うと＜让步条件＞
⑦ Ｎ上（じょう）＜方面＞
⑧ Ｖことのないよう（に）＜避免该情况发生＞
⑨ Ｎをピークに＜顶点＞
⑩ Ｖずして＜否定性前提＞

佐藤久美さんは、これまであまり日焼けや紫外線のことを気にしていなかったのですが、最近ママ友から紫外線対策の必要性を聞かされ、紫外線の人体への影響や対策について調べてみました。

# 紫外線の人体への影響と対策

**紫外線が人体に与える影響**

太陽光は人が生きていくうえで欠かすことができないものですが、その太陽光中の紫外線には人体に有用な作用と有害な作用があります。

まず、有用な作用としては、骨を強くすることがあります。皮膚にはデヒドロコレステロール（7-DHC）すなわちプロビタミンD3（ビタミンDの前の物質）が多量にあり、紫外線によってビタミンDに転換されます。ビタミンDは腸から吸収されると、肝臓と腎臓で酵素の働きを受け、活性型ビタミンDに変化します。この活性型ビタミンDがカルシウムの吸収を高めたり、血液中のカルシウム濃度を一定に保つなど、骨にとってプラスとなるさまざまな働きをしています。

しかし、一方で紫外線は人体に悪影響も及ぼします。紫外線はいくつかの種類に細分することができますが、一般に日常生活で浴びる可能性のある紫外線は太陽光由来の近紫外線中のUVA、UVBで、地表に到達する紫外線の99%がUVAと言われています。

有害性が高いのはUVBのほうで、表皮の最下層である基底層にまで達し、細胞を傷つけ、サンバーン（炎症）を起こしたり、ひどい場合に至っては水ぶくれを起こすことがあります。基底層は表皮細胞が生産されるところであり、表皮細胞の遺伝子は紫外線によって傷つくことがあります。傷ついた遺伝子は普通は修復されるのですが、大量の紫外線を浴び、多量の傷ができた場合、遺伝子の傷が治らなかったり、遺伝子の傷が正しく修復されず間違って治されることがあります。そして、間違って修復され、正常な細胞でなくなった遺伝子は皮膚ガンの原因になります。

UVAがもたらす影響はUVBほどではないまでも、その到達範囲は基底層にとどまらず、その奥の真皮層にまで達するため、肌の弾力性を支えているコラーゲン繊維を破壊し、その結果、肌は弾力性を失い、タルミやシワの原因となります。なお、UVAは窓ガラスを透過しますので、室内や車内といえども、避けることは難しく、晴天はおろか曇りの日でも量はそれほど少なくなりません。

また、紫外線は目にも悪影響を与え、白内障のリスクを高めます。白内障とは、眼球の水晶体が濁って、視力が低下し、最悪、失明してしまう目の病気のことです。紫外線が目の中に入り、角膜を透過すると、紫外線は水晶体で吸収されます。しかし、長年紫外線を浴び続けると水晶体のたんぱく質に変化が起こり濁ってきます。この濁りが白内障となるので、目に対する影響にも注意が必要です。

**日焼けとシミ**

このような紫外線照射に対する防御反応として、人間の体では茶色の色素のメラニンを分泌して皮膚表面に沈着させる（これを「日焼け」という）ことにより、それ以上の紫外線の皮膚組織への侵入を防ぎ、より深い皮膚組織へのダメージを軽減させようとしています。分かりやすく言えば、メラニン色素がカーテンのような役割をして、紫外線の脅威から皮膚を守ろうとしているわけです。

通常、肌の組織は28日周期で生まれ変わっており、細胞は表皮の最下層である基底層で生まれ、約1ヶ月をかけて徐々に表面に移動し剥がれ落ちます。健全な肌状態であれば、生成されたメラニン色素は他の細胞に受け渡されながら、新陳代謝とともに肌表面に押し上げられ、その後剥がれ落ちて排出されていきますので、肌の色は基本的には一定しています。

ところが、なんらかの原因でこのメラニン色素が十分排出されずに皮膚内部に残存してしまうと、これが色素沈着・シミということになってしまいます。メラニンは紫外線から肌を守ってくれるのですが、同時にその排出がうまくいかないとシミの原因にもなるのです。「メラニン色素ができたら最後、シミになってしまう」というものではありませんが、メラニンの排出限度を超えるほどに紫外線に当たった場合は特に注意が必要です。

**紫外線対策**

紫外線には骨を強くするなどよい点もありますが、日光浴は夏なら木陰で30分、冬なら顔や手に太陽を当てて１時間も歩けば十分と言われています。近年は紫外線量が増えており、日に当たることよりも、紫外線からの悪影響に気をつける必要があります。

紫外線の危険から体を守る第一の方法は言うまでもなく、紫外線を浴びないことです。外出時は極力日陰を歩く、コンクリートは紫外線をよく反射させるので極力歩行を避ける、紫外線の強い時間帯の外出は避ける、日傘を利用する、帽子を利用する、襟付きのシャツ・長袖のシャツを着用する、薄い色の服よりも濃い色の服を着用する、自転車や自動車の運転時は手袋を利用するなど、過度な紫外線は浴びないに越したことはありません。目に対してはサングラスの着用などが有効です。

しかし、たとえどれだけ対策をしようと、紫外線は多かれ少なかれ浴びてしまうものです。特に仕事上、屋外にいる方はなおさらです。紫外線を浴び過ぎても、肌へ入り込むことのないよう、UVカット効果のある日焼け止めなどを利用しましょう。

紫外線によって日焼けした場合、シミの可能性にも留意しましょう。前述した大量の紫外線、メラニン色素生成活発化によるメラニン色素の残存以外に、新陳代謝が低下すると、メラニン色素の排出がスムーズにできず、色素残存の原因となりますので、注意が必要です。新陳代謝は20歳すぎをピークに下降していくと言われています。マッサージや適切な基礎化粧品などで新陳代謝の衰えをフォローしましょう。

日ごろの生活において避けて通れない太陽光ですが、紫外線はさまざまな脅威をもたらします。紫外線がもたらす影響のメカニズムを知らずして、正しい紫外線対策はあり得ません。メカニズムを理解し、しかるべきケアを行い、うまく紫外線とつきあいましょう。

久　美：やっぱりきちんと理解せず、やみくもに紫外線を防いでばかりいてもだめなのね。

ママ友：そうね。日に当たるとシミになるとばかり思っていたけど、そんな単純なことじゃないのね。

# 単　語

日焼け(ひやけ)⓪【名・自Ⅲ】日晒，晒黑；褪色
ママ友(ママとも)⓪【名】妈妈们，同为人母的朋友
紫外線(しがいせん)⓪【名】紫外线
留意(りゅうい)①【名・自Ⅲ】留意，留心，注意
太陽光(たいようこう)③【名】太阳光
有用(ゆうよう)⓪【名・形Ⅱ】有用，有益
有害(ゆうがい)⓪【名・形Ⅱ】有害
作用(さよう)①【名・自Ⅲ】作用；起作用；作用力
皮膚(ひふ)①【名】皮肤
デヒドロコレステロール(dehydrocholesterol)⑨【名】脱氢胆固醇
プロビタミン(provitamin)③【名】维生素原
物質(ぶっしつ)⓪【名】物质，东西
多量(たりょう)⓪【名】大量，多量
腸(ちょう)①【名】肠
肝臓(かんぞう)⓪【名】肝脏
腎臓(じんぞう)⓪【名】肾脏
酵素(こうそ)①【名】酶
活性型(かっせいがた)⓪【名】活性
カルシウム(荷兰语calcium)③【名】钙
濃度(のうど)①【名】浓度
細分(さいぶん)⓪【名・他Ⅲ】细分，细致划分
一般に(いっぱんに)⓪【副】一般地，普遍地
UVA(ユーブイエー・ultraviolet radiation a)⑤【名】UVA，长波黑斑效应紫外线
UVB(ユーブイビー・ultraviolet radiation b)⑤【名】UVB，户外紫外线
地表(ちひょう)⓪【名】地表，地球或土地的表面
到達(とうたつ)⓪【名・自Ⅲ】到达
表皮(ひょうひ)①【名】表皮
基底層(きていそう)②【名】基底层，底层
サンバーン(sunburn)③【名】晒斑
炎症(えんしょう)⓪【名】炎症
～に至っては(～にいたっては) 至于……，到……程度时
水ぶくれ(水脹れ・みずぶくれ)⓪【名】水泡，皮下水肿
最下層(さいかそう)③【名】最下层，最底层
細胞(さいぼう)⓪【名】细胞
遺伝子(いでんし)②【名】基因，DNA
修復(しゅうふく)⓪【名・他Ⅲ】修复，改善
正常(せいじょう)⓪【名・形Ⅱ】正常
～ないまでも 就算不……，即使不……
真皮層(しんぴそう)③【名】真皮层
弾力性(だんりょくせい)⓪【名】弹性
弾力(だんりょく)⓪①【名】弹力
コラーゲン(collagen)②【名】胶原蛋白
繊維(せんい)①【名】纤维
タルミ(弛み・たるみ)⓪【名】松弛；松懈，精神放松；松弛程度，垂度
シワ(皺・しわ)⓪【名】皱纹，褶皱
透過(とうか)⓪【名・自Ⅲ】穿过，透过
～といえども 即便……也……
晴天(せいてん)⓪【名】晴天
白内障(はくないしょう)⓪③【名】白内障
眼球(がんきゅう)⓪【名】眼球
水晶体(すいしょうたい)⓪【名】晶状体
濁る(にごる)②【自Ⅰ】浑浊，不清晰；嘶哑，沙哑；不清醒；发浊音
視力(しりょく)⓪①【名】视力
最悪(さいあく)⓪【名】最坏，最糟糕
失明(しつめい)⓪【名・自Ⅲ】失明
角膜(かくまく)⓪【名】眼角膜

たんぱく質(蛋白質・たんぱくしつ)④③【名】蛋白质
照射(しょうしゃ)⓪【名・自他Ⅲ】照射，日照
防御メカニズム(ぼうぎょメカニズム)⓪－③【名】防御机制，防御结构
防御(ぼうぎょ)①【名・他Ⅲ】防御
メカニズム(mechanism)③【名】结构，机制；装置
色素(しきそ)②①【名】色素
メラニン(melanin)⓪①【名】黑色素
分泌(ぶんぴつ・ぶんぴ)⓪【名・他Ⅲ】分泌
表面(ひょうめん)③【名】表面
沈着(ちんちゃく)⓪【名・形Ⅱ・自Ⅲ】沉积，沉淀；沉着，镇定
侵入(しんにゅう)⓪【名・自Ⅲ】入侵，闯入
脅威(きょうい)①【名】威胁，胁迫
周期(しゅうき)①【名】周期
生まれ変わる(うまれかわる)⑤【自Ⅰ】新生，脱胎换骨；再生，转世
徐々に(じょじょに)①【副】慢慢地，缓缓地
移動(いどう)⓪【名・自Ⅲ】移动，转移
剥がれ落ちる(はがれおちる)⑤【自Ⅱ】脱落，剥落
健全(けんぜん)⓪【形Ⅱ】健全，健康；稳妥，可靠
生成(せいせい)⓪【名・自他Ⅲ】产生，生成；转化
受け渡す(うけわたす)④【他Ⅰ】交接，转换
新陳代謝(しんちんたいしゃ)⑤【名・自Ⅲ】新陈代谢
押し上げる(おしあげる)④【他Ⅱ】上推；提升，推举
内部(ないぶ)①【名】内部
～たら最後(～たらさいご) ……之后的结果就是……，一旦……就……
限度(げんど)①【名】限度，范围
日光浴(にっこうよく)③【名・自Ⅲ】日光浴
木陰(こかげ)⓪①【名】树荫
極力(きょくりょく)②⓪【副】极力，全力
日陰(ひかげ)⓪【名】阴凉，背阴处；阴影，背阴，不好的处境
コンクリート(concrete)④【名】混凝土
反射(はんしゃ)⓪【名・自他Ⅲ】反射；反射反应
歩行(ほこう)⓪【名・自Ⅲ】步行，走着
日傘(ひがさ)②【名】阳伞，遮阳伞
襟付き(えりつき)⓪【名】带领的（衣服）
襟(えり)②【名】衣领，领子；后颈
濃い(こい)①【形Ⅰ】浓，深，颜色重；气味浓；密度大；可能性大；情谊浓厚
～に越したことはない(～にこしたことはない) 再也没有比……更好的事情了
たとえ～(よ)うと 就算是……
多かれ少なかれ(おおかれすくなかれ) 或多或少，多少
～上(～じょう) 在某方面
なおさら(尚更)⓪【副】更加，越发
入り込む(はいりこむ)④⓪【自Ⅰ】进入，深入
日中(にっちゅう)⓪【名】白天
ファンデーション(foundation)③【名】粉底，粉底霜；美体修形内衣；基础，底子
～ことのないよう 避免发生……
UVカット(ユーブイcut)⓪－①【名】遮挡紫外线，防紫外线，抗紫外线
前述(ぜんじゅつ)⓪【名・自Ⅲ】前述，上述
活発化(かっぱつか)⓪【名・自Ⅲ】活化，活性化
残存(ざんぞん)⓪【名・自Ⅲ】残存，留存
スムーズ(smooth)②【形Ⅱ】顺畅，顺利，圆滑
～をピークに 以……为最高潮，以……为最顶峰
ピーク(peak)①【名】高峰，高潮；山顶，山峰
下降(かこう)⓪【名・自Ⅲ】下降，下滑
マッサージ(massage)③①【名・他Ⅲ】按摩，推拿
適切(てきせつ)⓪【名・形Ⅱ】适当，贴切，恰当
衰え(おとろえ)⓪③【名】衰弱，衰老，衰退；

衰败，衰落

フォロー(follow)①【名・他Ⅲ】追随，跟随，协从

～ずして 不……，未……

しかるべき(然る可き)④【連体】应有的，理所当然的；适当的，相当的

ケア(care)①【名・他Ⅲ】照顾，护理，看护

やみくも⓪【形Ⅱ】胡乱，盲目行事

## 文型の学習

### 1．Nに至っては<极端事例>

✎*肌にあたると、サンバーン（炎症）を起こし、ひどい場合に至っては水ぶくれを起こすことがあります。*

「に至っては」接在名词后面，用于举出多个负面事项中最为极端的事例，后项为对其结果的叙述或评价。相当于汉语的“至于……，（甚至）……”。

(1) 彼には妹と弟がいるが、妹は３年くらい、弟に至っては６年も引きこもっているそうだ。

(2) 大学を卒業し、社会人として３年半働いていた私は、英語はもちろん忘れており、数学に至っては高校レベルもままならない状態だった。

(3) 海外に住んでいる子供たちは、母国語を話すことは習得できても、十分な読み書きに至っては、大変な努力が必要だ。

(4) 調査によると、ここ十年来、青少年の肥満率は上昇し、都市部の男子学生に至っては25%が肥満という結果だそうだ。

### 2．～ないまでも<程度对比>

✎*UVAが人体に及ぼす悪影響はUVBほどではないまでも、UVAの到達範囲は基底層にとどまらず、真皮層にまで達するため、……。*

「までも」接在名词、形容词或动词的否定形后面，表示即便没有达到该较高的程度，也达到了后项所述的一定的程度。相当于汉语的“即使不（没）……，也……”。

(1) 作品は完璧ではないまでも、まあ満足できるレベルになっていた。

(2) 気温はそれほど高くないまでも、湿気のある蒸し暑い日だった。

(3) 今回の実験は、失敗とは言えないまでも、期待する成果が得られなかった。

(4) 自分から告白しないまでも、相手のことが好きなら、少しはアピールしたほうがいいよ。

## 3．～といえども<转折条件>

*なお、UVAは窓ガラスを透過しますので、室内や車内といえども、避けることは難しく、晴天はおろか曇りの日でも量はそれほど少なくなりません。*

「といえども」接在名词或简体句后面，用于举出极端的事例，意为即便是该事例，也会出现与常规或预想相反的情况。有时与「たとえ」「いくら」「どれほど」等搭配使用。多用于书面语。相当于汉语的“哪怕是……也……”、“即便……也……”。

(1) 連休中だから、郊外**といえども**、相当混雑するだろう。
(2) いくら先生**といえども**、分からないことはたくさんあるのだ。
(3) たとえ大卒**といえども**、簡単に就職できるわけではない。
(4) ４月になって暖かくなった**といえども**、まだ風が冷たい。

## 4．Vたら最後<消极结果的诱因>

*メラニン色素ができたら最後、シミになってしまう。*

「たら最後」接在动词的第二连用形后面，表示一旦该事项成立，就会发生消极的结果或陷入不可逆转的状态。相当于汉语的“一旦……，就……”。

(1) 隣のおじさんに**話しかけたら最後**、長話の始まりだった。
(2) お菓子の袋を**開けたら最後**、食べ切るまで止まらない。
(3) 「10分だけ」と思ってベッドに**入ったら最後**、気がつくと朝になっていた。
(4) ぼくは一度ゲームを**始めたら最後**、ほかのことが何も手に付かなくなってしまう。

## 5．～に越したことはない<最佳状态、行为>

*過度な紫外線は浴びないに越したことはありません。*

「に越したことはない」接在“名词＋である”、Ⅱ类形容词词干、Ⅰ类形容词或动词的词典形后面，表示该状态或行为为最佳，其他都不能超越。多用于叙述常识、常理等。相当于汉语的“……是最好的”、“没有比……更好的”。

(1) 外国語の学習は若いうちに始める**に越したことはない**。
(2) どんなにパソコンが普及しても、やっぱり字はきれい**に越したことはない**。
(3) 時間、お金、生活空間など、何事もゆとりがある**に越したことはない**。
(4) 買う側としては安い**に越したことはない**が、あまりにも安いと逆に心配になってくる。

## 6．たとえ/疑問詞＋V（よ）うと<让步条件>

*しかし、たとえどれだけ対策をしようと、紫外線は多かれ少なかれ浴びてしまうものです。*

「V（よ）うと（も）」与「たとえ」或疑问词搭配使用，表示让步条件，意为无论前项如何变化，后项均不改变。相当于汉语的“无论……，都……”、“即使……，也……”。

(1) **たとえ何が起ころうと**、君を守り抜きたい。

(2) **たとえ反対されようと**、この道を行くと決意した。

(3) 周りから**どんなことを言われようと**、諦めないでがんばりましょう。

(4) 今では、相手が**どこで何をしていようと**、メールやネットを通して簡単に連絡がとれる。

## 7．N上（じょう）<方面>

*特に仕事上、屋外にいる方はなおさらです。*

「上（じょう）」接在名词后面，表示在该情况下、该方面或该角度考虑。

(1) 公害は市民の**生活上**、大きな問題の一つである。

(2) 彼とは**仕事上**の話をすることはあっても、プライベートな話は全くしない。

(3) 彼女は仕事を辞めて、専業主婦になりたいと言っている。しかし、**経済上**それは難しい。

(4) インスタントラーメンは**健康上**よくないと知ってはいるが、あの独特な味にひかれて、つい食べてしまう。

## 8．Vことのないよう（に）<避免该情况发生>

*紫外線を浴び過ぎても、肌へ入り込むことのないよう、UVカット効果のある日焼け止めなどを利用しましょう。*

「ことのないよう（に）」接在动词的词典形后面，表示说话人希望避免该情况发生。相当于汉语的“希望不要……”。

(1) 無断で欠席される**ことのないよう**、お願いします。

(2) 被害がこれ以上広がる**ことのないように**祈っています。

(3) 新たな問題を引き起こす**ことのないよう**、十分な注意が必要である。

(4) 後悔する**ことのないように**、今できることを精一杯やってください。

## ９．Nをピークに＜顶点＞

✐新陈代謝は20歳すぎをピークに下降していくと言われています。

「をピークに」接在表示时间、数量等的名词后面，意为以此为顶点、高峰，之后呈下降或减弱趋势。相当于汉语的“……达到高峰”、“以……为顶点”。

(1) 筋肉痛は昨日の朝をピークにだんだん落ちついてきた。

(2) 日本の人口は2006年の１億2800万人をピークに、減少に転じた。

(3) この病気は、例年12月をピークに、11月～１月にかけて流行する。

(4) 日本海側を中心とした大雪は、２日をピークに３日まで降り続く見込みです。

## 10．Vずして＜否定性前提＞

✐紫外線がもたらす影響のメカニズムを知らずして、正しい紫外線対策はあり得ません。

「Vずして」意同「Vないで」，表示在不进行该动作的前提下。为古典日语的表达方式。相当于汉语的“不……”、“未……”。

(1) 鍋を食べずして、冬は越せない。

(2) 原作を読まずして、批判すべきではない。

(3) 期待せずして見たら、期待以上の内容だった。

(4) 働かずして収入を得る方法なんてありえない。

## いろいろな表現

### 接続詞のまとめ

| 順接 | 前に述べた内容について順当な結果をつなげる。<br>だから・したがって・それで・そこで・そのため・すると・その結果　など |
|---|---|
| 逆接 | 前の文とは逆の内容で後ろの文につなげる。<br>しかし・だが・けれども・ところが・でも・だが・それなのに・それが　など |
| 並立・並列 | 前の文の内容に続く内容を対等にならべてつなげる。<br>また・ならびに・および　など |
| 添加 | 前の内容に後の文の内容をつけ加える。<br>そして・それから・それに・そのうえ・さらに・しかも・さらに・また　など |

| 換言 | 詳しく説明したり、言い換えてまとめる。<br>つまり・すなわち・ようするに・せめて・とりわけ　など |
|---|---|
| 例示 | 例を示したり、具体例をあげて分かりやすく説明する働き。<br>たとえば・いわば　など |
| 理由 | 前の内容の詳しい説明をする。<br>なぜなら・というのは　など |
| 補足 | 補ったり、例外や条件をつけ加えたりする。<br>ただし・なお・ちなみに・もっとも　など |
| 選択 | 前の内容と後ろの内容を対比したりどちらかを選ばせたりする。<br>あるいは・または・もしくは・それとも　など |
| 転換 | 前の文や段落の内容から話題を変える。<br>ところで・それでは・さて・では・ともあれ・それはそうと　など |

## 内容理解

（1）人が生きていくうえで欠かせないから、太陽光は100％いいものだと言えますか。

（2）紫外線にある人体に有用な作用は何でしょうか。

（3）次の表の空欄に適切なキーワードを書いて、紫外線の骨に有用な作用のプロセスを説明しましょう。

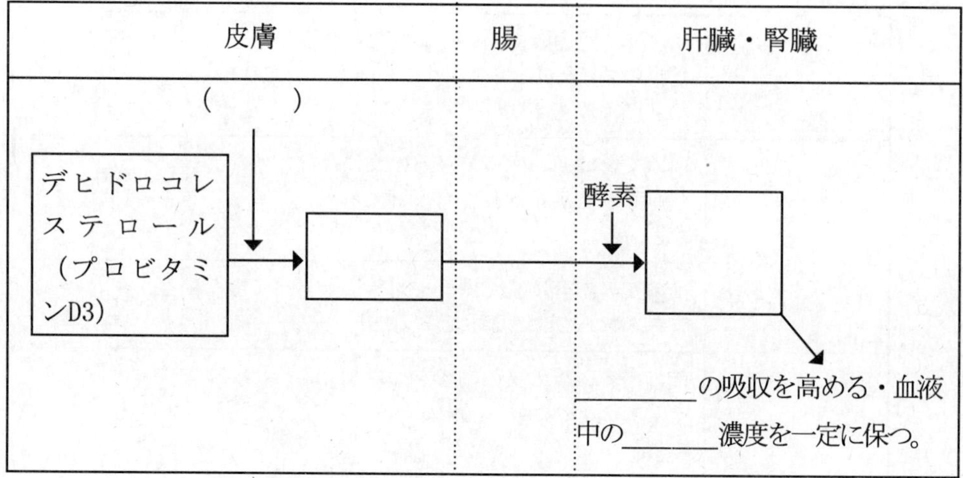

(4) 人体に特に有害な紫外線は何ですか。
(5) 肌の基底層とはどんな部分でしょうか。
(6) 何が皮膚ガンの原因となるのでしょうか。
(7) 人体に与える悪影響はUVAのほうがUVBより大きいですか。
(8) 何がタルミやシワの原因となりますか。
(9) 紫外線が白内障を引き起こす原因は何でしょうか。
(10) 日焼けとは何でしょうか。
(11) シミの原因は何でしょうか。
(12) 日光浴に適した時間はどのくらいですか。
(13) 紫外線対策には何があるでしょうか。

## 文法練習

**① を読んで文型の使い方を理解し、②③の（　）内の言葉を正しい順番に並べ替えて、文を完成させなさい。**

(1) Nに至っては

①失恋した彼は、ショックのあまり家から一歩も出なくなり、食事に至ってはこの１週間何も口にしていないありさまだ。

②（に・父・至っては）
家族全員が私の海外留学に大反対し、＿＿＿＿＿＿、そんなことより早く結婚しろと言い出す始末だった。

③（が・至っては・九州・多く・に・上陸）
今年は台風の＿＿＿＿＿、＿＿＿＿＿、１ヶ月に５回も直撃に遭った。

(2) ～ないまでも

①この翻訳は流暢ではないまでも、忠実にされていることは確かである。

②（とは・枯れた・その花は・言えないまでも）
＿＿＿＿＿＿＿＿＿＿＿＿、もう花に香りがない。

③（と・断定は・あの人が・犯人だ・できないまでも）
＿＿＿＿＿＿＿＿＿＿＿＿＿＿、いろいろと怪しいところがある。

(3) ～といえども

①高学歴といえども専業主婦になることはいまどき珍しくもなんともないですよ。

②（高学歴化が・といえども・進んでいる）

看護士の世界では＿＿＿＿＿＿＿＿＿＿＿、やはり実力が全てです。

③（昼ご飯・忙しい・といえども・いくら）

＿＿＿＿＿＿＿＿＿＿＿＿くらいはおいしいモノを食べたい。

(4) Ｖたら最後

①今度の仕事は少しでもミスをしたら最後、取り返しがつかないことになる。

②（を・このチャンス・最後・逃したら）

＿＿＿＿＿＿＿＿＿＿＿＿、二度とはやって来ないわよ。

③（は・最後・彼・言い出したら）

＿＿＿＿＿＿＿＿＿＿＿＿＿＿、一歩も後へ引かない。

(5) ～に越したことはない

①本来ならその風景を目のあたりに見せるに越したことはないが、その便利がないために言葉を借りて説明するものである。

②（に・しない・越したことはない）

結婚したくなければ、＿＿＿＿＿＿＿＿＿＿＿＿＿＿＿＿。

③（のは・相談する・早い・弁護士に・に越したことはない）

＿＿＿＿＿＿＿＿＿＿＿＿＿＿＿＿＿＿＿＿＿＿＿＿＿。

(6) たとえ／ 疑問詞＋Ｖ（よ）うと

①たとえどれだけ努力をしようと、気を遣おうと、相性というものには勝てない。

②（に・何と・だれ・言われようと）

＿＿＿＿＿＿＿＿＿＿＿＿、自分の信じた道を進むほうがいい。

③（批判されようと・スタイルで・この・たとえ・僕は・いきますよ）

＿＿＿＿＿＿＿＿＿＿＿＿＿＿＿＿＿＿＿＿＿＿＿＿＿＿。

(7) Ｎ上

①我々は両国の経済上の連携強化に取り組んできた。

②（の・により・社長は・理由・健康上）

＿＿＿＿＿＿＿＿＿＿＿＿、今年夏に退任することになった。

③（の・は・仕事上・人間関係）

＿＿＿＿＿＿プライベートの人間関係とは異なるルールがある。

(8)　Vことのないよう（に）

①戦争は、すべての人の努力によって、これから繰返されることのないようにしなければならない。

②（授業・ことのないように・遅刻する・次の・に）

＿＿＿＿＿＿＿＿＿＿＿＿＿＿＿、気をつけてください。

③（思い残す・一日一日を・ことのないよう）

＿＿＿＿＿＿＿＿、＿＿＿＿＿＿＿＿精一杯生きていこう。

(9)　Nをピークに

①中学の相撲部は02年度の28校をピークに減少傾向にあり、12年度は１校増えた一方で、７校が一気に休部となった。

②（を・に・夕方・ピーク）

＿＿＿＿＿＿＿＿各地で30キロ前後の渋滞が予想されています。

③（60代・女性の幸福度は・をピークに）

＿＿＿＿＿＿＿＿＿＿＿＿＿＿＿＿＿下がっていくそうだ。

(10)　Vずして

①戦わずして勝つ。

②（を・お土産・買わずして）

日本人にすれば、旅行に行ったとき、＿＿＿＿＿＿＿＿＿、旅行とは言えないようだ。

③（も・せず・努力・して）

＿＿＿＿＿＿＿＿＿＿＿＿＿＿＿＿、諦めたら一生何もできない。

第９課

## 応用練習

説明文の書き方を考えてみよう。

**ステップ１**　興味のある情報を読んで理解する。

**ステップ２**　説明文のテーマを決める。

**ステップ3** 説明文の構成を考える。

**ステップ4** 上記「ステップ1」の情報をもとに簡単な説明文を書く。

次の情報を生かして「乾燥と風邪・インフルエンザ」をテーマにした簡単な説明文を書いてみよう。

**情報1** 米国暖房冷凍空調学会が1985年に発表したものによれば、人の健康に最適な室内温度は「40%～60%の範囲内」ということです。

**情報2** 湿度が40%より低くなるとウイルスが活動的になってしまい、60%を超えるとダニやカビが活発になってしまうと言われています。

**情報3** 乾燥して湿度が40％以下になると、ウイルス自体の水分が蒸発して軽くなるので、約30分ウイルスが舞い続けることができると言われています。

**情報4** 湿度が20％以下になると、66％のウイルスが６時間生存できると言われています。

**情報5** 湿度が低すぎると、のどを傷めたり、のどの保護作用が低下したりするため、風邪のウイルスが体内に侵入しやすくなります。

### 間違い直し

次の文中の下線部を正しく直しなさい。

(1) 若いうちに自由な時間があったに越したことはないと思う。

(2) 「10分だけ」と思ってベッドに入ろうものなら、気がつくと朝になっていた。

(3) 作業は順調とは言うまでもなく、それなりに進んでいる。

(4) いつどこで何をしよう、あなたには関係がない。

(5) 神様がお正月になると、実りとともに家々に一年の幸せを作るために、高い山からおりてきてくると信じている民族があります。

(6) 海外旅行の旅先で両替する場合、外貨の偽札に小心が必要です。

(7) 子供が死ぬほど悩んでいるのに親が気がつかなかったでは親の作用を果たしたとは言えない。

(8) 小児科医療の現場では、こころの傷は専門医のみが担うのではなく、全ての小児科医が心得ているべきだ。

## 模擬テスト

**1. ＿＿＿＿の言葉の読み方として正しいものを、一つ選びなさい。**

(1) 屋外に出てみると、雨が降っていた。
　a. おくそと　b. おくかい　c. やげ　d. おくがい

(2) それは日陰で干していただけませんか。
　a. ひいん　b. ひがげ　c. ひかげ　d. にちかげ

(3) この儀式は子供の健やかな成長を願う行事である。
　a. おだやか　b. さわやか　c. すこやか　d. なごやか

(4) そんなことをしたら、尚更悪くなる。
　a. しょうこう　b. なおこう　c. しょうさら　d. なおさら

(5) 夏の日差しは強いので、女の子は外出する時、いつも日傘をさす。
　a. ひかさ　b. にっさ　c. ひがさ　d. にちかさ

(6) 彼は素肌の上にワイシャツを着ている。
　a. すはだ　b. そはだ　c. すき　d. そき

(7) 攻撃は最大の防御なり。
　a. ほうきょう　b. ぼうきょう　c. ぼうぎょ　d. ぼうぎょう

(8) 年をとるとともに、体力も衰えてしまった。
　a. よわえ　b. おとえ　c. おとろえ　d. すいえ

(9) 化粧水の後は保湿液をつける。
　a. ほうしつや　b. ほしつや　c. ほうしつえき　d. ほしつえき

(10) 当店では、素材を吟味した料理がお楽しみいただけます。
　a. かんみ　b. がんみ　c. きんみ　d. ぎんみ

**2. ＿＿＿に入れるのに最もよいものを一つ選びなさい。**

(1) 日本で生活するには、生活費が＿＿＿ので、バイトをしなければならない。
　a. つかう　b. ひやす　c. かける　d. かかる

(2) うるさい声が耳に＿＿＿、ぜんぜん眠れない。
　a. ついて　b. つけて　c. いって　d. して

(3) 大雪にもかかわらず、午前中には荷物をわが家に＿＿＿してくれた。
　a. 到達　b. 配達　c. 輸送　d. 分配

(4) がんの放射線治療における炎症反応が患者の栄養状態に影響を＿＿＿のだ。

a．およぶ　b．あらわれる　c．およぼす　d．働く

(5) 経済の＿＿＿化が進む中で、現地企業が苦戦している。

a．バブル　b．グローバル

c．データ　d．コミュニケーション

(6) もうすこしで終わるはずだったプロジェクトが、彼女のミスで＿＿＿に戻ってしまった。

a．振り出し　b．打ち消し　c．受け渡し　d．言い渡し

(7) 会議で質問に答えられなくて困っていたら、課長が＿＿＿してくれた。

a．キープ　b．フォロー　c．マッチ　d．アップ

(8) 彼と話していると、いつもあちこちに話題が＿＿＿ので、理解しがたい。

a．はずむ　b．とぶ　c．とろがる　d．あがる

(9) 自分の経験だけで全部を判断するのは、＿＿＿なことだと思う。

a．おそか　b．はるか　c．おろか　d．かすか

(10) 警察は交通違反を厳しく＿＿＿ようになった。

a．取り組む　b．取り締まる　c．取り消す　d．取り上げる

**3．＿＿＿の言葉に意味が最も近いものを一つ選びなさい。**

(1) むだな水の使用を<u>極力</u>控えるように、節水政策を出した。

a．とても　b．非常に　c．あまり　d．できるだけ

(2) さっき、上司に<u>いやみ</u>を言われた。

a．不平　b．冗談　c．愚痴　d．皮肉

(3) みんなそろったのに、<u>肝心</u>な人がまだこない。

a．重心　b．重大　c．肝要　d．格別

(4) おじいさんは痛めた腰をいたわって、<u>徐々に</u>立ち上がった。

a．どうどう　b．とうとう　c．どんどん　d．ゆっくり

(5) いつまでも同じ議論を繰り返しているのは<u>くだらない</u>限りだ。

a．ばかばかしい　b．はればれしい　c．はなはだしい　d．はらだたしい

**4．次の言葉の使い方として最も適切なものを、一つ選びなさい。**

(1) 一定

a．あの子は一生懸命に勉強しているので、いい成績をとるのは一定だ。

b．これからこのプロジェクトを進めるのは一定大変だ。

ｃ．物価の上昇は一定の範囲内で落ち着いている。

ｄ．着物の帯はベルトに一定する。

(2) 適切

ａ．適切にしなさいよ！子供の遊び相手をするのも疲れたよ！

ｂ．オープニングは適切なインパクトがあり、ゲストにもかなり好評でした。

ｃ．市内から適切に離れた静かな住宅地が好ましい。

ｄ．プロから適切なアドバイスを受ける必要がある。

(3) 気楽

ａ．還暦を迎えて、やっと気楽に暮らすことができるかな。

ｂ．彼は運動神経がよく、どんなスポーツでも気楽にこなす。

ｃ．彼の欠点は行動がその時どきの気楽に左右されることだ。

ｄ．熱っぽい気楽に包まれて、苦しい。

(4) 腹が立つ

ａ．ひさしぶりに同窓会に参加して、食べ過ぎて腹が立った。

ｂ．私の腹が立っているから、毎日ダイエットするしかないなあ。

ｃ．恋人に文句ばかり言われて腹が立ったので、それきり会わないことにした。

ｄ．今までいじめられてきたことを全部口に出して、腹が立って気持ちがいい。

(5) ぶかぶか

ａ．この靴はぶかぶかで歩くとぬげてしまう。

ｂ．雪がぶかぶか降ってきた。

ｃ．空に雲がぶかぶか浮かんでいる。

ｄ．うちの孫は食欲があって、ぶかぶか食べる。

**５．次の文の______に入れるのに最もよいものを一つ選びなさい。**

(1) 大人______遊び心は欠かせません。

ａ．といわないまでも　　ｂ．といえども

ｃ．にあたって　　ｄ．というより

(2) 母親______ときどき双子の息子を間違えてしまうことがあるそうだ。

ａ．こそ　　ｂ．きり　　ｃ．だけに　　ｄ．でさえ

(3) 交通事故で何本もの電車が立ち往生した。中央線______２時間以上も止まったままだった。

ａ．をよそに　　ｂ．にかかって　　ｃ．のいかんでは　　ｄ．にいたっては

(4) 安定した生活を送るためには、正社員になること______。

a．でならない　　b．ではいられない

c．に決まっている　　d．に越したことはない

(5) 一旦信用を失ったら______、もう信頼されなくなってしまう。

a．次第　　b．最後　　c．こそ　　d．限り

(6) 法律に反した人々が罰せられるのは______。

a．かなわない　　b．もともとだ　　c．しかるべきだ　　d．とうぜんだ

(7) その言葉は、ここで______通用しない。

a．より　　b．しか　　c．ほか　　d．から

(8) たとえみんなに______、この秘密は守りぬく。

a．誤解にすれば　　b．誤解されようと

c．誤解に加えて　　d．誤解されまいと

**6．次の文の__★__に入る最もよいものを一つ選びなさい。**

(1) 一度、______ ______ __★__ ______、もう、止められません。

a．最後　　b．を　　c．お菓子の袋　　d．開けたら

(2) 中間テストも期末テストも、ふつうに勉強して__★__ ______ ______ ______、80点以上は取れるはずです。

a．取れない　　b．100点は　　c．いれば　　d．までも

(3) 大学入試では、試験当日初めてその大学に行き、迷って______ ______ __★__ ______事前に見学しておくとよい。

a．ことのない　　b．という　　c．ように　　d．しまった

(4) 趣味を持つのは良いことだと思いますが、家庭を犠牲______ __★__ ______ ______、それはちょっと問題です。

a．まで　　b．と　　c．となる　　d．にして

(5) いつかはこのアパート______ ______ ______ __★__、あまり遠くへは引っ越したくない。

a．ならない　　b．出なければ　　c．にしても　　d．を

(6) ちょっとした出来心から、借金して借金を返すという地獄の______ __★__ ______ ______陥った。

a．生活　　b．ような　　c．に　　d．借金まみれの

(7) 高熱を出して寝ている子供を見ていると、______ __★__ ______ ______という気持ちになる。

a．代わって　　b．なら　　c．代われる　　d．やりたい

(8) 彼は______ ______ ______ __★__、今月いっぱいで退職するそうだ。

　a．の　　　b．健康上　　　c．により　　　d．理由

## 日本の専用グッズいろいろ

より効率的に、合理的に、快適に。日本にはさまざまな方面での専用の道具が数多くある。伝統的な刃物を例に挙げると、包丁では特に魚用の種類が多く、小魚用の包丁、魚をさばくための包丁、魚を刺身など薄切りにするための包丁や麺（うどん用、そば用）切り包丁などがある。はさみには、紙などを切る事務はさみから、布用、手芸用（糸きり）、植木用、生け花用、髪用などがあるが、これらは一般家庭でも有していることが多い。変わったところではカニを食べるためのはさみもある。最近は家庭でも個人情報の漏洩に敏感で、シュレッダーはさみも販売されている。

2011年の東日本大震災以来、節電が叫ばれるようになり、エコグッズ・節電グッズも増えている。例えば、熱した鍋を入れて熱の放散を防ぎ余熱で調理するカバー、太陽光発電充電グッズ、窓断熱グッズなど。同時に節電のためのエアコン不使用が推奨され、暑さ対策グッズとして、クールマット、涼しくなるシャツや下着、首にまくジェル、ファン付きのシャツや帽子などが次々と開発されている。

**キャラ弁グッズとキャラクターおにぎり**

また、多くの日本人にとってお弁当は毎日の生活に欠かせない。日本で一般に食べられるジャポニカ米は冷めても味質が劣化しにくいことから、おにぎりをはじめとする弁当文化が発展してきた。日本ではお弁当持参の学校もあり、子どものためにかわいく、食欲の湧くようなお弁当を作るために力を注ぐママも多く、キャラ弁グッズなどが数多く出回っている。社会人も食費節約や健康のため、お弁当を持参する人が多く、保温できる弁当箱や高級感漂う漆器のものなどさまざまな弁当箱が売られている。

また、お風呂にゆっくりつかる習慣がある日本では、入浴剤、風呂場用のプラネタリウム、スピーカー、お湯が冷めないようにするための保温グッズなど、お風呂を楽しむためのグッズも色々とある。湯船の水で遊べる子どものおもちゃも数多い。

# 第10課

## オンライン学習に関する パネルディスカッション

**トピック**　オンライン学習、対面型授業

**形　式**　ディスカッション

**学習目標**

・ある話題について、自己の主張やまとまった意見が述べられ、他人の意見に対して賛成や反対の意見が述べられる。
・ディベートや討論会の進め方を理解する。

**読む前に**

・オンライン学習を利用したことがありますか。どう思いますか。
・オンライン学習と対面型授業の利点と欠点を、それぞれ述べてください。

**文法項目**

① ひいては＜递进关系＞
② ～にひきかえ＜相反关系＞
③ ～かれ～かれ＜条件关系＞
④ Nとは比べものにならない＜相差悬殊＞
⑤ ～とは限らない＜存在例外＞
⑥ Vずにはおかない／Vないではおかない＜坚定的决心；自发的感情＞
⑦ Nのもとで＜影响、支配＞

李さんは次期プロジェクトでオンライン学習システムの設計に参与することになり、まずはオンライン学習について深く理解するため、シンポジウムに参加しました。

## オンライン学習に関するパネルディスカッション

司会：では続きまして、オンライン学習をテーマに、パネルディスカッションを行いたいと思います。さきほどの説明でもありましたように、教材を直接パソコンにインストールしたり、CD-ROMを配布して学習を行うComputer Based Trainingから始まったITを利用した学習法は、WEBブラウザを使用して学習を行うWeb Based Trainingを経て、現在ではこのような方式に加え、個人の学習状態や履歴の管理を行うことが可能なLearning Management Systemへと発展してきてまいりました。では、私たちはこのオンライン学習をどのように扱うべきか、まずは推進派の渡辺さんからオンライン学習のメリットについてご紹介いただきます。

渡辺：では、私のほうからオンライン学習の利点について、お話しさせていただきます。そのメリットは大きく分けて二つあります。

まず一つはいつでもどこでも学習が行えるという手軽さです。これまでの教育のように決まった時間に決まった場所へ足を運ばずに済むため、通学時間が節約できるだけでなく、夜間など、個人の都合のよい時間での学習が可能となります。ネット環境さえあえば、どこにいようと学習が行えるので、遠隔地ひいては海外でも学習が可能です。よって、学習者がより多くの学習時間を確保できると同時に学習者人口の拡大にもつながります。

二つ目は学習者の主体性の発揮、自律学習にあります。従来の対面型授業では教師が一方的に講義を行い、学習者は受動的に聴講するパターンが大半でした。それにひきかえ、オンライン学習では生徒本位で、各自の興味や能力に合わせ、選択して学習を行うことが可能となります。個々人に応じた学習が行えると言ってもよいでしょう。対面型の授業では、興味がないことを聞いたり、能力に合っていない内容を学んでも身につかないという問題がありました。しかし、オンライン学習であれば、自分の興味のあるもの、能力に適した内容を選択して学ぶことで、真に学力がアップします。つまり、対面型授業に比べて学習効率が高いということです。

このように、オンライン学習を利用すれば、自律的学習を促し、より多くの学習時間の確保が期待できます。どの教育機関でも積極的にオンライン学習を推進していくべきでしょう。

司会：ありがとうございました。

では、次に慎重派を代表して、原さんにお話しいただきます。

原　：確かに、オンライン学習には多くの利点があります。とは言え、オンライン学習が従来のような対面型授業の代替となることはあり得ないでしょう。なぜなら、オンライン学習には欠けているものがあるからです。それは人による感化であり、教育者が蓄積してきた経験です。

対面型授業では、教師が学生たちの特徴を見ながら、その興味を呼び起こすような内容を取り入れたり、その場の雰囲気や教師の魅力によって学生たちの興味が引き起こされたりします。それに、たとえ学生がその科目に興味がないとしても、授業を聴講しているうちに多かれ少なかれ吸収されるものです。しかし、オンライン学習では学生が興味のない内容はアクセスされなければ学生に学ばれることがありません。興味のないことについて学生が主体的にアクセスするということは考えにくいことです。よって、オンライン学習では、学習者が学ぶ内容が偏ってしまう可能性が大きいのです。

また、学習者というものは千差万別です。各専門分野に適した学習方法、各個人に適した学習方法も異なります。しかし、オンライン学習では基本的に画一的に与えられる学習内容や学習方法から自分で選択することとなります。現在のオンライン学習では教育する側が個人の学習状態や履歴の管理を行うことが可能だとはいえ、個々人の適正を見極めたうえでの励ましやアドバイス、疑問解決はフェイス・トゥ・フェイスでなければ得られません。ある具体的な知識の問題には回答できたとしても、教育者の長年の経験による学習者への勘や判断はコンピューター上のデータとは比べものになりません。

また、共に学ぶクラスメートの存在も無視せずにはおけないでしょう。学習は一人で行うものとは限りません。共に学ぶ友人の励ましや相互の影響から学習が進むことも十分にあり得るのです。

教育とは「教え、育む」と書きます。オンライン学習で自律的に知識を得ることができたとしても、人間性の育成は望めません。いかにオンライン学習が便利であるとしても、従来からの対面型授業に取って代わることはないでしょう。

司会：オンライン学習の問題点についての貴重なご指摘、ありがとうございました。では、渡辺さん、原さんを受けまして、小野さんからオンライン学習をいかに考えていくべきかについてご意見をお伺いしたいと思います。

小野：前のお二人は、それぞれオンライン学習のメリット、デメリットをお話しくださったわけですが、私はその点からも、オンライン学習と従来のような対面型接授業は相互補完的であるべきだと考えます。

確かに、オンライン学習には自律学習を促すという教育効果があるでしょう。しかし、教育の主体はやはりフェイス・トゥ・フェイスの教育にあるのではないでしょうか。オンライン学習であれ、その他の教育であれ、それを作り出すのは人間であり、教え導き指導する教師なくして教育はあり得ないのです。従来のようなフェイス・トゥ・フェイスの教育では、興味を引き出し、学習方法を伝授し、個々人の特性を見分け、それに応じた教育を施すと同時に、人間性の育成も行います。

しかし、教師の時間や労力には限界があります。オンライン学習はそれを補完する存在になり得るはずです。例えば、単純な練習、学習した内容の確認問題などは授業の時間を利用するのではなく、各学習者が授業外の都合のよい時間に行うことで、授業時間のさらなる効率的利用が可能になるでしょう。また、学習者がある科目に特別な関心をもった場合、オンライン学習でさらに深い学習を行うよう、教師が指導するとよいでしょう。逆に、ある科目が苦手な学習者に対しても、教師が学習者の弱点を把握したうえで、その学習者に適したコンテンツを提案し、それを学習者が学ぶことで学習上のつまづきを解決することができるかもしれません。

これらはすべて、オンライン学習を包括的に教師が利用するからこそ得られる効果です。つまり、オンライン学習は従来の教育の補助的手段として、教師がそのうえに立つことでさらに効果を発揮できるものなのです。ですから、オンライン学習を対面型授業に置き換えるという発想ではなく、教師による指導という従来の体制のもとでオンライン学習という新しい学習方法を効率的に生かしていくという考え方が教育的に見て望ましいのではないでしょうか。

司会：本日はオンライン学習に関して、そのメリット・デメリットをふまえたうえで、オンライン学習と対面型学習を効果的に組み合わせた教育方法について有意義な議論を行うことができました。パネリストのみなさま、どうもありがとうございました。

では、これをもちまして、本日のパネルディスカッションを終了させていただきます。

佐　藤：シンポジウム、聞いてみて、どうだった？

李　想：私たちエンジニアはシステム設計ばかりが先走ってしまいがちですが、それをいかに人が使いこなすか、その点に留意してはじめてシステムが活きてくるんですね。いい勉強になりました。

## 単　語

オンライン（on-line）③【名】在线，联机

対面型（たいめんがた）⓪【名】面对面型

設計（せっけい）⓪【名・他Ⅲ】设计

参与（さんよ）①【名・自Ⅲ】参与，参加

ディベート（debate）②⓪【名・自Ⅲ】讨论，辩论

パネルディスカッション（panel discussion）⑥【名】专题小组讨论会

パネル（panel）①【名】公开讨论小组，纠纷处理小分会

ディスカッション（discussion）③【名・自他Ⅲ】讨论

インストール（install）④【名・他Ⅲ】安装

CD-ROM（シーディーロム）⑤【名】光盘只读存储器

配布（はいふ）⓪①【名・他Ⅲ】分发，分给

Computer Based Training（コンピューター・ベースト・トレーニング）⓪−⓪−②【名】计算机辅助培训

WEBブラウザ（ウェブ・browser）④【名】网页浏览器

Web Based Training（ウェブ・ベースト・トレーニング）⓪−⓪−②【名】网络辅助培训

履歴（りれき）⓪【名】履历，简历

Learning Management System（ラーニング・マネ

ージメント・システム)⓪-⓪-①【名】学习管理系统
利点(りてん)⓪【名】优点，长处，好处
夜間(やかん)①⓪【名】夜间，夜晚
遠隔地(えんかくち)③【名】相隔很远的地方
ひいては(延いては)①【副】进而，进一步
発揮(はっき)⓪【名・他Ⅲ】发挥
従来(じゅうらい)①【名】以前，从以前到现在
一方的(いっぽうてき)⓪【形Ⅱ】单方面的
聴講(ちょうこう)⓪【名・他Ⅲ】听讲，旁听
大半(たいはん)⓪③【名】大半，大部分
～にひきかえ 与……相交换，与……相反
一本位(一ほんい) 以……为本，……本位
つまり①【副】也就是说，即是说
自律的(じりつてき)⓪【形Ⅱ】自律的，自觉的，自主的
原(はら)⓪【名】（人名）原
代替(だいたい)⓪【名・他Ⅲ】代替，替代，替换
感化(かんか)①【名・他Ⅲ】感化
蓄積(ちくせき)⓪【名・他Ⅲ】蓄积，储备
呼び起こす(よびおこす)④【他Ⅰ】叫醒，唤醒；唤起，提醒
取り入れる(とりいれる)④⓪【他Ⅱ】收进来；引进；收获
アクセス(access)①【名・自他Ⅲ】（网络信息）访问；存储；接近
偏る(かたよる)③【自Ⅰ】偏向一方；偏袒
千差万別(せんさばんべつ)①-⓪【名】千差万别
画一的(かくいつてき)⓪【形Ⅱ】划一的，统一的
個々人(ここじん)②【名】每个人，各自
適正(てきせい)⓪【名・形Ⅱ】适当，恰当，正确
見極める(みきわめる)④⓪【他Ⅱ】看到最后，确认；看清，看透；鉴定，辨别
疑問(ぎもん)⓪【名】疑问，问题
フェイス・トゥ・フェイス (Face to Face)⑤【名】面对面
～とは比べものにならない(～とはくらべものにならない) 与……无法相比
～ずにはおかない 一定要……；不由得……
～とは限らない(～とはかぎらない) 不一定……，未必
あり得る(ありうる)③【自Ⅱ】应该有，可能有，会有
人間性(にんげんせい)⓪【名】人性
育む(はぐくむ)③【他Ⅰ】培养，培育；孵；养育，哺育
育成(いくせい)⓪【名・他Ⅲ】养成，养育
取って代わる(とってかわる)①【自Ⅰ】取代
相互補完的(そうごほかんてき)⓪【形Ⅱ】相辅相成的
教え導く(おしえみちびく)⑥【他Ⅰ】教导，引导
見分ける(みわける)⓪③【他Ⅱ】区分，分辨，辨别
施す(ほどこす)③⓪【他Ⅰ】实施，施行；施舍，周济；施加，加上；遍布，遍及
労力(ろうりょく)①【名】劳力，体力
補完(ほかん)⓪【名・他Ⅲ】填补，补充完整
さらなる(更なる)①【連体】更加的，进一步的
弱点(じゃくてん)⓪③【名】弱点，短处
コンテンツ(contents)③①【名】内容，目录
つまずき(躓き)⓪【名】跌跤；失败，受挫
包括(ほうかつ)⓪【名・他Ⅲ】包括
補助(ほじょ)①【名・他Ⅲ】辅助
置き換える(おきかえる)③⓪【他Ⅱ】置换，更换；调换，互换
体制(たいせい)⓪【名】体制
～のもとで 在……的基础上，在……之下
組み合わせる(くみあわせる)⑤⓪【他Ⅱ】组合，编排
有意義(ゆういぎ)③【名・形Ⅱ】有意义的
パネリスト(panelist)③【名】公开座谈讨论会参加者，讨论者
エンジニア(engineer)③【名】工程师，技师
先走る(さきばしる)④【自Ⅰ】抢先，先于别人行动；贸然行动，冒失

# 文型の学習

## 1．ひいては＜递进关系＞

*ネット環境さえあえば、どこにいようと学習が行えるので、遠隔地ひいては海外でも学習が可能です。*

「ひいては」为副词，承接上文，通常前项为基础，在此基础上发展成为更加重大或程度更高的事情，前项多为进一步发展的契机。相当于汉语的“进而……”。

(1) 人のために尽くすことが**ひいては**自分のためになるのだ。

(2) 個人の権利のため、**ひいては**人間の尊厳のために戦う。

(3) 日本の農業の復興は環境の復興であり、**ひいては**日本国の復興でもある。

(4) 今回の事件は、一社員だけでなく、**ひいては**会社全体の信用にもかかわる大きな問題である。

## 2．～にひきかえ＜相反关系＞

*それにひきかえ、オンライン学習では生徒本位で、各自の興味や能力に合わせ、選択して学習を行うことが可能となります。*

「にひきかえ」接在名词、“动词/形容词的连体形＋の”后面，用于两事物之间的对比，前后两事物处于相反、相对的关系。相当于汉语的“与……相反……”，“与……不同……”。

(1) この辺は昼間が賑やかなの**にひきかえ**、夜はほとんど人通りがない。

(2) 昨年は豊作だったの**にひきかえ**、今年は深刻な米不足が予想される。

(3) 普段は暇なの**にひきかえ**、入学シーズンになると目が回るほど忙しくなる。

(4) 先月は商品の売上が上がったの**にひきかえ**、今月は落ち込みが大きい。

## 3．～かれ～かれ＜让步关系＞

*それに、たとえ学生がその科目に興味がないとしても、授業を聴講しているうちに多かれ少なかれ吸収されるものです。*

两个「かれ」分别接在两个具有相反意义的I类形容词的词干后面并列使用，表示无论是那种情况，都不对后项产生影响。常用的有「遅かれ早かれ」「多かれ少なかれ」「よかれあしかれ」，它们分别相当于汉语的“早晚、迟早”、“或多或少”、“好歹、无论如何”。

(1) 遅かれ早かれ、彼は来るだろう。

(2) 多かれ少なかれ、彼の世話にならなかった者はいない。

(3) 多かれ少なかれ、誰でも悩みを持っているものだ。

(4) よかれあしかれ、一度は会わなければならないのだ。

## 4．Nとは比べものにならない<相差悬殊>

*✎ある具体的な知識の問題には回答できたとしても、教育者の長年の経験による学習者への勘や判断はコンピューター上のデータとは比べものになりません。*

「とは比べものにならない」接在名词后面，用于两者之间的比较，表示两者相差极大，无法比较。可以用于结句，也多以「Nとは比べものにならないほど／くらい」的形式修饰形容词或动词。相当于汉语的“……与……没法比”、“……与……不可同日而语”等。

(1) 僕は中国語が下手で、鈴木さんとは比べものになりません。

(2) 90年代の音楽って今とは比べものにならないくらいいい曲ばかりだった。

(3) ここのお食事もお風呂も他とは比べものにならないほど最高ですよ。

(4) このプロジェクトを通して、ゼロの状態だった１年前とは比べものにならないほどの知識と体験を得た。

## 5．Vずにはおかない／ないではおかない<坚定的决心；自发的感情>

*✎共に学ぶクラスメートの存在も無視せずにはおけないでしょう。*

「ずにはおかない／ないではおかない」接在动词接「ない」时的形式后面（动词多为使役形式，「する」后接「ずにはおかない」时变为「せ」）。如例(1)(2)所示，当该动词为意志动词时，表示坚定的决心。相当于汉语的“一定要……”；如例(3)(4)所示，当该动词表人的感情、心理时，表示某事物自然而然地引发该感情。相当于汉语的“（使人）不由得……”、“（使人）必然……”。

(1) 彼はいったん決めたら、何がなんでも目標を達成せずにはおかない人間だ。

(2) 犯人に罪を認めさせ、被害者に謝罪をさせないではおかないと彼は決心した。

(3) この曲は作者の優れた作曲センスを感じさせずにはおかない。

(4) 目の前に広がる真っ青な海は、人を感動させずにはおかないほどの美しさを湛えている。

## 6．～とは限らない＜存在例外＞

✐また、共に学ぶクラスメートの存在も無視せずにはおけないでしょう。学習は一人で行うもの<u>とは限りません</u>。

「とは限らない」接在简体句后面（前接“名词＋だ”、“Ⅱ类形容词词干＋だ”时，「だ」可省略），多与「必ずしも」「常に」「いつも」「何でも」等搭配使用，表示未必所有情况都如此，暗示存在例外情况。相当于汉语的“未必……”、“不一定……”。

(1) 強いチームがいつも勝つとは限らない。

(2) 値段が高いからといって、必ずしも質がいいものとは限らない。

(3) 視力がよくても目が健康だとは限らない。

(4) 世の中は絶えず変化している。たとえ今栄えていても、それがずっと続くとは限らない。

## 7．Nのもと（で）＜影响、支配＞

✐ですから、オンライン学習を対面型授業に置き換えるという発想ではなく、教師による指導という従来の体制<u>のもとで</u>オンライン学習という新しい学習方法を効率的に生かしていくという考え方が教育的に見て望ましいのではないでしょうか。

「もと（で）」接在“名词＋の”后面，表示在某事物影响波及的范围、条件、前提、名目之下。后修饰名词时用「$N_1$のもとでの$N_2$」的形式。相当于汉语的“在……下”。

(1) 今日も青空のもとで、笑顔をいっぱい咲かせよう。

(2) 木村先生のご指導のもと、日々練習に励んでいます。

(3) 選挙監視団の監督のもとで、この国初の民主的選挙が行われた。

(4) 政府は物価安定のもとで持続的な成長の実現を図る姿勢をさらに明確にした。

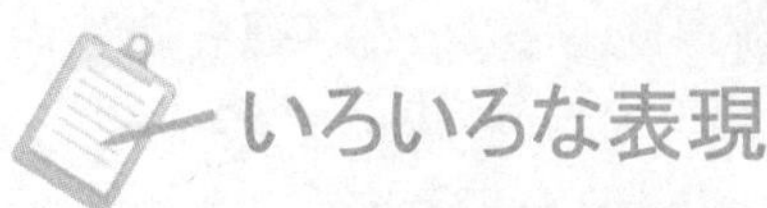

## いろいろな表現

### 口頭発表マニュアル

あいさつ

①（みなさん、）おはようございます。
② こんにちは。

### テーマの紹介

① 今日は、～について調べた結果をご報告したいと思います。
② 今日は～についてお話したいと思います。
③ 今日のテーマは～です。
④ では、私のほうから～について、お話しさせていただきます。

### テーマを選んだ理由、研究動機または発表の目的

① ～ということがマスコミで報じられるようになって久しいですが、果たしてその実態はどうでしょうか。
② ～を明らかにしたいと考え、このテーマを選びました。
③ このテーマを選んだのは～からです。
④ なぜこのテーマを取り上げたかというと、～からです。
⑤ ～、～。これらの点について明らかにしたいと考え、このテーマを取り上げました。

### 主な内容と流れの紹介

① では、世論調査の統計を用いて、～お話ししたいと思います。
② では今から、（～について調べた内容について、）～、～、～、の順にお話ししていきたいと思います。
③ 今日はまず～についてお話しし、次に～、～、そして最後に～についてお話ししたいと思います。
④ それでは、まず、～についてご説明したいと思います。
⑤ それでは、まず、～についてですが、～。
⑥ 次に、～についてお話ししたいと思います。
⑦ これまで、～についてお話ししましたが、～はどうでしょうか。そこで、次に～について見ていきたいと思います。
⑧ 最後に、～について簡単に触れたいと思います。

### 資料の配布

① お手元にレジュメと資料、ありますでしょうか。

### レジュメに沿って発表する

① それでは始めます。レジュメの１をご覧下さい。
② 皆さんは、～について普段どのようにお考えになっているでしょうか。

### ハンドアウトの説明

① お手元のレジュメの図１をご覧ください。
② お配りした資料の２ページ目（の）表３をご覧ください。
③ ここで、ちょっとスクリーンをご覧いただきたいと思います。
④ これは～を示したものです。
⑤ この表は～を表しています。
⑥ この図から～がわかります。
⑦ このグラフからわかるように、～。
⑧ このことから～がうかがえます。

### まとめ、終わり

① このように、～。
② 以上見てきましたように、～。
③ 以上、お話ししたことをまとめますと、～ということが言えると思います。
④ 今後は～についてもっと調べてみたいと思います。
⑤ 以上で発表を終わらせていただきます。
⑥ これで発表を終わります。
⑦ それでは、以上で終わります。どうもありがとうございました。

## 内容理解

一、渡辺さんの意見について考えてみよう。

(1) オンライン学習の利点としてあげた「手軽さ」をまとめなさい。

(2) その「手軽さ」によってもたらされる結果は何でしょうか。

(3) オンライン学習は学習効率が高いというのはなぜでしょうか。

二、原さんの意見について考えてみよう。

(4) オンライン学習が従来のような対面型授業の代替とならない理由は何でしょうか。

(5) 対面型授業における「人による感化」とは何でしょうか。

(6) オンライン学習では、学習者が学ぶ内容が偏う可能性が大きいというのはなぜでしょうか。

(7) 原さんの話では共に学ぶクラスメートを作るのは対面型授業でしかできないようですが、あなたはどう思いますか。

三、小野さんの意見について考えてみよう。

(8) オンライン学習と対面型授業は相互補完的であるべきだというのはなぜでしょうか。

(9) オンライン学習はどんなケースに適しているのでしょうか。

(10) 教師の役割は何でしょうか。

(11) 小野さんが主張する学習方法はどんなものでしょうか。

## 文法練習

① を読んで文型の使い方を理解し、②③の（　　）内の言葉を正しい順番に並べ替えて、文を完成させなさい。

(1) ひいては

①体と体をぶつけ合うことで真剣勝負の先にある大切なことを学び、ひいては子ども達の健やかな成長を期待する。

②（会社全体の・生産性向上に・ひいては・つながる）

時間の使い方を見直すことが、組織の生産性、＿＿＿＿＿＿＿＿。

第10課

③（を・人生・ひいては・左右する）

この思考回路の違いが行動パターンを決め、＿＿＿＿＿＿＿＿＿＿。

（2）～にひきかえ

①昨夜の騒ぎにひきかえ、今朝は静かすぎるほど静かであった。

②（団体旅行が・にひきかえ・の・減少している）

＿＿＿＿＿＿＿＿、家族、友人と旅行する小単位の旅行が増加してきた。

③（の・が・弟・活発な・にひきかえ）

＿＿＿＿＿＿＿＿、兄は非常に物静かだ。

（3）～かれ～かれ

①外国生活をしていれば、多かれ少なかれ悩みを抱えているものだ。

②（彼は・弁護士・良い・遅かれ早かれ）

＿＿＿＿＿＿＿＿＿＿＿＿＿＿＿になるでしょう。

③（すべてが・明日には・よかれ悪かれ・わかる）

＿＿＿＿＿＿＿＿＿＿＿＿＿＿＿＿＿＿＿＿＿＿。

（4）Nとは比べものにならない

①先日宅配をお願いした会社は、他社とは比べものにならないほど、電話対応も配送もスピーディでした。

②（くらい・大人・覚える・とは比べものにならない）

幼児は言葉を聞いて覚えます。＿＿＿＿＿＿＿＿＿＿のが速いです。

③（他の女たち・ほど・とは比べものにならない）

奈緒美は＿＿＿＿＿＿＿＿＿＿＿＿＿＿＿＿華麗な服を着ていた。

（5）～ずにはおかない／～ないではおかない

①大仏の気品に満ちたお顔には一見して心を捉えないではおかない美しさがある。

②（感動させず・読む者を・にはおかない）

本書の内容は、＿＿＿＿＿＿＿＿＿＿＿＿＿＿＿＿＿＿＿＿だろう。

③（攻撃せず・与党を・にはおかない）

野党は今度のスキャンダルを利用して、＿＿＿＿＿＿＿＿＿＿だろう。

(6) ～とは限らない

①自分が見えているモノと同じモノが他人にも見えているとは限らない。

②（役に立つ・生活の・必ずしも・とは限らない）

学校で学んだことが＿＿＿＿＿＿＿＿＿＿＿＿＿＿＿＿＿＿＿＿。

③（努力が・とは限らない・報われる・必ずしも）

＿＿＿＿＿＿＿＿＿＿＿＿＿＿＿＿＿＿＿＿＿＿＿＿＿＿＿＿。

(7) Nのもとで

①良い環境のもとで教育を受ければ、彼はきっといい人材になるだろう。

②（の・自由競争・もとで）

＿＿＿＿＿＿＿＿＿＿＿、公正で透明性のある適正な取引を行います。

③（もとで・音楽家・の・鈴木先生・として）

＿＿＿＿＿＿＿＿＿＿＿、一人の人間として多くのことを学びました。

## 応用練習

**次は日本のエネルギー問題についての文章です。それを読んで、パネルディスカッションの練習をしなさい。**

原子力発電の利点は他の化石燃料や自然エネルギーなどと比べて、圧倒的にエネルギー効率が良いということでしょう。単位燃料（重量）あたりから100万倍からのエネルギーが得られるので、比較的小さな設備でも、燃料をちょっと入れておくだけで何年も巨大なエネルギーが搾り出せるのが最大の利点だと思います。でも、だからといって決して安い電力ではありません。その欠点といえば、そんな莫大なエネルギーを秘めているので、それをコントロールするのが難しいという点です。現在のウラン・プルトニウム型原発は、また放射能を一杯出す汚いエネルギーでもあり、これが最大の欠点のようにも言われますが、トリウム型の原発はこの放射性廃棄物が非常に少ないタイプなので、これからの原発はこの方向へ行くようです。

明治維新以来、日本国内の家庭用・産業用のエネルギーは石炭に支えられてきました。蒸気機関車は石炭を燃やし、火力発電所は石炭を燃やし、家庭の暖房器具も石炭を燃やしてきた。ところが石炭鉱脈は深くなるばかりで、鉱山事故が頻発し、採掘コストも増大し、石炭産業の行き詰まりが誰の目にも明らかになってきました。それがエネルギー源を多様化せざるを得なかった背景です。当初、原子力発電は多様なエネルギー資源の一つとして恐る恐る導入されただけであって決して一方的に推進された訳でもないのです。それが加速されたのはオイル・ショック以降です。日本では石油はほとんど産出せず海外からの輸入に頼らざるを得ない。そういう弱い立場ではどんな高値であっても相手の言い値を飲むしかありません。石油一辺倒では日本は立ち行かない。となればどうしても原子力発電に注力するしかなかったのです。

原発なしで日本の電気は足りなくなるという事態は起こるのかという質問ですが、確実に起こります。日本の電力需要は大雑把にいうと、火力発電＝6：原子力発電＝3：水力発電＝1に支えられているから、30%のシェアを持つ原子力発電無しなら足りなくなるのは自明の理というほかないでしょう。でも違う考え方もあります。つまり、「3．11東日本大地震」の前の段階で電気が足りなくなるのは、真夏日のピーク時の数日間だそうで、今までの生活を見直して、節電を心がければ、原発が無くても停電になるようなことはないという意見もあります。

ところで、他の発電方法はどうでしょうか。その利点と欠点についても考えてみましょう。

火力発電の利点は機動的・弾力的にコントロールしやすいことです。その利点を生かして、電力会社では時間的な電力需要の変動に対応することができます。一方、火力発電の欠点は燃料として石炭・石油・天然ガスを燃やすという本質的構造に起因します。日本ではほとんどを海外からの輸入に頼っている訳で、国際情勢の変化、為替レートの影響をダイレクトに受けます。これらの資源が枯渇すれば当然ですが、何らかの事情で必要な量を輸入できなくなれば、たちどころに日本は行き詰ってしまいます。さらに化石資源を燃焼させれば、地球温暖化・大気汚染・酸性雨の原因となるガスを排出してしまいます。

それから、水力発電ですが、その利点は環境的にクリーンなことと化石資源の輸入が不要なことです。欠点は、日本では開発できる水資源を開発し尽くしてしまって、これ以上開発する余地がほとんど残っていないことや水利権者との利害調整が必要なこと、気象条件の変動で渇水状態になると機能しないこと、などが考えられるでしょう。

原発撤廃かどうかについて議論する場合、次の2つのことも考えてもらいたいと思います。

一つは、今動かせる原発を廃炉にしてしまうのはばかげた選択だという意見です。一旦動き出した原発のランニングコストは火力などよりもよほど低いです。動かせる原発はそのまま使えるだけ使うべきです。電力会社のためではなく国民のために。そのうちに次世代のエネルギーが置き換わるでしょう。

もう一つは、電力消費についてです。電力問題は足りるか足りないかの二択問題ではありません。足りればよし、足りなければだめという単純な問題ではありません。日本はここ50年で電力消費量が6倍にも増大してきました。どうしてそんなに電気を使うようになってしまったのか。人間の欲望は際限が無いが、資源は有限なのです。そういうことも考えていただきたいものです。

### ステップ1

① 原子力発電の利点と欠点をまとめなさい。
② 火力発電の利点と欠点をまとめなさい。
③ 水力発電の利点と欠点をまとめなさい。
④ 次の語句をペアで覚えなさい。

節電を心がける
エネルギーを秘めている
放射能を出す
放射性廃棄物が多い・少ない
石炭を燃やす
事故が頻発する
コストが増大する
相手の言い値を飲む
事態が起こる
利点を生かす
影響をダイレクトに受ける

### ステップ2

原子力発電推進の立場または原発廃止を唱える立場から意見を整理しなさい。

### 間違い直し

次の文中の下線部を正しく直しなさい。

(1) では、禁煙対策をテーマについて話しましょう。
(2) この問題すらクリアできれば後は簡単ですよ。
(3) もし明日雨だとしても私はそこへ行くつもりです。
(4) その演奏は人々の心を感動させずにはすまなかった。
(5) 最新資料のもとで徹底検証する。
(6) 古典の授業で、先生はマンガなどを見せて、学生の興味を呼びだそうとしていた。
(7) 心臓の動悸の場合、病院で心電図を取って単なる精神的なものか心臓が悪いのか分別する必要があります。

(8) 景気が悪いからには貯蓄するべきなのか、景気を良くするためにも消費をするべきなのかは個人の問題です。

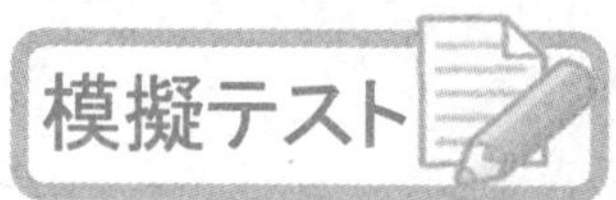


**1．＿＿＿＿の言葉の読み方として正しいものを、一つ選びなさい。**

(1) 時が経って古くなるほど値打ちの出るものこそが所有に値する。

a．へった　b．たって　c．やって　d．とって

(2) この計画について慎重な対応が望まれる。

a．しんちょ　b．じんちょ　c．しんちょう　d．じんちょう

(3) 体育の先生が「走り終わった後ですぐに立ち止ったり、座ったりしないこと」と生徒に注意をしています。

a．せいと　b．せとう　c．せいど　d．せいとう

(4) 自己中心的では自分の実力を発揮できるチャンスをなくしてしまうよ。

a．はき　b．はいき　c．はつき　d．はっき

(5) 卒業後就職しない、進学しないのは、あまりよい風潮とはいえない。

a．かぜちょう　b．かぜしお　c．ふうちょ　d．ふうちょう

(6) 新型の機械が導入されたことで、作業の効率が上がった。

a．こうそつ　b．ごうそく　c．こうりつ　d．ごうりつ

(7) 補助の動力を使い、電車本体を事故現場から移動した。

a．ほじょ　b．ほじょう　c．ぼじゅ　d．ぼじよう

(8) 「地球温暖化を解決する」という趣旨で開かれた会は従来とは違った雰囲気になった。

a．たてらい　b．しょうらい　c．しゅうらい　d．じゅうらい

(9) 履歴書によると、彼は以前自動車メーカーで働いていたようだ。

a．りれしょ　b．りれきしょ　c．りれきしょう　d．りれいしょう

(10) 過労死をテーマとした研究会が開催された。

a．かいさい　b．かいざい　c．がいさい　d．がいざい

**2．＿＿＿に入れるのに最もよいものを一つ選びなさい。**

(1) 最近のeラーニングシステムはゲーム性や質疑応答ができる要素を取り入れ、＿＿＿の維持が楽にできるようになってきています。

a．アイデア　　b．インスピレーション

c．モチベーション　　d．サイクル

(2) 何度も足を＿＿＿、やっと面会が許された。

a．入れて　　b．掬って　　c．洗って　　d．運んで

(3) 恋愛とは悲しく辛い＿＿＿だ。

a．こと　　b．ゆえ　　c．もの　　d．ところ

(4) 年のせいか、このごろ人の名前を＿＿＿忘れすることが多くなってきた。

a．とき　　b．ど　　c．こと　　d．もの

(5) 外面に惑わされず、真実を＿＿＿目を持つことがとても重要である。

a．見回る　　b．見極める　　c．見かける　　d．見合わせる

(6) スーパーの店頭で新製品紹介の＿＿＿が行われている。

a．インフォメーション　　b．オリエンテーション

c．デモンストレーション　　d．レクリエーション

(7) 履歴書に書かれたこれまでの＿＿＿が素晴らしいので即座に採用が決まった。

a．経過　　b．経緯　　c．過程　　d．経歴

(8) 夕暮れ時には美しい夕焼けが空＿＿＿に広がる。

a．全面　　b．一面　　c．反面　　d．裏面

(9) 新型の＿＿＿のために、家畜が死んだというニュースが流れた。

a．ブラウス　　b．サイクル　　c．ウイルス　　d．アクセル

(10) 人前に出ると＿＿＿してしまうから、営業の仕事なんて到底無理だよ。

a．つまづき　　b．おどおど　　c．いやいや　　d．まちまち

**3．＿＿＿の言葉に意味が最も近いものを一つ選びなさい。**

(1) 彼は、ある現象に<u>注目して</u>、新しい発見をした。

a．スポットを当てて　　b．着手して

c．照り合わせて　　d．気が向いて

(2) この電球は高いが、大幅な電気代の節約になるという<u>メリット</u>がある。

a．利点　　b．有力　　c．有益　　d．利益

(3) <u>かねて</u>から楽しみにしていた万里の長城に行ってきた。

a．じぜん　　b．がんらい　　c．とくに　　d．いぜん

第10課

（4）日本語の、特に作文の力をやしなうため、私は日本へ留学した。

　a．増加する　b．飼育する　c．養成する　d．作成する

（5）ダンボールで作っただけのてがるなベッドで暮らす人もいる。

　a．簡潔な　b．簡易な　c．質素な　d．素敵な

**4．次の言葉の使い方として最もよいものを、一つ選びなさい。**

（1）遮る

　a．太陽の光が木の葉に遮られて、森の中が薄暗い。

　b．隣の空地が雑草に遮られて困っている。

　c．人件費アップを遮って初任給を下げた。

　d．娘にはなるべく負担をかけないように不当な要求ははっきり遮ってもいい。

（2）逆転

　a．高速道路で車を逆転してはいけない。

　b．これは時代の流れに逆転した方針だった。

　c．見事に逆転して勝利を収めたのだ。

　d．兄は父とは逆転の性格だ。

（3）施す

　a．患者一人一人に最適な医療を施すことが大事だ。

　b．当初計画された戦略が予想通り施される。

　c．映画宣伝を施すのは許可が必要だ。

　d．もう一度チャンスを施してあげよう。

（4）着目

　a．毎晩星を着目して、ノートに記録している。

　b．彼女はスポーツ大会での優勝を着目している。

　c．五つ目の書店で、やっと探していた本を着目した。

　d．緑茶の薬用効果に着目した新商品が現れた。

（5）はらはら

　a．昨夜はらはらと雨が降ったせいか、今朝は涼しく感じる。

　b．はらはらしながらヨーロッパリーグの試合を見た。

　c．初対面の人とははらはらして話がうまくできない。

　d．この絵には明治時代の庶民の生活がはらはらと描かれている。

**5．次の文の＿＿＿に入れるのに最もよいものを一つ選びなさい。**

(1) 幼くして両親を失った彼は、叔母＿＿＿育てられた。
　a．において　b．にこたえて　c．のもとで　d．にもとづいて

(2) 昨年の夏は冷夏だったの＿＿＿、今年は猛暑が続いている。
　a．にもまして　b．にひきかえ　c．にくわえて　d．にもなく

(3) 完治したからといって再発しない＿＿＿から、気をつけたほうがいい。
　a．とは限らない　b．を限りに　c．に限った　d．限りではない

(4) 自分のため、＿＿＿家族のために頑張ろう。
　a．ことごとく　b．かりに　c．ひいては　d．ひょっとして

(5) 外出しようとした＿＿＿、電話が鳴った。
　a．どころか　b．とたん　c．とともに　d．さいから

(6) 天皇＿＿＿、一般人＿＿＿、この規則には従わなければならない。
　a．とも・とも　b．であれ・であれ
　c．といい・といい　d．にも・にも

(7) テロ組織は「我々はさらに殺害を進めていくだろう」と述べ、＿＿＿殺害を予告しています。
　a．つまり　b．すなわち　c．さらなる　d．まさに

(8) 今までの教訓を＿＿＿頑張りさえすれば、必ず成功するでしょう。
　a．踏まえて　b．即して　c．ひきかえ　d．基づいて

**6．次の文の＿★＿に入る最もよいものを一つ選びなさい。**

(1) これは、ほかの＿＿＿　＿＿＿　＿★＿　＿＿＿がいいですよ。
　a．比べものにならない　b．品質
　c．ほど　d．商品と

(2) 志望校に入る＿＿＿、＿＿＿　＿★＿　＿＿＿に勉強しなくてはならない。
　a．といえども　b．ため　c．休まず　d．休日

(3) 小説の描写は生き生きしており、＿★＿　＿＿＿　＿＿＿　＿＿＿。
　a．には　b．読者を　c．おかない　d．楽しませず

(4) このレストランは、＿＿＿　＿＿＿　＿★＿　＿＿＿と評判だ。
　a．だけあって　b．主人が
　c．魚屋も経営している　d．魚料理がおいしい

(5) 漢字が書けなくなったのは、最近の若者＿＿＿　＿＿＿　＿＿＿　＿★＿だ。
　a．よう　b．こと　c．ではない　d．に限った

第10課

(6) これを＿＿＿、＿★＿ ＿＿＿ ＿＿＿させていただきます。

a．パネルディスカッションを　　b．終了

c．本日の　　d．もちまして

(7) このコースの一番の魅力は、＿＿＿ ＿＿＿ ＿＿＿ ＿★＿予備校の有名講師の授業が受けられるところにある。

a．いながら　b．自宅　c．にして　d．に

(8) オンライン学習であれ、その他の教育であれ、それを作り出すのは人間であり、＿＿＿ ＿★＿ ＿＿＿ ＿＿＿。

a．教育は　　b．あり得ないのです

c．教え導き指導する教師　　d．なくして

## 生涯学習

生涯学習は、1965年にパリで開かれたユネスコの成人教育推進国際委員会で、後にユネスコの教育長を勤めたフランス人の教育思想家ポール・ラングランが提唱した新しい教育理念である。

日本では、文部科学省が生涯学習について、「生涯学習とは、一人一人が生涯にわたって行う学習活動のことである」と定義している。生涯学習で言う「学習」は、学校教育にとどまらず、スポーツ、文化活動、趣味・娯楽、ボランティア、レクリエーションなど、一人一人が自発的に、そして自由にテーマを選び、自分に合った方法によって、生涯にわたって必要なことを必要な時に自ら学ぶことであると言ってよい。また、学習の機会は、読書、映画、旅行、スポーツなどの個人的なものも含め、日常生活のあらゆる活動の中にある。つまり、生涯学習で言う「学習」は、毎日の生活の中から何かを学び取って自分の生き方に生かすことを指している。とは言え、自分で自分を磨くのはなかなか難しいので、多くの人は、放送局や新聞社などのメディア主催の講座を受講したり、公民館等の講座で学んだりしている。

特に高齢化が急速に進んだ今日の日本では、退職した高齢者が、文学・語学・歴史などの教養講座、写真・絵画・音楽・書道などの趣味講座、テニス・ゴルフ・登山などのスポーツ講座を受講している。そして、講座をとおして知り合った人と新たな人間関係を構築し、退職後の第二の人生を楽しんでいる。もちろん、メディア主催の講座や公民館等の講座は仕事をリタイアした人のためだけに開かれているわけではない。現役世代の学生や社会人は、平日の夜や週末の講座を受講して自己の向上を図っている。こうした人たちを支援するために、現在日本では、各都道府県や市町村には生涯学習の部署を設け、担当者を配置している。また、教育系の大学を中心に、生涯学習関係の学科を設けて人材の育成を図っている。

# 语法索引

# 单词索引

きこなす(着こなす)〈6〉
きさい(記載)〈4〉
きざむ(刻む)〈2〉
きじ(生地)〈7〉
きじく(機軸)〈6〉
きしゃ(貴社)〈4〉
きじゅん(基準)〈8〉
きす(記す)〈4〉
きずく(築く)〈6〉
きずな(絆) 〈2〉
きせい(規制)〈8〉
きたく(帰宅)〈3〉
きちょうめん(几帳面)〈3〉
きつけ(着付け)〈3〉
～きって 〈6〉
きていそう(基底層)〈9〉
きにかける(気にかける)〈1〉
きねん(祈念)〈6〉
きまじめ(生真面目)〈6〉
きまま(気まま・気儘)〈1〉
ーぎみ(ー気味 )〈8〉
きみょう(奇妙)〈5〉
ぎもん(疑問)〈10〉
ぎゃくてん(逆転)〈7〉
キャッチフレーズ(catch phrase)〈8〉
きゅうくつ(窮屈)〈3〉
きゅうしゅう(吸収)〈7〉
きゅうじょ(救助)〈8〉
きょうい(脅威)〈9〉
きょうか(強化)〈8〉
きょうごう(強豪)〈2〉
きょうしょく(教職)〈1〉
きょうゆう(共有)〈2〉
きょか(許可)〈8〉
ぎょきょう(漁協)〈8〉
きょくりょく(極力)〈9〉
ぎょこう(漁港)〈8〉
きょしき(挙式)〈3〉
きょだい(巨大)〈8〉
きよみやかつゆき(清宮克幸)〈2〉
きょよう(許容)〈8〉
きよらか(清らか)〈7〉
きょり(距離)〈6〉
きらめく(煌く)〈7〉
きらり(と)〈1〉
きる(斬る)〈1〉
きれじ(切れ字)〈1〉
ぎんいろ(銀色)〈3〉
きんきょう(近況)〈1〉
ぎんしゃ(吟社)〈1〉
きんしゅう(錦秋)〈7〉
きんとう(均等)〈2〉

## く

く(句)〈1〉
ぐうぜん(偶然)〈2〉
ぐげん(具現)〈7〉
ーくさい （ー臭い） 〈3〉
くし(駆使)〈2〉
くしょう(苦笑)〈3〉
くすぐる〈6〉
くちもと(口元)〈3〉
くちもとをほころばせる(口元をほころばせる)〈3〉
くちょう(口調)〈3〉
くま(熊)〈7〉
くみあわせる(組み合わせる)〈10〉
くやむ(悔やむ)〈3〉
グラウンド(ground)〈2〉
くらく(苦楽)〈6〉
クラクション(klaxon)〈3〉
くらくをともにする(苦楽を共にする)〈6〉
くらべる(較べる)〈5〉
くるまいす(車椅子)〈1〉
ーぐるみ 〈6〉
くれぐれ(も)〈4〉
くろダウンジャケット(黒downjacket)〈8〉

## け

け(毛)〈7〉
ケア(care)〈9〉
けいか(経過)〈4〉
けいかん(景観)〈8〉
けいぐ(敬具)〈4〉
けいげん(軽減)〈1〉
けいざいぼうえきかい(経済貿易界)〈6〉
けいだい(境内)〈8〉
けいふく(敬服)〈1〉
けいゆ(経由)〈7〉
けいり(経理)〈4〉
けいりぶ(経理部)〈4〉
ケース(case)〈4〉
けがにん(けが人・怪我人)〈2〉
けさがた(今朝がた)〈3〉
けっきょく(結局)〈3〉
けっしょう(決勝)〈2〉
げつまつ(月末)〈1〉
げつまつ(月末)〈4〉
けほどの～もない(毛ほどの～もない) 〈7〉
げんえき(現役)〈2〉
げんえきいんたい(現役引退)〈2〉
げんかい(限界)〈2〉
げんご(言語)〈5〉
けんし (県紙)〈8〉
けんぜん(健全)〈9〉
げんど(限度)〈9〉

## こ

こい(濃い)〈9〉
こいしい(恋しい)〈7〉
こうえつ(校閲)〈8〉
こうか(硬貨)〈3〉
こうご(口語)〈1〉
こうこう(航行)〈8〉
こうこく(広告)〈1〉
こうこくらん(広告欄)〈1〉
こうしゃ(後者)〈5〉
こうじる(高じる)〈7〉
こうせいねん(好青年)〈6〉
こうそ(酵素)〈9〉
こうたく(光沢)〈8〉
こうどく(購読)〈1〉
こうにゅうぶん(購入分)〈4〉
こうはい(高配)〈4〉
こうふん(興奮)〈8〉
ごうべん(合弁)〈6〉
ごうべんきぎょう(合弁企業)〈6〉
こうほ(候補)〈1〉
こうむ(公務)〈6〉
ーごうめ(ー合目)〈8〉
こかげ(木陰)〈9〉
ごき(語気)〈1〉
こきゃく(顧客)〈4〉

しゅたい(主体)〈1〉
しゅちょう(主張)〈3〉
しゅつじょう(出場)〈2〉
じゅどうてき(受動的)〈7〉
ジュバン・ジバン(襦袢・葡萄牙语gibão)〈3〉
しゅわん(手腕)〈2〉
しゅわんをふるう(手腕を振るう)〈2〉
じゅんゆうしょう(準優勝)〈2〉
ーじょう(ー状)〈4〉
～じょう(～上)〈9〉
じょうい(上位)〈2〉
しょうか(消化)〈6〉
しょうかく(昇格)〈2〉
しょうご(正午)〈7〉
しょうしゃ(照射)〈9〉
じょうじゅん(上旬)〈8〉
しょうてんけつ(起承転結)〈8〉
じょうなまがし(上生菓子)〈7〉
じょうはんしん(上半身)〈2〉
しょうひぜい(消費税)〈1〉
じょうよう(常用)〈8〉
じょうれい(条例)〈8〉
ショートステイ(和制英语short stay)〈1〉
しょくさい(植栽)〈8〉
しょくにん(職人)〈7〉
しょくにんだましい(職人魂)〈7〉
じょし(助詞)〈8〉
しょしき(書式)〈4〉
じょじょに(徐々に)〈9〉
しょねん(初年)〈2〉
しょり(処理)〈4〉
しらずしらずのうちに(知らず知らずのうちに)〈7〉
じりつてき(自律的)〈10〉
しりょく(視力)〈9〉
しろうと(素人)〈2〉
しろたび(白足袋)〈3〉
シワ(皺)〈9〉
しん(芯)〈7〉
しん(真)〈2〉
しんこん(新婚)〈3〉
しんこんりょこう(新婚旅行)〈3〉
しんじょうれい(新条例)〈8〉
しんずい(真髄・神髄)〈7〉
じんぞう(腎臓)〈9〉
しんちんたいしゃ(新陳代謝)〈9〉
しんにゅう(侵入)〈9〉
しんねん(信念)〈7〉
しんぴそう(真皮層)〈9〉
しんらいど(信頼度)〈8〉
しんり(心理)〈5〉
じんりょく(尽力)〈6〉

## す

すいさんぎょう(水産業)〈6〉
すいさんぶつ(水産物)〈6〉
すいしょうたい(水晶体)〈9〉
すうじつ(数日)〈3〉
すうりょう(数量)〈5〉
すえ(末)〈2〉
～すえ(～末)〈2〉
すえながい(末永い)〈6〉
すえながく(末永く)〈6〉
ずかん(図鑑)〈7〉
すくいあげる(すくい上げる・掬い上げる)〈7〉
スケッチ(sketch)〈1〉
～ずして〈9〉
すする(啜る)〈7〉
スタート(start)〈2〉
スタイル(style)〈2〉
スタジアム(stadium)〈2〉
スタジアム満杯プロジェクト(stadiumまんぱいproject)〈2〉
スタンス(stance)〈5〉
～ずとも〈7〉
スニーカー(sneaker)〈8〉
～ずにはおかない〈10〉
～ずにはすまない(～ずには済まない)〈4〉
ずのう(頭脳)〈6〉
スピーチ(speech)〈6〉
スペース(space)〈2〉
スムーズ(smooth)〈9〉
～すら〈5〉
スリム(slim)〈8〉
すれちがう(すれ違う)〈7〉
スローガン(slogan)〈2〉
すんぴょう(寸評)〈1〉

## せ

ーぜい(ー税)〈1〉
せいい(誠意)〈4〉
せいか(製菓)〈7〉
せいかがっこう(製菓学校)〈7〉
せいかく(正確)〈5〉
せいきゅう(請求)〈1〉
せいきゅうしょ(請求書)〈1〉
せいきょうし(西京市)〈6〉
せいけい(成型)〈7〉
せいしょう(清祥)〈4〉
せいじょう(正常)〈9〉
せいしん(精神)〈2〉
せいしんせい(精神性)〈2〉
せいする(制する)〈2〉
せいぜい(精精・精々)〈7〉
せいせい(生成)〈9〉
せいせきをきざむ(成績を刻む)〈2〉
せいだい(盛大)〈6〉
せいちょう(清聴)〈6〉
せいてん(晴天)〈9〉
せいねん(青年)〈6〉
せいは(制覇)〈2〉
せいわだいがく(西和大学)〈6〉
セールス(sales)〈6〉
せかいぶんかいさんとうろく(世界文化遺産登録)〈8〉
ぜせい(是正)〈8〉
せそうをきる(世相を斬る)〈1〉
せっきゃく(接客)〈6〉
せっきゃくおうたい(接客応対)〈6〉
せっけい(設計)〈10〉
せっち(設置)〈7〉
せつない(切ない)〈3〉
せつやく(節約)〈8〉
せばまる(狭まる)〈1〉
せんい(繊維)〈9〉
せんえつ(僭越)〈6〉
ぜんご(前後)〈5〉
ぜんこく(全国)〈2〉
せんさばんべつ(千差万別)〈10〉

つけくわえる（つけ加える）〈5〉
つたわる（伝わる）〈4〉
～つつ〈6〉
つつしむ（謹む・慎む）〈4〉
つづる（綴る）〈1〉
つとめる（務める）〈2〉
つなげる（繋げる）〈8〉
つぶやく（呟く）〈3〉
つぶる（瞑る）〈7〉
つまさき（爪先）〈3〉
つまずき（躓き）〈10〉
つまり〈10〉
つむ（摘む）〈3〉
つむ（積む）〈8〉
つめ（爪）〈3〉
つりあげる（吊り上げる）〈1〉
つりさげる（吊り下げる）〈1〉

て

～であれ〈8〉
～であれ、～であれ〈4〉
ていえん（庭園）〈8〉
ていきけん（定期券）〈3〉
ていけいし（定型詩）〈1〉
ディスカッション（discussion）〈10〉
ディフェンス（defense）〈2〉
ディベート（debate）〈10〉
てうち（手打ち）〈7〉
てうちうどん（手打ちうどん）〈7〉
～てからというもの〈6〉
てきせい（適正）〈10〉
てきせつ（適切）〈9〉
てきちゅう（的中）〈1〉
てきびしい（手厳しい）〈1〉
てきよう（適用）〈8〉
てさぐり（手探り）〈6〉
でしいり（弟子入り）〈7〉
～てしかるべきだ〈2〉
～てしょうがない〈7〉
てちがい（手違い）〈4〉
～てはじめて〈7〉
てはず（手筈）〈3〉
デヒドロコレステロール（dehydrocholesterol）〈9〉
てぶら（手ぶら）〈1〉
てま（手間）〈7〉
～てみせる〈3〉
てれくさい（照れくさい・照れ臭い）〈3〉
てれしょう（照れ性）〈3〉
てをいれる（手を入れる）〈1〉
てをぬく（手を抜く）〈7〉
てんか（添加）〈7〉
てんかん（転換）〈1〉
てんけいてき（典型的）〈8〉
てんさく（添削）〈1〉
てんしゅ（店主）〈7〉
でんじゅ（伝授）〈7〉
でんどう（電動）〈1〉
でんどうくるまいす（電動車椅子）〈1〉
てんはにぶつをあたえず（天は二物を与えず）〈6〉
でんぶん（伝聞）〈8〉
でんぽう（電報）〈1〉

と

どー〈2〉
～というか〈7〉
～といえども〈9〉
とうか（透過）〈9〉
どうき（動機）〈5〉
どうき（同期）〈6〉
どうきづけ（動機づけ）〈5〉
とうきゅう（投球）〈2〉
どうけいいん（洞慶院）〈8〉
とうごう（投合）〈6〉
どうこうかい（同好会）〈2〉
どうし（動詞）〈8〉
どうし（同士）〈2〉
とうじしゃ（当事者）〈1〉
どうじつ（同日）〈8〉
とうしょ（当初）〈7〉
とうしょう（闘将）〈2〉
とうたつ（到達）〈9〉
とうわく（当惑）〈3〉
とおりかかる（通り掛かる）〈8〉
ときおり（時折）〈8〉
～ときたら〈6〉
ときめく〈3〉
とくせい（特性）〈8〉
とくそく（督促）〈4〉
とくそくじょう（督促状）〈4〉
とくてい（特定）〈5〉
とげる（遂げる）〈6〉
とざんどう（登山道）〈8〉
～としても〈5〉
とじまり（戸締り）〈3〉
とじょう（途上）〈7〉
どしろうと（ど素人）〈2〉
としをかさねる（年を重ねる）〈1〉
とっくに〈3〉
とってかわる（取って代わる）〈10〉
トップセールスマン（top salesman）〈6〉
トップリーグ（和制英语top league）〈2〉
とどこおる（滞る）〈4〉
とにかく（兎に角）〈7〉
～とはかぎらない（～とは限らない）〈10〉
～とはくらべものにならない（～とは比べものにならない）〈10〉
とまどう（戸惑う）〈5〉
～とみる〈8〉
～ともなると〈7〉
トヨタじどうしゃ（TOYOTA自動車）〈2〉
とりあう（取り合う）〈2〉
とりあえず（取り敢えず）〈3〉
とりいれる（取り入れる）〈10〉
とりしまりやく（取締役）〈4〉
とりひき（取引）〈4〉
とりひきさき（取引先）〈4〉
とる（執る）〈2〉
トレーニング（training）〈2〉
どんよく（貪欲）〈2〉

な

ないせい（内省）〈5〉
ないぶ（内部）〈9〉
～ないまでも〈9〉
なおさら（尚更）〈9〉
～なくしては〈6〉
なす（成す・為す）〈5〉
なにかと（何かと）〈6〉

に



ぬ



ね



の



は



ひ

びじょ（美女）〈6〉
ひそか（密か）〈6〉
ひっす（必須）〈7〉
ひつぜん（必然）〈2〉
ひとしきり（一頻り）〈7〉
ひとのふりみてわがふりなおせ（人の振り見て我が振り直せ）〈1〉
ひとりごと（独り言）〈3〉
ひとりだち（一人立ち）〈7〉
ひとりよがり（独りよがり）〈1〉
ひなん（非難）〈4〉
ひにく（皮肉）〈1〉
ひのうちどころがない（非の打ち所がない）〈6〉
ヒバゴン〈7〉
ひふ（皮膚）〈9〉
びぼう（美貌）〈6〉
ひゃくとおばん（110番）〈8〉
ひやけ（日焼け）〈9〉
ひょう（評）〈1〉
ひょうき（表記）〈8〉
ひょうごけん（兵庫県）〈8〉
ひょうごけんけい（兵庫県警）〈8〉
ひょうする（表する）〈6〉
ひょうひ（表皮）〈9〉
ひょうめん（表面）〈9〉
ひろげる（広げる）〈3〉
ひろこ（浩子）〈3〉
ひん（品）〈1〉

ふ

ーぶ（一部）〈2〉
ファン（fan）〈2〉
ファンクラブ（fan club）〈2〉
ファンデーション（foundation）〈9〉
ふいに（不意に）〈3〉
フィフティーン（fifteen）〈2〉
ふうしょ（封書）〈1〉
フェイス・トゥ・フェイス（face to face）〈10〉
フォーマル（formal）〈6〉
フォロー（follow）〈9〉
ふかのう（不可能）〈2〉
ふかまる（深まる）〈6〉
ふきん（付近）〈8〉
ふくぶちょう（副部長）〈6〉
ふくみ（含み）〈5〉
ふしぎ（不思議）〈7〉
ふしぜん（不自然）〈5〉
ふじのみやぐち（富士宮口）〈8〉
ふじのみやし（富士宮市）〈8〉
ふじゆう（不自由）〈1〉
ぶすう（部数）〈8〉
ふせいじつ（不誠実）〈4〉
ふっかつ（復活）〈2〉
ぶつかる〈2〉
ふっき（復帰）〈2〉
ふっきゅう（復旧）〈4〉
ぶつけあう（ぶつけ合う）〈2〉
ふつごう（不都合）〈5〉
ぶっしつ（物質）〈9〉
ぶっちょうづら（仏頂面）〈3〉
ぶない（部内）〈2〉
ぶないマッチ（部内match）〈2〉
ふほう（訃報）〈1〉
ふほんい（不本意）〈5〉
ふみだす（踏み出す）〈7〉
フランカー（flanker）〈2〉
ブランド品（brand ひん）〈6〉
ふり（振り）〈1〉
ふりかえる（振り返る）〈1〉
ふりこみ（振込み）〈4〉
ふりこみさき（振込先）〈4〉
ふりつ（府立）〈2〉
ブルー（blue）〈2〉
ふるまう（振舞う）〈5〉
ブレ〈7〉
プレーオフ（play off）〈2〉
プレースタイル（play style）〈2〉
プレゼンテーション（presentation）〈8〉
ふれる（触れる）〈5〉
プロセス（process）〈7〉
プロビタミン（Provitamin）〈9〉
プロフィール（profile）〈2〉
ぶんかけん（文化圏）〈5〉
ぶんしょ（文書）〈4〉
ぶんつう（文通）〈1〉
ぶんぴ（分泌）〈9〉
ぶんめん（文面）〈3〉

へ

へいしゃ（弊社）〈4〉
へいそ（平素）〈4〉
へいたん（平坦）〈7〉
へいぼん（平凡）〈1〉
～べく〈6〉
べつじん（別人）〈6〉
～へむけて（～へ向けて）〈5〉
へる（経る）〈8〉
へんけん（偏見）〈5〉
へんしゅうしゃ（編集者）〈6〉
ペンネーム（pen name）〈1〉
へんぴ（辺鄙）〈7〉

ほ

ぼうえき（貿易）〈6〉
ぼうえきしさつだん（貿易視察团）〈6〉
ほうかつ（包括）〈10〉
ぼうぎょ（防御）〈9〉
ぼうぎょメカニズム（防御メカニズム）〈9〉
ほうこう（方向）〈3〉
ほうてき（法的）〈4〉
ほうれい（法令）〈8〉
ほお（頬）〈3〉
ホームスタジアム（home stadium）〈2〉
ホームタウン（hometown）〈2〉
ぼかす〈5〉
ホカホカ〈7〉
ポカポカ〈7〉
ほかん（補完）〈10〉
ほきょう（補強）〈2〉
ぼくとつ（朴訥）〈6〉
ほこう（歩行）〈9〉
ほころぶ（綻ぶ）〈3〉
ポジション（position）〈2〉
ほじょ（補助）〈10〉
ぼせい（母性）〈6〉
ほぜん（保全）〈8〉
ボックスがたワゴンしゃ（box型wagon車）〈7〉
ぽつんと〈7〉

ゆうきゅう(有給)〈6〉
ゆうきゅうきゅうか(有給休暇)〈6〉
ゆうげん(有限)〈8〉
ゆうこう(友好)〈6〉
ゆうする(有する)〈5〉
ゆうどう(誘導)〈8〉
ユーブィエー(UVA・ultraviolet radiation a)〈9〉
ユーブィカット(UV cut)〈9〉
ユーブィビー(UVB・ultraviolet radiation b)〈9〉
ゆうゆうと(悠々と)〈1〉
ゆうよ(猶予)〈4〉
ゆうよう(有用)〈9〉
ゆがめる (歪める)〈3〉
ゆきさき(行き先)〈3〉
ゆさぶる(揺さぶる)〈6〉
ゆびさき(指先)〈3〉
ゆらい(由来)〈7〉
ゆられる(揺られる)〈3〉
ゆるむ(緩む・弛む)〈3〉

### よ

ヨイショ 〈1〉
ようきゅう(要求)〈7〉
ようしゃ(容赦)〈4〉
ようする(要する)〈4〉
よか(余暇)〈7〉
よかん(予感) 〈1〉
よくねん・よくとし(翌年)〈1〉
よけい(余計)〈3〉
よこばい(横ばい・横這い)〈2〉
よせる(寄せる)〈3〉
よち(余地)〈5〉
よびおこす(呼び起こす)〈10〉
よみ(黄泉)〈1〉
よみおえる(読み終える・読みおえる)〈3〉
よみがえす(読み返す)〈3〉
よみがえる(蘇る・甦る)〈3〉
よみつづける(詠み続ける)〈1〉
よむ(詠む)〈1〉
よりか 〈5〉
よる(寄る)〈7〉

### ら

ラーニング・マネージメント・システム(Learning Management System)〈10〉
ラグビー(rugby)〈2〉
ーらん(ー欄) 〈1〉

### り

リアル(real)〈7〉
リアルたびびとずかん(real旅人図鑑)〈7〉
リーグ(league)〈2〉
リーダー(leader)〈6〉
リード(lead)〈8〉
りかい(理解)〈5〉
りっち(立地)〈7〉
りてん(利点)〈10〉
リポーター(reporter)〈3〉
りめん(裏面)〈1〉
リモコン(和制英语remote control的缩略说法)〈3〉
りゅうい(留意)〈9〉
りゅうゆう(柳友)〈1〉
リュックサック(ドイツ語・Rucksack)〈8〉
りょうこう(良好)〈8〉
りょうし(両市)〈6〉
りれき(履歴)〈10〉
りんせき(臨席)〈6〉

### れ

れいがい(例外)〈6〉
れいそう(礼装)〈3〉
れいそうよう(礼装用)〈3〉
レギュラー(regular)〈2〉
レギュラークラス(regular class)〈2〉
レスリング(wrestling)〈2〉
れんじつ(連日)〈6〉

### ろ

ろう(蝋)〈8〉
ろうどう(労働)〈7〉
ロウバイ(蝋梅)〈8〉
ろうりょく(労力)〈10〉
ろく〈3〉

### わ

ワールドカップ(W杯)〈2〉
ワイシャツ(和制英语white shirts)〈3〉
わがし(和菓子)〈7〉
わくない(枠内)〈5〉
ワクワク〈2〉
ワゴンしゃ(wagon車)〈7〉
わざ(技)〈7〉
わしゃ(話者)〈5〉
わせだ(早稲田)〈2〉
わだかまる(蟠る)〈3〉
わたくしども(私ども・私共)〈6〉
わびじょう(詫び状)〈4〉
わらいかける(笑いかける)〈3〉

### を

～をかわきりに(～を皮切りに)〈6〉
～をきっかけに(～を契機に)〈8〉
～をきに(～を機に)〈1〉
～をピークに 〈9〉
～をもとにして 〈1〉
～をものともせずに 〈6〉

### ん

～んがため 〈7〉
～んばかり 〈7〉

# 专栏索引

# 参考文献

池上嘉彦·守屋三千代『自然な日本語を教えるために—認知言語学をふまえて』ひつじ書房、2009

伊地智善継監修　待場裕子·能勢良子編著　新編・東方中国語講座　第5巻【式辞あいさつ編】　東方出版、1989

菊池俊一「「e-Japan」戦略によるe-Learningの普及について」名古屋外国語大学外国語学部研究紀要 第30号PP33-58、2006

グループ・ジャマシイ編集『日本語文型辞典』くろしお出版、1998

阪田雪子編著、新屋映子·守屋三千代『日本語運用文法——文法は表現する』凡人社、2003

『式辞・挨拶スピーチ自由自在』主婦生活社、1990年

白川博之監修、庵功雄·高梨信乃·中西久実子·山田敏弘著『中級を教える人のための日本語文法ハンドブック』スリーエーネットワーク、2001

新屋映子·姫野伴子·守屋三千代『日本語教科書の落とし穴』アルク、1999

铃木康之主编《概说・现代日语语法》吉林教育出版社、1999（彭广陆编译）

高見澤孟監修『はじめての日本語教育　基本用語事典』アスク講談社、1997

「特集　伸びる老舗、変わる老舗」『TDB　REPORT　92号—特集　伸びる老舗、変わる老舗—』帝国データバンク、2008

野村進『千年、働いてきました—老舗企業大国ニッポン』　角川oneテーマ21、2006

彭广陆、守屋三千代《综合日语》第1～4册 北京大学出版社、2004-2006

NHK放送文化研究所編『NHK日本語発音アクセント辞典』新版、NHK出版、2002、第19刷

みんなの教材サイト　http://minnanokyozai.jp/

eラーニングにおけるネット教育をイメージできる情報提供サイト【eラーニングフラッシュ】http://www.chamberweb.jp/elearning/index.html#Promotion

フリー百科事典『ウィキペディア（Wikipedia）』eラーニング

IT用語辞典　e-Words　http://e-words.jp/

紫外線　対策とUVケア徹底ガイド

http://www. uvcare1. com/

moltoliceダイヤリー：@紫外線対策-livedoor Blog（ブログ）

http://moltolice. livedoor. biz/archives/cat_50038082. html

紫外線と皮膚ガン・皮膚病

http://kaneshou. sakur a . ne. jp/tounyoubyou/cat0008/1000000110. html

しみ（シミ）を取る方法と予防と対策・元美容部員が解説！

http://shimi. nsns7. com/

フリー百科事典『ウィキペディア（Wikipedia）』紫外線

フリー百科事典『ウィキペディア（Wikipedia）』日焼け

Richboneリッチボーン

http://www. richbone. com/index. htm

goo ヘルスケア　女性の強い味方　ビタミンDをもっととろう

http://health. goo. ne. jp/column/woman/w001/0026. html

ユベラネット|日焼け

http://www. juvel a . net/dictionary/discomfort/skin03. html

The Time Is Money　http://the-timeismoney.com/

包丁とナイフ、はさみの杉山刃物店

http://www.rakuten.co.jp/sugiyama/181083/

暑さ対策.com　http://www.atusa-taisaku.com/category/hoka/

お弁当グッズのニコ　http://obentou25.com/index.html

催促状の書き方　http://www.jp-guide.net/businessmanner/tool/saisoku.html

督促状の書き方　http://www.jp-guide.net/businessmanner/tool/tokusoku.html

覚えておきたい有名な俳句・短歌

http://www.h3.dion.ne.jp/~urutora/haikupeji.htm

ビジネス文書の書き方

http://www.email.chottu.net/write/format.html

# 编者后记

本教材的编写方针由编委会讨论决定。在编写过程中，由总主编负责全套教材的组织协调工作，分册主编具体负责各册的编写。高级（上册）由主编王轶群、宫崎泉，副主编李丽桃负责具体策划和统稿，各部分执笔工作具体分工如下：

课文：宫崎泉、磐村文乃

单词表及索引：刘健

语法学习及索引：王轶群、毕晓燕

表达学习：何琳

练习：何琳、李丽桃、董继平

专栏：宫崎泉、磐村文乃、铃木典夫

统稿：彭广陆、何琳

审定：守屋三千代

在编写过程中，日语教育专家、日本创价大学守屋三千代教授始终给予热情关怀和具体指导，对保证本教材的质量起到了重要的作用，在此表示由衷的感谢。

衷心感谢日本静冈新闻（第2、8课，「清宫克幸新監督に聞く」、「富士宮市、屋外広告独自に規制　４月から新条例」「黄色い花に甘い香り　ロウバイ見ごろ　葵区・洞慶院」「浜名湖に謎の巨大生物？　湖西・新居漁港で目撃」「富士山７合目で男子高校生死亡」）、内海隆一郎先生（第3课「その朝」）、池上嘉彦先生（第5课「相互理解へ向けて」）为本教材无偿提供了语言素材。

感谢北京大学出版社外语编辑室主任张冰女士为本教材的出版提供的帮助，感谢本教材责任编辑、北京大学出版社的兰婷女士为本教材的出版所付出的努力。

实用日语：高级（上册）编委会

2012年8月31日

# 北京市高等教育自学考试课程考试大纲

课程名称：高级日语（一）　　　　课程代码：00609　　　　2012年10月版

## 第一部分　课程性质与设置目的

### 一、课程性质与特点

本课程为北京市高等教育自学考试日语专业（本科）的笔试课程，适用于高级阶段的日语学习者。

通过本课程考试的学习者，具备一定的日语综合应用能力，较为全面地掌握日语语言知识和语言技能，并能为实际的工作和及终生学习打下基础。通过本课程的学习，可以加深对日本语言使用特点的把握，并且能够进一步认识到语言背后潜在的日本文化、日本人的心理意识等本质特征，同时具备良好的跨文化交际能力。

### 二、课程目标与基本要求

本课程的目标为帮助学习者培养并提高日语综合应用能力，较为全面地掌握日语语言知识和语言技能，具备良好的文化素养和跨文化交际能力。语言知识包括语音、词汇、语法，语言技能包括听说读写译五项技能，文化素养包括背景知识、言语行为特征和非言语行为特征。

为实现这一目标，教材选用了适合自学的学习内容，设计了适合自学的学习方法、步骤。通过本课程的学习，要求学生掌握“高级日语一”阶段规定的语言知识，对语法和词汇要理解并能灵活使用，同时注重听说读写译技能的均衡发展，基本具备日语综合应用能力。

### 三、与其他课程的关系

在完成初级日语（一）（二）、中级日语（一）（二）课程学习的基础上，学习本课程。

## 第二部分　课程内容与考核目标

本课程以《实用日语　高级（上册）》（彭广陆等编著 北京大学出版社 2012年版）为推荐教材，主要包括以下内容：

第１课　川柳を作る楽しみ

第２課　清宮克幸新監督に聞く

第３課　その朝

第４課　改まった通信文

第５課　相互理解へ向けて

第６課　式典スピーチ

第７課　職人のこだわり

第８課　新聞を読もう

第９課　紫外線の人体への影響と対策

第10課　オンライン学習に関するパネルディスカッション

“高级日语一”阶段所学习的内容均为日语高级阶段的必备知识，要求熟练掌握主要单词、语法、表达方式。考生学习时应以课文、单词、语法、练习为中心，感受、理解、应用、掌握日语，同时通过完成课后的自测题，及时查漏补缺。考核将围绕以上内容进行。“课文”、“词汇学习”、“语法学习”、“练习”及其后附的单词均为考察范围。但是高级阶段的部分词汇在实际应用中使用频率不高，为了减轻考生的负担，该部分词汇不在考察范围之内，见附表1.

## 第１課　川柳を作る楽しみ

**一、学习目的与要求**

通过本课的学习，要求了解川柳这种日本文学形式，并通过川柳加深对日本社会文化的了解。

**二、考核知识点与考核目标**

1. 语法：

① それほど～ない＜程度不高＞

② Ｖばかりだ＜变化趋势＞

③ Ｎをもとに（して）＜根据；题材；基础＞

④ Ｎに至るまで＜终点；极端的事例＞

⑤ ～を機に（して）＜时机＞

⑥ Ｖかける＜动作未完成＞

⑦ ～にもかかわらず＜转折＞

⑧ ちっとも～ない＜全部否定＞

2. 词汇：本课单词表中的单词。

## 第２課　清宮克幸新監督に聞く

**一、学习目的与要求**

通过本课的学习，要求能够阅读采访报道，理解人物的思想、感情、观点，掌握人物生平介绍的写作方法。

**二、考核知识点与考核目标**

1. 语法：

① Ｖもする／Ｖもしない＜强调＞

② ～末（に）＜结果＞

③ ～て（で）しかるべきだ＜理所当然＞

④ に＜主体＞

⑤ ～ばかりか＜递进关系；相反的事项＞

2. 词汇：本课单词表中的单词。

## 第3課　その朝

**一、学习目的与要求**

通过本课的学习，要求能够把握小说中人物细腻的情感变化，掌握与情感相关的表达方式。

**二、考核知识点与考核目标**

1. 语法：

① Ｖてみせる＜演示；决心＞

② ～ことだ＜感叹＞

③ ついでに／Ｎのついでに／Ｖついでに＜同时＞

④ めったに～ない＜频率低＞

⑤ ～ば（なら）よかった＜后悔＞

⑥ －くさい＜气味；特征＞

⑦ Ｖてしまう＜完成＞

⑧ ～見える＜外观＞

⑨ ろくなＮ～ない／ろくにＶない＜未满足＞

2. 词汇：本课单词表中的单词。

## 第4課　改まった通信文

**一、学习目的与要求**

通过本课的学习，要求能够读懂郑重的公文、信件，并能写简单的公函；能够在不伤害对方的情况下催促、道歉。

**二、考核知识点与考核目标**

1. 语法：

① ～次第だ＜说明原委＞

② あるまじきＮ＜不相称的言行举止＞

③ Ｎのほど＜委婉表述＞

④ ～かたがた＜顺便＞

⑤ やむを得ず＜不得已＞

⑥ Ｎいかんによっては／Ｎいかんでは＜决定性因素＞

⑦ ～ごとし／～ごとく／～ごとき＜例举；比喻＞

⑧ －めく＜具备某种特征＞

⑨ Ｖずに済む／Ｖずには済まない＜不必做某事/必须做某事＞

⑩ Nたりとも<全面否定>

⑪ Nに即して<依据、准则>

⑫ $N_1$であれ、$N_2$であれ<无例外>

⑬ Vことなしに<成立的条件>

2. 词汇：本课单词表中的单词。

## 第5課　相互理解へ向けて

**一、学习目的与要求**

通过本课的学习，要求能够读懂论说文，了解文章主旨，加深对语言与文化的关系的理解。

**二、考核知识点与考核目标**

1. 语法：

① Nへ向けて／Nに向けて<目标>

② Vうる／Vえない<可能性>

③ 疑问词＋～にせよ／にしろ／にしても<无影响>

④ ～まで（は）いかなくとも<程度未达>

⑤ ～としても<假设转折>

⑥ すら<强调>

⑦ ～折<时点>

2. 词汇：本课单词表中的单词。

## 第6課　式典スピーチ

**一、学习目的与要求**

通过本课的学习，要求能够读懂反映日本深层社会文化的文章，理解不同文化之间的差异；能够在正式场合做简单的讲演。

**二、考核知识点与考核目标**

1. 语法：

① Vこなす<熟练、自如地完成>

② $N_1$きっての$N_2$<最高级别>

③ Nときたら<提示话题>

④ ～かたわら<兼顾>

⑤ Nをものともせずに<不畏困难>

⑥ Vてまで<极端事例>

⑦ V始末だ<消极结果>

⑧ Vてからというもの<变化的契机>

⑨ Nなくして（は）<必要条件>

⑩ Nぐるみ<整体>

⑪ ～極まる＜极端的程度＞

⑫ ～ことと思う＜推测＞

⑬ Nを皮切りに＜开端、起点＞

⑭ ～にたえない＜强调某种感情；难以维持某种状态＞

⑮ Vつつ＜同时＞

⑯ Vべく＜目的＞

2. 词汇：本课单词表中的单词。

## 第7課　職人のこだわり

**一、学习目的与要求**

通过本课的学习，要求能够读懂描述个人经历、体验的文章，能够理解博客等使用的轻松的、非正式的表达方式。

**二、考核知识点与考核目标**

1. 语法：

① ～あたり＜大致情况＞

② Nたるや＜强调＞

③ ～というか～というか＜罗列＞

④ ～ともなると／～ともなれば＜特殊条件＞

⑤ ～てしかたがない／～てしょうがない＜极端的心理状态＞

⑥ ～ばかりで（は）なく＜递进＞

⑦ Vんがため（に）＜目的＞

⑧ Vんばかり＜接近的程度＞

⑨ それにしても＜转折＞

⑩ ～ならまだしも＜让步＞

⑪ ～までもない＜否定必要性＞

⑫ V（よ）うものなら＜不良后果＞

⑬ NにNを重ねて＜程度加深＞

⑭ Nなり＜相应的状态＞

⑮ Nたる者＜立场、身份＞

⑯ Vずとも＜让步条件＞

⑰ ～がい＜价值＞

⑱ Vてはじめて＜条件关系＞

⑲ V上は＜因果关系＞

⑳ $N_1$が$N_2$と相まって／$N_1$と$N_2$（と）が相まって＜相互作用＞

2. 词汇：本课单词表中的单词。

## 第8課　新聞を読もう

**一、学习目的与要求**

通过本课的学习，要求了解新闻报道的写作方法，读懂新闻报道。

**二、考核知识点与考核目标**

1. 语法：

① ～であれ＜条件关系＞

② Nを踏まえ（て）＜前提、基础＞

③ ～こそあれ／～こそすれ＜强调＞

④ Nに限ったことではない＜非限定＞

⑤ ～恐れがある＜负面的可能性＞

⑥ ～とみる＜判断＞

⑦ －がかる＜带有某种性质、特征＞

⑧ －気味だ＜某种倾向＞

⑨ Nを経る＜经过某一过程、阶段＞

⑩ ～ながら（にして）＜状态的保持＞

⑪ ～を契機に（して）＜契机＞

2. 词汇：本课单词表中的单词。

## 第9課　紫外線の人体への影響と対策

**一、学习目的与要求**

通过本课的学习，要求能够阅读、理解有一定专业性的、较复杂的文章，能够读懂说明性的文章。

**二、考核知识点与考核目标**

1. 语法：

① Nに至っては＜极端事例＞

② ～ないまでも＜程度对比＞

③ ～といえども＜转折条件＞

④ Vたら最後＜消极结果的诱因＞

⑤ ～に越したことはない＜最佳＞

⑥ たとえ／疑問詞＋V（よ）うと＜让步条件＞

⑦ N上(じょう)＜方面＞

⑧ Vことのないよう（に）＜避免该情况发生＞

⑨ Nをピークに＜顶点＞

⑩ Vずして＜否定性前提＞

2. 词汇：本课单词表中的单词。

### 第10課 オンライン学習に関するパネルディスカッション

**一、学习目的与要求**

通过本课的学习，要求能够就某一话题阐述自己的意见、主张，并能够针对他人的观点提出赞成或反对意见；了解辩论会、讨论会的流程。

**二、考核知识点与考核目标**

1. 语法：

① ひいては<递进关系>

② ～にひきかえ<相反关系>

③ ～かれ～かれ<条件关系>

④ Nとは比べものにならない<相差悬殊>

⑤ ～とは限らない<存在例外>

⑥ Vずにはおかない／Vないではおかない<坚定的决心；自发的感情>

⑦ Nのもとで<影响、支配>

2. 词汇：本课单词表中的单词。

## 第三部分　有关说明与实施要求

**一、考核的能力要求**

本课程为日语专业本科阶段的基础主干课程，考核内容以基础知识为主。本大纲在考核目标中所列的所有项目均要求能够正确理解、应用。由于考试条件的限制，考试采用笔试形式，主要通过读、写的形式考察学生的综合语言应用能力。

**二、推荐教材**

《实用日语　高级（上册）》，彭广陆等编著，北京大学出版社，2012年版。

**三、自学方法指导**

本大纲的课程要求是依据专业考试计划和专业培养目标而确定的。“学习目的与要求”明确了课程的主要内容和要求掌握的范围。“考核知识点与考核目标”为自学考试考核的主要内容。为了有效地进行自学指导，本大纲已明确了教材的主要内容和需要重点掌握的语言知识、技能。自学者在自学过程中，可以按照以下步骤进行学习：

1. 首先通读课文，了解课文的大致内容，推测未知单词、语法项目及表达的意义。
2. 完成词汇、语法等项目，同时可以做与各项目相关的练习。
3. 精读课文，在具体的语境中体会、理解、掌握语言知识。
4. 完成练习，巩固、消化语言知识。
5. 完成自测题，及时检测自己掌握的情况。
6. 在理解内容的基础上，跟随录音光盘熟读课文，最好能够背诵。

**四、对社会助学的要求**

1. 助学单位和教师应熟知本大纲的要求和规定。

2. 教学过程中，应以本大纲为依据，使用本大纲规定的教材实施教学和辅导。

3. 助学辅导时，应充分利用录音光盘，注重学生基本功的训练，重视语言知识的同时，注重语言能力的培养。同时根据学生的特点，按照大纲的要求制定、实施教学计划。

4. 助学辅导时，应以教材的课文、单词、语法、练习为中心开展教学。

5. 助学学时：本课程共8学分，建议总课时144学时，助学课时分配如下：

| 方式 | 课程内容 | 建议学时 |
|---|---|---|
| 授课 | 第1課　川柳を作る楽しみ | 12 |
| 授课 | 第2課　清宮克幸新監督に聞く | 12 |
| 授课 | 第3課　その朝 | 12 |
| 复习 | | 4 |
| 授课 | 第4課　改まった通信文 | 12 |
| 授课 | 第5課　相互理解へ向けて | 12 |
| 授课 | 第6課　式典スピーチ | 12 |
| 授课 | 第7課　職人のこだわり | 12 |
| 复习 | | 6 |
| 授课 | 第8課　新聞を読もう | 12 |
| 授课 | 第9課　紫外線の人体への影響と対策 | 12 |
| 授课 | 第10課　オンライン学習に関するパネルディスカッション | 12 |
| 复习 | | 6 |
| 机动 | | 6 |
| 合　计 | | 144 |

**五、关于命题考试的若干规定**

1. 命题要基本覆盖要求掌握内容中的重要部分，能够检查考生的中级日语的基本水准。本大纲各章所提到的内容和考核目标都是考试内容。试题覆盖所有内容，适当突出重点。

2. 试卷中不同能力层次的试题比例大致是：基础知识 80 %，应用能力 20 %。

3. 试题难易程度应合理，较难的部分比例不超过 30 %，建议 20 %。

4. 试题类型由选择题部分和非选择题部分两大部分组成，分为单项选择题、翻译题等几种题型。

5. 考试方式为闭卷笔试。考试时间为150分钟。评卷采用百分制，60分为及格。

**附表：不在考试范围内的单词**

第2課　清宮克幸、ヤマハ発動機ジュビロ、ヤマハ、発動機、早大、サントリー、ハイプレッシャーラグビー、タックル、ディフェンス、ヤマハ発、スタジアム満杯プロジェクト、茨田高、フランカー、関東大学、関西社会人リーグ、磐田市

第3课　内海隆一郎、田辺、浩子、襦袢、カフス

第4课　加藤、西田環、長谷川、川崎、三田

第6课　森本哲也、美里、西和大学、山川市、西京市

第7课　うどん愛、丹後、竹松うどん店、竹原、綾部、ヒバゴン

第8课　富士宮市、ロウバイ、葵区、洞慶院、羽鳥、浜名湖、湖西、新居漁港、湖西署、遠州灘、加藤康之、兵庫県警、兵庫県

第9课　ママ友、デヒドロコレステロール、プロビタミン、UVA、UVB、サンバーン

**六、题型示例（样题）**

一、次の下線部の漢字の読み方を平仮名で書きなさい。（1点×5=5点）

1．私たちは固い友情の<u>絆</u>で結ばれている。

2．<u>素人</u>なのにプロ並みの腕前だ。

3．その判断は<u>妥当</u>ではないと思う。

4．<u>謹</u>んで新年のお喜びを申しあげます。

5．帽子をかぶって日焼けを<u>防ぐ</u>。

二、下線の付いたことばを漢字に直しなさい。（1点×5=5点）

1．日本語では、主語がよく<u>しょうりゃく</u>される。

2．発明は、<u>ぐうぜん</u>に起きることがよくある。

3．パートナーの<u>そうご</u>理解は大切だ。

4．彼は今、新薬の研究開発に<u>いどんで</u>いる。

5．あの店は昔の雰囲気を<u>ただよわせて</u>いる。

三、次の文の＿＿＿の部分に入れるのに最も適当なものをA、B、C、Dの中から一つ選びなさい。（1点×25＝25点）

1．常に一歩先だけではなく、最低でも「二歩先の未来」を＿＿＿上で今を生きて欲しい。

A．見かけた　　B．見渡した　　C．見立てた　　D．見据えた

2．優しくて＿＿＿彼女がほしい。

A．あわただしい　　B．けわしい

C．ちょっとした　　D．おっとりした

3．海外旅行＿＿＿地元から出たことすら数えるほどしかない。

A．どころか　　B．としたら　　C．に限らず　　D．にかかわらず

4．省エネに努める暮らしは、地球にやさしい＿＿＿、家計費の節約にもつながります。

A．ばかりか　　B．ばかりで　　C．ばかりに　　D．ばかりを

5．努力は不可能を可能＿＿＿することができる。

A．は　　B．に　　C．で　　D．を

四、次の解説を読んで、慣用的な表現を完成しなさい。（2点×5=10点）

1．心配りがこまやかで､注意が行き届く。

気が＿＿＿＿＿＿＿＿＿＿

2．あることをするのに費やす時間や労力が必要である。

＿＿＿＿＿＿＿＿＿＿がかかる

3．他人の言動のよしあしを見て、自分の振る舞いを反省し、 直すべきところは改めよ

人の振り見て＿＿＿＿＿＿＿＿＿＿

4．少しの欠点もない。完全で、非難する所がない。

非の＿＿＿＿＿＿＿＿＿＿がない

5．努力の結果が現れ、成功する

実を＿＿＿＿＿＿＿＿＿＿

五、次の文を完成しなさい。（3点×5＝15点）

1．苦労した末に、＿＿＿＿＿＿＿＿＿＿＿＿＿＿＿＿＿＿＿＿。

2．薬を飲んだが、全然効かないばかりか、＿＿＿＿＿＿＿＿＿＿。

3．たとえ今回の噂が本当だとしても、＿＿＿＿＿＿＿＿＿＿＿＿。

4．お近くにお越しの折には、＿＿＿＿＿＿＿＿＿＿＿＿＿＿＿＿。

5．仕事がいくら忙しいとしても、＿＿＿＿＿＿＿＿＿＿＿＿＿＿。

六、次の日本語の文を中国語に訳しなさい。（2.5点×4＝10点）

1．人間には個性があるわけですから、指導者にはいろんな形があってしかるべきでしょう。

2．お支払が遅れますこと、謹んでお詫びいたしますとともに、今月末のお振込をご了解いただきたく、切にお願いいたします。

３．経営状況が著しく悪化しているため、やむを得ず社員たちの給与を減額することにした。

４．知らずにやったこととはいえ、悪いことをしたのは確かなのだ。謝罪せずには済まないだろう。

七、次の文章を読んで、あとの問いに答えなさい。（2点×11＝22点、4点×2＝8点、合計30点）

日本の家電メーカーが苦境に<u>あえいでいる</u>。ソニー、シャープ、パナソニックの3社は2012年3月期決算で合計1兆6000億円という膨大な赤字を出し、経営の立て直しを急いでいる。赤字の原因はテレビ事業の不振。2011年はアナログ放送から地上デジタル放送への切り替えが終わり、政府の家電エコポイント制度も終了した。いわば国の電波政策や税金に助けられて需要を先食いしていた日本家電がとうとう息切れした。

(1)「あえいでいる」の意味は次のどれか。

① 景気が良くて興奮している。

② 景気が回復してほっとしている。

③ 困難な状態にあって苦しんでいる。

④ 困難な状況が続いている。

(2) これまで日本家電を支えてきたものは何か。

① アナログ放送

② 経営の立て直し

③ 国の電波政策や税金

④ テレビ事業の不振